新・古代史検証　日本国の誕生　4

飛鳥の覇者

推古朝と斉明朝の時代

監修　上田正昭

鼎談　千田　稔　小澤　毅　里中満智子

著者　千田　稔

文英堂

聖徳太子の実像

聖徳太子二王像（御物《ぎょぶつ》模写。 明治30年〈1897〉、和田貫水。奈良国立博物館蔵） 8世紀に描かれたといわれる原画をもととする「唐本御影《とうほんみえい》」を明治30年に和田貫水が模写したもの。太子の左右に山背大兄王《やましろおおえのおう》と殖栗《えぐり》皇子が描かれている。

斑鳩寺《いかるがでら》（若草伽藍《わかくさがらん》礎石） 法隆寺の普門院《ふもんいん》南築地あたりに残る。後方は法隆寺西院伽藍。梅原章一氏撮影。

聖徳太子の上之宮遺跡と若桜神社

復原された上之宮《うえのみや》遺跡（桜井市上之宮）　聖徳太子が居住したといわれる上宮《かみつみや》と考えられている。1辺50m以上の柵や溝に囲まれた方形の区画の中に建物が配置されており、西側から苑池《えんち》遺構が検出され、現在、その一部が復原されている。

若桜《わかざくら》神社（桜井市谷）　延喜式内社《えんぎしきないしゃ》。伊波俄加利命《いはかがりのみこと》（若桜部朝臣《わかざくらべのあそん》・阿部朝臣《あべのあそん》の祖）を主神とする。磐余《いわれ》池や用明《ようめい》天皇の池辺双槻宮《いけのへのなみつきのみや》もこの谷の地にあった可能性が高い。

斉明朝の饗宴遺構

水落《みずおち》遺跡と石神《いしがみ》遺跡（明日香村飛鳥）　奥（南側）の東西方向に掘立柱建物が復原され、正方形の基壇内部の周りを石貼りの溝が囲っている。斉明天皇6年(660)に皇太子の中大兄皇子《なかのおおえのおうじ》がつくった水時計を置く漏刻台《ろうこくだい》と考えられている。

手前では、7世紀中頃の斉明天皇が外国の使節たちを饗宴《きょうえん》した場と考えられる石神《いしがみ》遺跡へと続く石敷きが発掘され、この石敷き発見で水落遺跡と石神遺跡が一体であったことが確認された。2010年12月5日に現地説明会が行われた（奈良文化財研究所提供）。

発掘された牽牛子塚古墳

墳丘

石槨

牽牛子塚古墳《けんごしづか》（明日香村越《こし》）『日本書紀』天智天皇６年２月条に記す「小市《おち》岡上陵」の斉明《さいめい》天皇の墓ではないかと考えられている。明日香村教育委員会が発掘調査を行い、版築《はんちく》で築かれた対辺約 22m の八角形墳であることがわかった。７世紀後半頃の築造。2010 年９月に現地説明会が行われた。明日香村教育委員会提供。

発掘された越塚御門古墳

越塚《こしつか》御門《ごもん》古墳（明日香村越）牽牛子塚古墳（写真奥）のすぐ前（南東）から越塚御門古墳が見つかった。7世紀後半頃の終末期古墳で、斉明天皇の孫で中大兄皇子（のちの天智天皇）の子として生まれた大田《おおた》皇女の墓ではないかと推測されている。2010年12月、現地説明会が開かれた。明日香村教育委員会提供。

キトラ古墳の天文図と日像・月像

キトラ古墳の天井の天文図と日像・月像
(奈良文化財研究所提供)

発掘された飛鳥京苑池の北池

飛鳥京苑池《えんち》の北池の発掘（明日香村岡） 7世紀後半の飛鳥時代につくられた日本初の本格的な宮廷庭園跡といわれる「飛鳥京跡苑池」のうち、北池の北東角や苑池の東の境界とみられる石組み溝が発見された。2011年2月6日、現地説明会が行われた。奈良県立橿原考古学研究所撮影許可済。

「飛鳥京苑池」北池東岸に下りる石階段の発掘（明日香村岡） 2月6日の北池発掘の現地説明会のあと、北池東岸から1段の幅が70～80cmで、縁に30～50cmの石を並べた階段状の遺構が見つかった。祭祀遺物が出土していることから、北池が儀式的に使われていた可能性がもたれている。奈良県立橿原考古学研究所撮影許可済。

◉ 新・古代史検証 〔日本国の誕生〕 第4巻

飛鳥の覇者

――推古朝と斉明朝の時代

文英堂

刊行のことば

文英堂は、かつて「わが日本人の祖先の行動と思索の跡を振り返りながら、未来への国民的ビジョンの創造に資することができれば……」との思いから、当時の日本史学界第一線でご活躍の先生方に、お一人一巻ずつ、広範な国民各位に語りかけていただいた『国民の歴史（全二十四巻：昭和四十二年〜四十四年）』を世に問いました。幸い、このシリーズは、メッセージ性に富むエッセイ＝スタイルの歴史叢書として画期的であり、幅広い世代の皆様にご愛読いただいて、小社の刊行意図は、確かな答えを得ることができました。

二十一世紀を迎えた今日、『国民の歴史』刊行から早くも半世紀近くが過ぎようとしております。この間の、交通・情報網の発達や地球環境の変化はたいへんに大きく、課題とした国民的ビジョンも、当時の思索範囲を超えたグローバル化によって、人と人ばかりでなく、自然と人間との新たな共生という全人類的な課題になっております。それゆえに、今のわれわれには、過去のどの時代よりも、日本人としての確たるアイデンティティの認識が、改めて求められているのではないでしょうか。

わたしどもは、この古くてしかも新しい課題に向かって、古代日本・東アジア史研究の泰斗である上田正昭先生の企画・監修のもと、かつて倭《わ》と呼ばれた日本列島の人びとと地域が、どのようなプロセスをたどってきたのか、改めてその歴史的経緯を振り返るために、最新の知見にもとづいて祖先の行動と思索の跡を再検証する『新・古代史検証　日本国の誕生（全5巻）』を刊行することにしました。つまり、本シリーズは、三世紀の卑弥呼・邪馬台国の時代から七世紀の天武・持統朝までを対象として、「日本という国がいつどのようにして生まれて今日に引き継がれてきたか」を、一巻お一人ずつの著者に再検証していただきました。そして、各巻、各時代の歴史上の争点については、他分野から二名ずつの論者を迎え、司会を立てた「鼎談」のかたちで、古代日本の国土と日本人の様子を多面的かつ身近な姿として明らかにしていく編集スタイルを試みました。

世界との共生のなかで、日本の未来を託す若い世代をはじめ、幅広い世代に、〝わが国の誕生〟という壮大な歴史ロマンを読み取っていただくとともに、日本人としてのアイデンティティ再認識の一助にしてくだされぱとの願いを込めて、ここに『新・古代史検証　日本国の誕生』全5巻をささげます。

平成二十二年三月

文英堂

◉新・古代史検証 日本国の誕生 全5巻――内容と著者

第1巻 弥生興亡 女王・卑弥呼の登場 石野博信+吉田敦彦・片山一道

第2巻 巨大古墳の出現――仁徳朝の全盛 一瀬和夫+田中俊明・菱田哲郎

第3巻 ヤマト国家の成立――雄略朝と継体朝の政権 和田萃+辰巳和弘・上野誠

第4巻 飛鳥の覇者――推古朝と斉明朝の時代 千田稔+小澤毅・里中満智子

第5巻 倭国から日本国へ――画期の天武・持統朝 上田正昭+山折哲雄・王維坤

目次

新・古代史検証 日本国の誕生 第４巻 **飛鳥の覇者─推古朝と斉明朝の時代**

推古朝と斉明朝の時代　千田稔　11

第一章 「天皇」号の成立をめぐって　12

天子・天皇・皇帝の違い　12
■養老儀制令の中の天子・天皇・皇帝　12／■『日本書紀』の中の天子・天皇・皇帝　14
「天皇」号は推古朝にできたか─法隆寺金堂薬師像光背銘と天寿国繡帳　16
■津田左右吉氏による推古朝の提唱　16／■津田説への批判─薬師像銘文は天武朝以降か　19
■「大王天皇」の称号をどう理解するか　23
■津田説への異論─薬師像光背銘は推古朝ではない　24
■銘文の推古朝説に賛同する説　27／■推古女帝になぜ「大王天皇」が使われたか　31
■「天寿国繡帳」はいつ成立したか　33／■「天寿国繡帳」の系譜からみると、「天皇」号成立は推古朝　34
■「天寿国繡帳」銘文は大化以降か　37／■「天寿国繡帳」銘文は天武朝か　40
■元嘉暦・儀鳳暦からみた「繡帳」銘文の時期─持統朝以降か　43
■さらに「天皇」号の推古朝説を主張する論　44／■小野妹子の国書にみえる「天皇」号　45

大王→帝→天皇へと変遷したか　48
■「帝」と称した時代があったか　48／■『懐風藻』にみられる「帝」と「天皇」の用法　50
「天皇」号は天智朝にできたか　51
■野中寺蔵弥勒像銘文をめぐって　51／■天智朝に「天皇」号を求める船王後墓誌の信憑性　56
「天皇」号は天武・持統朝にできたか　58
■唐の高宗に倣った「天皇」号―持統朝の成立　58
■「天皇」号は天武・持統朝の飛鳥浄御原令を源とする　61
「天皇」号は舒明朝ないし皇極朝にできたか　62
真の斉明天皇陵の発見　65
■牽牛子塚古墳の発掘　65／■メディア報道への問いかけ　66
越塚御門古墳の発掘―大田皇女墓の発見　68

第二章　聖徳太子をめぐる現在　71

聖徳太子の上宮はどこか　71
■上之宮遺跡の発見　72／■上宮は飛鳥の橘の地か？　73／■橘寺の発掘調査　76
■上宮は飛鳥の坂田寺・上宮寺・浄御原宮か？　76／■上宮は桜井の上之宮か？　77
■上宮は磐余池のほとりにある　79／■磐余池は池之内にあったか？　81
■桜井市谷の若桜神社の地に磐余池があった　83／■用明天皇池辺双槻宮は桜井市谷の地　85
上之宮遺跡のその後　88
■円珍の『山王院蔵書目録』の記事　88／■上之宮遺跡出土の木簡と金銀装大刀の保有　89
■上之宮遺跡の保存問題　90

遣隋使と倭国の「京」 91
■遣隋使の派遣 91／■倭国の「京」とはどこか――上ツ道・中ツ道・下ツ道の空間 95
法隆寺再建 非再建論争 98
■論争の経緯 98／■論争をめぐる人脈 105／■若草伽藍の発掘 110
■新再建論の立場 112／■年輪年代法の登場 113
「聖徳太子はいなかった」論の虚実 115
■「聖徳太子はいなかった」との問題提起について 116／■「聖徳太子の実在性」について 126
■「金堂薬師像・釈迦像銘文と天寿国繡帳の真偽」について 131
■「三経義疏」の信憑性について 131／■「皇太子の地位はあったか」について 134
■「厩戸王はなぜ飛鳥に宮を置かなかったか」について 135／■「憲法十七条は後世の作か」について 136
■「公民」をどうとらえるか 137

第三章 画期としての飛鳥王朝 139

飛鳥という土地 139
■飛鳥寺の建立と真神原 139／■「アスカ」の地名の由来 141
■舒明以後、飛鳥に宮が置かれる 142／■舒明の即位と息長氏との連がり 144
難波長柄豊碕宮からみた「京師」の姿 146
■改新の詔の発布 146／■畿内制の成立 147／■孝徳の難波長柄豊碕宮の造営 152
■難波長柄豊碕宮の都城プラン 154／■大極殿の成立 156
斉明朝をめぐる問題 159
■斉明朝と道教思想 159／■亀形石造物の発見 161／■亀形石造物と道教思想 163

斉明朝の水の王朝論　166
■息長氏との連なり　166／■石神遺跡から発掘された須弥山像と石人像　170
■道教思想を根源とする水との関わり　172／■苑池の北池から検出された石敷き広場と石段　175
[記者の目]　入鹿邸跡？　出土　蘇我氏の実像に光　178／土木工事好き斉明天皇　180

第四章　平城京遷都への序奏

183
藤原京の建設と道教思想　183
■天武天皇の宮都建設計画　183／■藤原京の建設　185
藤原京から平城京への遷都への動き　187
■藤原不比等の画策　187／■不改常典の適用　188
壁画古墳を読む　190
■高松塚古墳とキトラ古墳の発見　190／■四神壁画の意味　191
■キトラ古墳の星宿図について　192／■キトラ古墳と高松塚古墳の年代―七世紀か八世紀か　194
■画師はだれか―黄文氏集団か　196／■被葬者はだれか―百済王善光と子の昌成か　197
■高松塚古墳の人物像について―徐顕秀墓壁画から考える　201
星宿図の謎　202
飛鳥と高句麗文化　203
■僧の渡来と日本の学問僧の留学　204／■『日本書紀』の遣使の往来と貢上記事　205
■高句麗滅亡後の交渉　206
平城遷都へ　209
[記者の目]　山田寺仏頭が見た蘇我氏のその後　211

鼎談　推古朝と斉明朝の時代
【話者】千田　稔＋小澤　毅＋里中満智子　【司会】関口和哉　215

●牽牛子塚古墳は斉明陵か？　216
●斉明天皇の土木工事　227
●斉明天皇の人物像　235
●「天皇」号の検証　239
●天寿国繡帳の成立年　249
●上之宮遺跡の発掘　253
●聖徳太子の出生地　255
●聖徳太子の居館　258
●法隆寺の建築年代　259
●法隆寺の施主　262
●信仰の対象としての聖徳太子の実像　263
●天皇家と蘇我氏　268
●蘇我氏のルーツ　275
●百済宮はどこか　277
●蘇我蝦夷・入鹿の墓はどこか　280

●飛鳥京における大極殿の役割　283
●飛鳥京の居住者　286
●日本の壁画古墳の特徴　288
●推古朝・斉明朝をどうとらえるか　290

あとがき　294
参考文献　296
主な図版・写真一覧　299

推古朝と斉明朝の時代

千田　稔

第一章　「天皇」号の成立をめぐって

天子・天皇・皇帝の違い

■養老儀制令《ようろうぎせいりょう》※1の中の天子・天皇・皇帝

日本という国を考えるとき、天皇の存在を抜きにして語ることはできない。しかし、いつ頃、天皇という称号が成立したかは、諸説があって定かではない。

推古《すいこ》朝に天皇号があったとする説を唱えるひとは、少なくない。しかし、そうであろうか。一方では天武《てんむ》朝に天皇という称号の成立をみる見解も、これまた少なくない。

推古朝と天武朝とのへだたりは、およそ六〇～七〇年ある。天皇号を名のるというのは、かなり重要な歴史的画期がなければならない。軽々しい問題ではないのだ。

この問題については、本シリーズの五巻で上田正昭氏も言及している。その所説を受けとめながら、現時点での私の試論を書きとめておくことにしたい。

※1　養老儀制令（ようろうぎせいりょう）　養老二年（七一八）、藤原不比等《ふひと》らが大《たい》宝律令《ほうりつりょう》を改修した養老律令のうちの儀制令。天平宝字《てんぴょうほうじ》元年（七五七）より施行された。

養老令は十巻からなり、天《てん》長《ちょう》十年（八三三）、清原夏野《きよはらのなつの》らが撰した『令義解《りょうのぎげ》』（129頁参照）によって、養老令が現在にまで伝えられている。

養老儀制令《ようろうぎせいりょう》に

天子。祭祀所レ称。

天皇。詔書所レ称。

皇帝。華夷所レ称。

とある。日本思想大系『律令』（岩波書店、一九七六年）の補注には、次のような解説を付している。

① **天子**…天命を受けて国君となった人、国を治めるべき天に代わって天下を治めるので天帝の子、すなわち天子と称した（以下略）。

② **天皇**…日本の国王の尊称。古くは大王（おおきみ）と称したが、推古朝の頃より天皇の称号を用いるようになった。天皇とは中国では三皇のうちの天皇でもあるが、いっぽう道教《どうきょう》※2では天帝、またはその象徴たる北極星の異名として、特殊な宗教的性格を濃厚にもっていた。おそらくそこに眼をつけて、日本の国王の称号として採用し、中国の「皇帝」に対抗しようとしたものであろう。

③ **皇帝**…皇帝とは、中国で三皇五帝をあわせた名称。秦《しん》の始皇《しこう》帝《てい》※3に始まる天子の別称。

※2 道教（どうきょう） 中国・後漢の時代（二五～二二〇）、古来の神仙《しんせん》思想を中心に雑多な民間信仰が結合して生じた多神教。老子《ろうし》を祖とする。日本の古代思想にも多大の影響を与えた。

※3 秦の始皇帝（しんのしこうてい） 中国・秦の建国者（紀元前二五九～紀元前二一〇）。紀元前二四七年に秦王となり、紀元前二二一年に天下を統一し、皇帝を称した。

秦の始皇帝

■『日本書紀』の中の天子・天皇・皇帝

右の解説について、私は基本的に異論はない。とくに日本の場合、国の最高位者の名称は、ある時期から「天皇」号を用いたことは、いまさら言うまでもない。しかし、推古朝より天皇という称号が用いられたとすることについては、検討が必要であろう。

右の解説において、天皇の意義について、中国の三皇説と道教の天帝説の併記をとっているが、後述するように、私は後者の説をとる。三皇とは、中国の古代伝説上の三帝王を指すが、諸書によって三皇の名は一致していない。三皇について『漢語大詞典』（上海辞書出版社、一九八六年）では「伏羲・神農・黄帝」（『周礼』春官）などの説をあげ、天皇を三皇の一つとする「天皇・地皇・泰皇」（『史記《しき》』※4秦始皇本紀）や、「天皇・地皇・人皇」（『芸文類聚』巻十一引『春秋緯』）などの事例と出典を掲げている。

わが国における「天皇」号は『史記』によったことは疑わしいとするのが私見である。わが国の六国史《りっこくし》※5でも「天子」「皇帝」については、わずかだが用例はあるが、正式の称号として公的に用いられてはいない。おそらく、中国の用法を模倣したと思われる。『日本書紀』で、「天皇」を指示する意味で「天子」を用いているのは次の四例である。

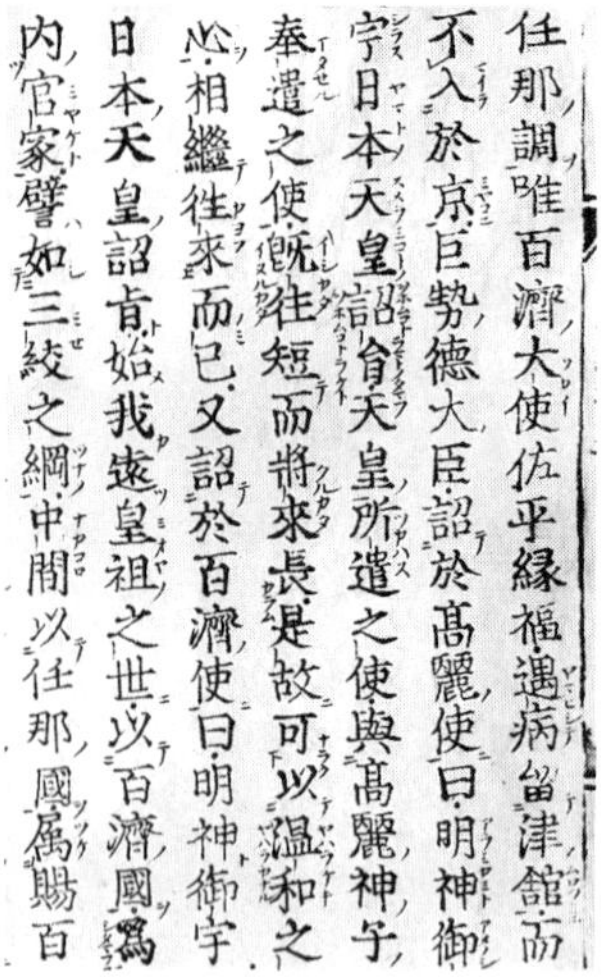
任那調唯百濟大使佐平縁福遇病留津館而
不入於京巨勢徳大臣詔於高麗使曰明神御
宇日本天皇詔旨天皇所遣之使與高麗神子
奉遣之使既往短而將來長是故可以温和之
心相繼往來而已又詔於百濟使曰明神御宇
日本天皇詔旨始我遠皇祖之世以百濟國爲
内官家譬如三絞之綱中間以任那國屬賜百

「日本天皇《やまとのすめらみこと》」の初見　『日本書紀』孝徳《こうとく》天皇の大化《たいか》元年7月条。前から2～3行目に「明神《あきつかみ》御宇日本天皇《あめのしたしろしめすやまとのすめらみこと》」とあり、わが国の史料における「日本天皇」の初見とされる。

※4　**史記**（しき）　黄帝《こうてい》から前漢の武帝《ぶてい》までのことを記した紀伝体の史書。紀元前九一年頃に完成。前漢の司馬遷《しばせん》の著。

書　名	巻数	記載内容	完成年・天皇	撰集者
日本書紀	30	神代～持統《じとう》天皇	720（養老４）年・元正《げんしょう》	舎人《とねり》親王ら
続《しょく》日本紀	40	文武《もんむ》～桓武《かんむ》天皇	797（延暦16）年・桓武	菅野真道《すがののまみち》・藤原継縄《つぐなわ》ら
日本後紀《こうき》	40	桓武～淳和《じゅんな》天皇	841（承和８）年・仁明	藤原緒嗣《おつぐ》ら
続日本後紀	20	仁明《にんみょう》天皇	869（貞観11）年・清和《せいわ》	藤原良房《よしふさ》・藤原春澄《はるすみ》ら
日本文徳《もんとく》天皇実録	10	文徳天皇	879（元慶３）年・陽成《ようぜい》	藤原基経《もとつね》ら
日本三代実録	50	清和《せいわ》～光孝《こうこう》天皇	901（延喜元）年・醍醐《だいご》	藤原時平《ときひら》・菅原道真《すがわらのみちざね》ら

※５　六国史《りっこくし》　『日本書紀』『続日本紀』『日本後紀』『続日本後紀』『日本文徳天皇実録』『日本三代実録』の勅撰の６つの国史の総称。奈良・平安時代に編集された。

①

履中《りちゅう》天皇五年十月条「天皇、則《すなは》ち車持君《くるまもちのきみ》を喚《め》して、推《かむが》へ問ひたまふ。事《こと》既に實《まこと》なり。因《よ》りて、数《せ》めて曰《のたま》はく、「爾《いまし》、車持君なりと雖《いへど》も、縦《ほしいまま》に天子《みかど》の百姓《おほみたから》を検校《かと》れり。罪一《ひとつ》なり。……とのたまふ。」

（天皇は、すぐに車持君を召して、問われた。事は、まことであった。そこで「おまえは、車持君といえどもほしいままに天子の百姓を検校した。これが罪の一つである……と責めてのたまわれた。」）

②

顕宗《けんぞう》天皇二年八月条「天皇、皇太子億計《おけ》に謂《かた》りて曰はく『……諸 市朝《もろもろのいちみやこ》に遇《あ》へば、兵《つはもの》を反《かへ》さずして便《すなわ》ち闘《たたか》ふ。況《いは》むや吾立ちて天子《みかど》たること、今《ここ》に二年。』」

（天皇、皇太子の億計に「……いろいろな市や公的な場で仇にあえば、兵器をとりに引きかえることなく、すぐに戦う。まして自分が天子になって今や二年になる。」）

③

継体《けいたい》天皇元年二月四日条「大伴金村大連《おおとものかなむらおおむらじ》、乃ち跪《ひざまづ》きて天子《すめらみこと》の鏡剣《みかがみはかし》の璽符《みしるし》を上《たてまつ》りて再拝《をが》みたてまつる。」

（大伴金村大連は、ひざまづいて天子のしるしである鏡と剣をたてまつりて再拝した。）

④

安閑《あんかん》天皇元年七月一日条「詔して曰《のたま》はく、『皇后《きさき》、体《みみ》、天子《みかど》に同じと雖《いえど》も、内外《うちと》の名殊《なこと》に隔《へだた》る。』」

（皇后は、天子と同じ身分であるが、宮廷の内と外とでは、その名のもつ重みが大きく異なる。）

右にあげた四例で一応注意しておきたいことは、安閑紀以降に「天子」の表現をみないという点である。おそらく、ある時点で国王の公式称号としては、少なくとも養老儀制令のごとく詔書に用いる「天皇」をもって定めるとなったと考えられる。

「皇帝」については、『日本書紀』では「天皇」の意味として使われた用例はない。ただし、『古事記』の序文に元明《げんめい》女帝のことを「皇帝陛下」とあるが、やはり中国風の表現にならったとみられる。なお、『続《しょく》日本紀』天平《てんぴょう》十五年十月十九日条に、聖武《しょうむ》天皇の恭仁宮《くにのみや》（京都府）から紫香楽宮《しがらきのみや》（滋賀県）への行幸について「皇帝、紫香楽宮に御す」という記事がある。※6

「天皇」号は推古朝にできたか——法隆寺《ほうりゅうじ》金堂薬師《やくし》像光背銘《ぞうこうはいめい》と天寿国繍帳《てんじゅこくしゅうちょう》

■津田左右吉《つだそうきち》氏※7による推古朝の提唱

「天皇」号に本格的に論及したのは、津田左右吉《つだそうきち》氏の『日本上代史の研究』（岩波書店、一九四七年）の付録に収められた「天皇考」である。そして、今日、「天皇」号が推古朝に始まるという説は、細部においては異論もあるが、おおむね津田説を継承しているといってよいであろう。

※6　『続日本紀』の中の皇帝（「しょくにほんぎ」のなかのこうてい）　ここにのみ「皇帝」という文字が用いられた理由は判然としないが、私は大仏造立を契機として、実現はしなかったが、天皇から皇帝へと政治的最高位者のあり方の変革について、模索された可能性があると考えたことがある（「女帝の心」『西大寺』淡交社、二〇一〇年）。

※7　津田左右吉（つだそうきち）　一八七三～一九六一。歴史学者。著書に『神代史の新しい研究』『古事記及日本書紀の研究』『日本上代史の研究』などがある。『古事記』や『日本書紀』の文献学的研究を進め、神代説話は客観的史実ではないことを論証した。

その要点について次に列挙したい。

① 記紀の古いところに、「天皇」という文字がでていたとしても、古くから、この称号が用いられていたという証拠にはならない。

② ただ、推古天皇の時代に「天皇」という称号が用いられたのは確実である。その理由は、推古天皇の丁卯《ていぼう》の年に書かれた法隆寺金堂の薬師如来像の光背《こうはい》の銘に「池辺《いけのへ》大宮治天下天皇」（用明《ようめい》天皇）とあることによる。

③ 右の例から考えると、推古紀十六年条にみえる「東天皇敬白西皇帝」[※8]（東《やまと》の天皇《すめらみこと》、敬《つつ》しみて西《もろこし》の皇帝《きみ》に白《まう》す）という表現も文字通りに承認して差しつかえないかも知れない。ただし、『隋書《ずいしょ》』の記事と対照して研究すべきで、疑いを容るべき余地は

津田左右吉

※8 「推古紀十六年条」の記事（「すいこきじゅうろくねんじょう」のきじ） 前年の推古天皇十五年（六〇七）、小野妹子《おののいもこ》は遣隋使として、中国に渡っていたが、翌十六年（六〇八）四月、隋使裴世清《はいせいせい》とともに帰国した。しかし、同年九月、小野妹子は裴世清らが中国へ帰る際、再び遣隋使となって中国へ渡ることになった。この時、推古が、裴世清らに対して、「東天皇敬白西皇帝」と表現したのである（26頁参照）。

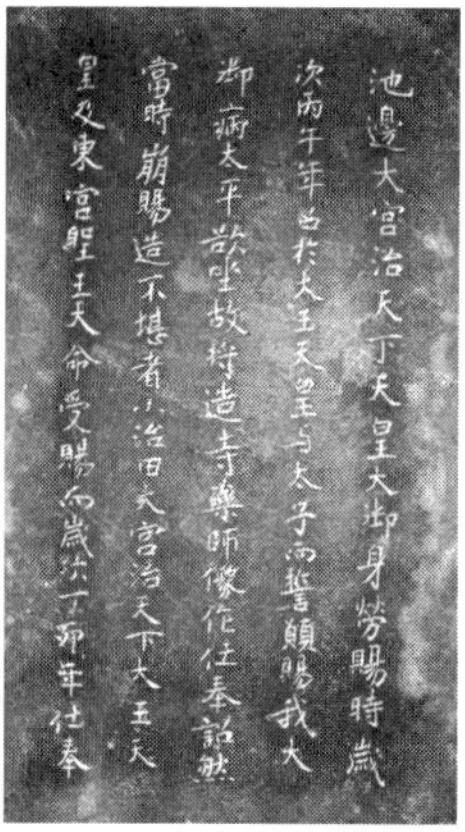

池辺大宮治天下天皇大御身労賜時歳次丙午年召於大王天皇与太子而誓願賜我大御病太平欲坐故将造寺薬師像作仕奉詔然当時崩賜造不堪者小治田大宮治天下大王天皇及東宮聖王大命受賜而歳次丁卯年仕奉

[読み下し文]
池辺《いけのへ》の大宮《おおみや》に天《あめ》の下、治《しら》しめしし天皇《すめらみこと》（用明天皇）の大御身《おおみみ》労《いたつ》き賜《たま》いし時、歳《ほし》は丙午《へいご》に次《やど》りし年に、**大王天皇**（推古天皇）と太子（聖徳太子）を召して誓願し賜いて、「我が大御病《おおみやまい》太平《やすら》ならんと欲《おもほ》し坐《ま》す。故《かれ》、将《まさ》に寺を造り薬師像作り仕《つか》え奉《まつ》らんとす」と詔《の》りたまいき。
然《しか》れどもその時に崩《ほう》じ賜いて、造り堪《た》えざれば**小治田《おはりだ》大宮《おおみや》に天の下治めしめして大王天皇**（推古天皇）及び**東宮聖王**（聖徳太子）は、大命《おおみこと》を受け賜いて、歳《ほし》は丁卯《ていぼう》に次《やど》りし年（推古一五年）に仕《つか》え奉《まつ》りき。

法隆寺金堂の薬師如来像光背銘（法隆寺蔵、奈良国立博物館提供）

※9　帝紀（ていき）　古代天皇家の皇位継承を中心とした記録。現存しないが、天皇の系譜・王宮・山陵などが記されていた。『古事記』『日本書紀』の原史料となった（60頁参照）。

ある。

④推古朝より前に天皇という称号が用いられたことを確実に示すものはない。『古事記』の歴代の称号は最初の五代を除くとすべて「某命」とあって、「某天皇」としないのは、原本の「帝紀《ていき》」※9の書き方をそのままに踏襲したものらしく、それは推古天皇までを含んでいるので、推古朝においても「天皇」は公式の、あるいは一般に承認された称号ではなかったことが推定できるのではないか。

「帝紀」の原本に「天皇」とあれば、安万侶《やすまろ》（『古事記』を筆録した太安万侶《おおのやすまろ》）が、それを「命」と書く理由はないであろう。

⑤推古朝に「天皇」という称号が使われたとしたら、中国における「天皇」という成語について検討しておかねばならない。「天皇」という称号がわが国で採用されたのは中国の道教《どうきょう》にその名を求めることができる。本来「天皇」は天空の星と結びつくものであり、北極星の名となり神仙の意味をもち、宗教的対象としての天帝とみなされる。

そのような意味づけにおいて、比喩《ひゆ》的あるいは附随的に君主という観念が伴っていた。

こうした「天皇」という用語は、推古朝においても知られていたと思われ、中国の南北朝時代※10（45頁参照）に右のような思想がわが国にもたらされた。道教そのものとして伝来しなかったとしても、それに関連する知識は伝えられたに違いない。

右の津田の表現は、微妙であって推古朝に「天皇」号が使用されたとしても、公式的なものではなかったというのである。しかし、天皇という表現が推古朝頃にあったというものと理解できよう。

右に要約した津田の「天皇」号成立の論点の中で、「天皇」の意味については、後述するが、福永光司《ふくながみつじ》氏の指摘の道教における天皇大帝と共通する（62頁参照）。ただ、福永氏は推古朝成立の立場をとっていない。

■津田説への批判――薬師像銘文は天武朝以降か

津田が「天皇」号の始まりを推古朝とする一つの論拠である法隆寺金堂の薬師像光背銘については、早くに福山敏男《ふくやまとしお》氏の史料批判がある（「法隆寺の金石文に関する二、三の問題」『夢殿』第十三冊鵤故郷会、一九三五年）。福山説は、次のようである。やや長い要旨であるが、重要な指摘があるので、詳しく記すことにしたい。

「歳次丁卯《ていぼう》年仕奉」については、推古朝の丁卯年（六〇七）のこととも考えられるが、後年この像の「縁起文」として書かれ、ここに彫られたともみることができる。「池辺《いけのへ》

※10　**南北朝時代**（なんぼくちょうじだい）　中国の五世紀前半から六世紀後半まで、南北の王朝がそれぞれ交代した時代。

南朝は東晋《とうしん》の後、宋《そう》・斉《せい》・梁《りょう》・陳《ちん》と続く。

北朝は北魏《ほくぎ》が東魏・西魏に分裂し、北斉・北周と続き、隋《ずい》が中国を統一した。

大宮治天下天皇」は過去の天皇を指しているが、「小治田《おはりだ》大宮治天下大王天皇」のような丁重な呼称は、現在の天皇のことよりも、むしろ小治田天皇（推古天皇）よりも後の時代に書かれたと解するのにふさわしい響きをもっているのではあるまいか。

そこで「天皇」という用語についての問題である。

五世紀前半の終わり頃と考えられる肥《ひ》後《ご》の江《え》田《た》古墳出土の大刀の銘文※11には「治天下獲□□□鹵大王……」とあり、六世紀初頭のものと思われる紀伊隅田《すだ》の八幡社蔵の鏡の銘文※12には「癸未《きび》年八月日十大王年……」（「八月日十、大王年」と読むか、「八日、日十大王年」と読むかは疑問）とある。

また、記紀よりも成立が早いと想定されている上宮記《じょうぐうき》※13に「伊《い》久《く》牟《む》尼《に》利《り》比《ひ》古大王《このおほきみ》」

［銘文］
治天下獲□□□鹵大王世、奉□典□人名无□□、八月中、用大□釜竝四尺廷刀、八十練六十□三寸上好□刀、服此刀者長寿、子孫注々得其恩也、不失其所統、作刀者名伊太加、書者張安也

江田船山古墳大刀銘文　銀象嵌《ぎんぞうがん》銘大刀　国宝　東京国立博物館蔵

※11　江田古墳の大刀銘文（えたこふんのたちめいぶん）　熊本県和水《なごみ》町の江田船山《えたふなやま》古墳出土の大刀銘文。発見当時は、銘文を「瑞歯別《ミズハワケ》大王」と読んで、五世紀前半の反正《はんぜい》天皇時代と考えられていたが、今では銘文の大王を「獲□□□鹵《ワカタケル》大王」と読み、五世紀後半の雄略《ゆうりゃく》天皇時代とすることが定説化している。

※12　隅田の八幡社の鏡銘文（すだのはちまんしゃのかがみめいぶん）　和歌山県橋本市の隅田八幡宮蔵の人物画像鏡に刻まれた銘文。銘文の癸未年を四四三年と五〇三年にあてる説がある。

「伊波禮宮治天下乎富大公王《いはれのみやにあめのしたしらしめししをほどのおほきみ》」（『釈日本紀《しゃくにほんぎ》』[※13]十三所引）とあったり、同書下巻の注にも「他田宮《おさだのみや》天下大王」（平氏伝雑勘文《へいしでんざつかんもん》下三）とあり、「天皇」の語は見えない。

さらに、推古天皇十六年紀に「東天皇敬白西皇帝」とあるのも、書紀の編者が『隋書』に「日出処天子、致書曰没処天子」（日出《い》ずる処《ところ》の天子、書を日没する処の天子に致《いた》す）とあるのを見て、このように書きかえたものであろう。大化元年紀の詔勅に「明神《あきつみかみと》御宇日本天皇《あめのしたしらすやまとのすめらみこと》」とあり、大化二年紀の詔勅に「明神御宇日本根子天皇《あきつみかみとあめのしたしらすやまとねこのすめらみこと》」とあるのも、その「御宇」や「日本」の用語から考えても、大化当時の文書のままではなく、後世、おそらく書紀の編者によって書きかえられたものであろうと考えられる。

それ故に、薬師像光背銘に「天皇」の語が三度も見えているが、推古朝よりも降った時代に書かれたとするのが穏当ではあるまいか。

従って、「大王天皇」の語が不自然であることも知られる。「大王」と「天皇」とは全くの同義語である。おそらく銘文が書かれた頃は、このような文体の場合は専ら「天皇」の語のみ用いられて、「大王」の語が普通には用いられなかったらしく、そのため推古天皇のことを「大王」と記した古い記文などによって、漫然と「大王天皇」

［銘文］
癸未年八月日十大王年男弟王在意柴沙加宮時斯麻念長奉遣開中費直穢人今州利二人等取白上同二百旱所此竟

［読み下し文］
癸未《きび》の年八月、日十大王の年、男弟王《だんてい》、意柴沙加《おしさか》の宮に在《いま》しし時、斯麻《しま》、長奉せんと念じ、開中《かわち》（河内）の費直《あたい》と穢人今州利《あやひとこんすり》の二人等を遣わし、白上銅二百貫を取り、此の鏡を作る。

隅田八幡宮人物画像鏡銘（隅田八幡宮蔵）

※13　上宮記（じょうぐうき）と『釈日本紀』（しゃくにほんぎ）古代の史書。鎌倉時代の『聖徳太子平氏伝雑勘文《しょうとくたいしへいしでんざつかんもん》』に「上宮記三巻は太子伝作也」とある。皇統譜の記述が大半である。鎌倉時代中期、卜部兼方《うらべかねかた》によって著された『釈日本紀《しゃくにほんぎ》』（『日本書紀』の注釈書）の中に引用されている。

という語を構成したのであろう。

次に「聖王」の語である。もし、この銘文が丁卯年《ていぼう》（六〇七）当時に書かれたものとすれば、太子は、生前にすでに聖王と呼ばれていたことになる。しかし、この名は没後の尊称であるとする説に従うと、銘文もまた太子逝去後の成立と解することができる。

銘文の文体が野中寺《やちゅうじ》蔵弥勒《みろく》台座銘文※14と酷似していることも注意されるべきである。

例えば薬師像の銘に

……天皇大御身労賜時誓願賜……

とある句と、弥勒の銘に

……天皇大御身労坐之時誓願……

とある句との類似を見るべきである。そこで、野中寺蔵弥勒像の銘文は丙寅年《へいいん》即ち天智天皇五年に記されたとすべきであろうから、法隆寺の薬師像の銘文がそれに近い時

丙寅年四月大旧八日癸卯開記　栢寺智識之
等　詣中宮天皇大御身労坐之時　誓願之奉
弥勒御像也　友等人数一百十八　是依六道
四生人等此教可相之也

野中寺弥勒菩薩像（野中寺蔵）**と台座銘**　台座に造像記が刻まれている。

※14　野中寺蔵弥勒台座銘文（やちゅうじぞうみろくだいざめいぶん）　野中寺は、南河内の大阪府羽曳野《はびきの》市にある古義真言宗。寺伝によると、聖徳太子四十一院の一という。現在に残る礎石配置から、白鳳《はくほう》時代の官寺によく見られる大和・飛鳥の川原寺《かわらでら》式伽藍配置（98頁参照）の変形をなしていたらしい。

同寺蔵の金銅弥勒半跏《はんか》像に刻まれた丙寅年《へいいん》の銘文は、天智五年（六六六）のことと考えられている。

代に書かれたとしても、文体から見て差し支えはないはずである。

「薬師像」という語があるのも不審である。推古朝に、わが国で薬師の信仰があったかどうかは疑問である。おそらく天武朝において唐の最新の信仰がとり入れられたと考えられるので、以上の諸条件を考慮にいれると、法隆寺薬師像の光背銘文は、推古朝当時のものとするよりも、むしろ天武朝またはそれ以降において書かれたものとした方が穏当である。

■「大王天皇」の称号をどう理解するか

以上みた福山説で、注意をひくのは「小治田大宮治天下大王天皇」という表記である。本銘文が推古朝に刻まれたとすれば、その時代の天皇を、つまり存命の天皇を宮号で呼ぶことはありうるであろうか、という問題を提起する。このことは、後述する「天寿国繡帳《てんじゅこくしゅうちょう》」※15（41頁参照）においても検討の対象となる。さらに「大王天皇」という称号についても疑義がある。

福山説にいうように、「大王」という称号から「天皇」に改めたとすれば、両者を結合させること自体、いかにも不自然である。おそらく、推古朝の後、「天皇」号が用いられるようになったが、もともと推古朝で使われていた「大王」を遺称として表記したとみてよい。

※15　**天寿国繡帳**（てんじゅこくしゅうちょう）　聖徳太子の妃である橘大郎女《たちばなのおおいらつめ》が太子の死後、その天寿国にある姿を偲《しの》んでつくらせた二帳の刺繡。一帳一丈六尺四方の大きさであったと伝えるが、現在は残片を残すだけである。奈良県斑鳩《いかるが》町の中宮寺《ちゅうぐうじ》が蔵する。

天寿国繡帳（残片）　中宮寺蔵、奈良国立博物館提供

※16　**贈り名**（おくりな）　諡《おくりな》のこと。死後に、その人の行いや人格などをたたえておくる名をいう。諱《いみな》を使うこともある（和風諡号《わふうしごう》→38頁参照）。

福山は銘文のもつ問題について、いくつかの点を指摘しているが、最も重要な点は「聖王」であろう。「聖王」は聖徳太子のこととすれば、「聖徳」という名は贈《おく》り名[※16]であるとされることと関連すると思われ、丁卯年《ていぼう》（六〇七年）にこの銘文が刻まれたことは考えがたい。

法隆寺薬師像の光背銘にみる「天皇」号に関しては、竹内理三《たけうちりぞう》氏の論考が昭和二十七年に福山説に異論をとなえている（「〝大王天皇〟考」『日本歴史』五十一号、一九五二年）。それによると、推古天皇のことを「大王天皇」と刻んでいるが、「この薬師仏像の製作年時がたとへ八世紀初頭のものであるとしても、称号そのものは「七世紀中葉、推古時代のものであり、この言葉の中に、日本の『天皇』なる称号が成立した過程を遺憾なく示してゐると思ふのである」と述べる。

しかし、この竹内氏の推考に問題がないことはない。同じ銘文の中に用明《ようめい》天皇のことを「池辺大宮《いけのへのおおみや》治天下天皇」とあるように、宮号を冠する天皇呼称は存命しないとみるべき可能性は否定できず、さらに先述したように「聖王」という表現から、銘文を推古朝とするのを難しくする。

■津田説への異論――薬師像光背銘は推古朝ではない

「天皇」号が推古朝に使用されたことについては、福山説に従って渡辺茂《わたなべしげる》氏も異論を唱えた。渡辺氏の主な論点を要約してあげておきたい（「古代君主の称号に関する二、三の試論」『史流』八、一九六七年）。

① 津田説にいうように「天皇」という語は本来天帝をさすが、これを推古朝という時代の君主にあてた場合、蘇我《そが》氏という強大な豪族をかかえてその統御に腐心していた時代に、「天皇」という名に見合うような君主権が確立されたといい得るであろうか。

② 「大王」から「天皇」に改称するためには、少なくとも後者が前者より優越した称号であることが是認されていなければならない。現実に中国でも「天皇」という称号が使用されているならば、「天皇」と改称しても容易に承認されたであろう。

③ 憲法十七条[※17]の全条文のなかに「天皇」という用語が一つも見当たらない。

a．推古朝説が成立するならば、憲法十七条のなかに「天皇」の語句が一つも含まれていないことは甚だ不可解である。

b．憲法の中に「君」と「王」を使いわけられていることも注目しなければならない。特に十二条の冒頭に「国司《くにのみこともち》・国造《くにのみやつこ》、忽《おほみ》

※17　**憲法十七条**（けんぽうじゅしちじょう）　聖徳太子が制定したと伝えるわが国最初の成文法。『日本書紀』では推古天皇十二年（六〇四）四月に成立したという。官吏や貴族が守るべき政治道徳十七条を記している（135頁参照）。

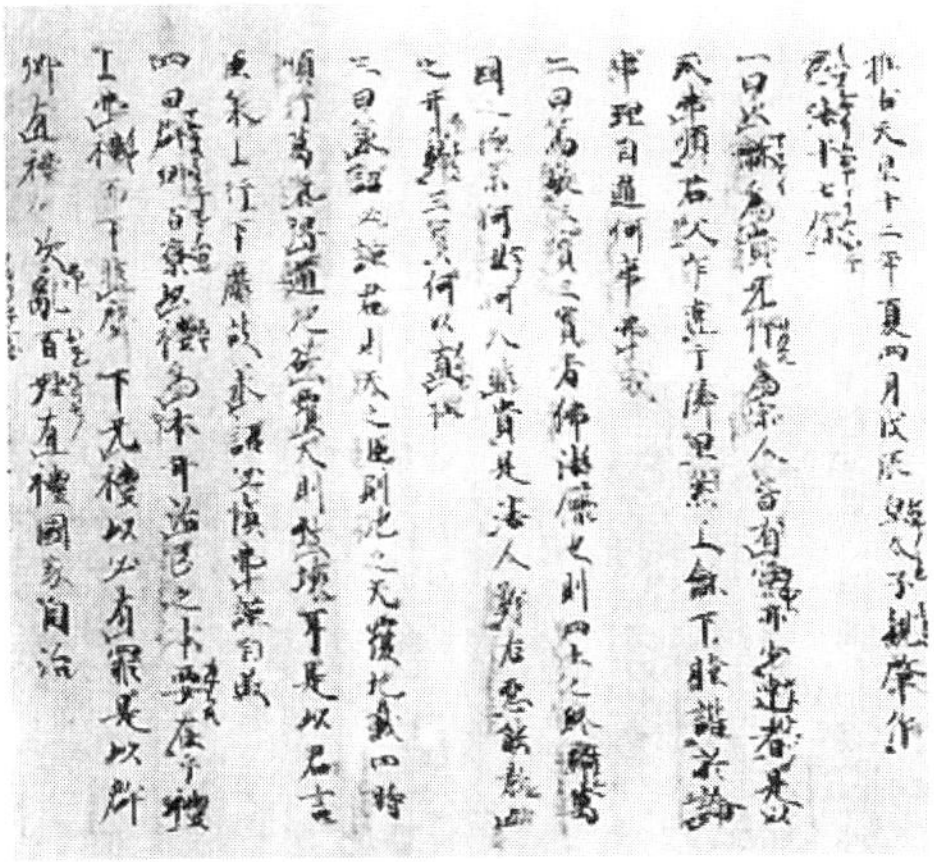

憲法十七条（『日本書紀』より）　第１条〜第４条の部分。

斂百姓《たからにをさめとらざれ》」とのべ「所在《よさせる》官《つかさ》司《みこともち》、皆是王臣、何敢《いかにぞ》与公《あへておほやけと》、賦斂百姓《おほみたからにをさめとらざれ》」と強調していることからも、国司・国造（推古朝に国司という官職はなかった）の上にある現実の君主は「君」ではなく「王」である。

この「王」こそ「大王」を意味しているので、「天皇」という称号はなかった。

④推古紀十六年条（六〇八）の「東天皇敬白西皇帝」の記事（17頁参照）をもって「天皇」号使用例の一つの根拠とする説があるが、この場合、その前年にあたる『隋書《ずいしょ》』の「日出処天子※18」（「日出《ひい》ずる処《ところ》の天子、日没する処の天子に書《しょ》を致《いた》す」）について触れていない。

この『隋書』において、煬帝《ようだい》をして「蛮夷書有無礼者、勿復以聞」（蛮夷《ばんい》の書、無礼なる者あり。復《ま》た以て聞するなかれ）と立腹させたのは「天子」という言葉を用いた点にあるならば、推古紀十六年条の「天皇」という用語が実態を示しているとは考えられない。

隋の煬帝　隋の２代皇帝（569～618、在位604～618）。推古天皇16年の遣隋使がたずさえた「東天皇敬白西皇帝」の時の中国の皇帝。

※18 **『隋書』の記事**（ずいしょのきじ）『隋書』倭国伝（唐初の六三六年成立）に「大業三年、其王多利思比孤、遣レ使朝貢。使者曰、聞海西菩薩天子重興二仏法一、故遣朝拝、兼沙門数十人来学二仏法一。其国書曰、日出処天子、到二書日没処天子一、無レ恙、云云。帝覧レ之不レ悦、謂二鴻臚卿一曰、蛮夷書有二無礼一者、勿二復以聞一」とある。

さらに右にあげた『隋書』の記事の大業《たいぎょう》三年（六〇七）は推古十五年にあたり、法隆寺金堂薬師像光背銘に記す「丁卯《ていぼう》」年に相当する。仮にこの時代に「天皇」号が用いられたとすれば、国書に隋の「皇帝」に対する優越性を誇示する「天皇」号を用いないはずはない。にもかかわらず「天子」号を称しているのは、「天皇」号がまだ使用されていなかったからでなければならない。

以上の理由によって、推古紀十六年条の「天皇」号をもって推古朝に「天皇」号が最初に使用されていたとすることはできない。

■銘文の推古朝説に賛同する説

福山・渡辺説は法隆寺金堂薬師像光背銘を推古朝以降のものとするが、大橋一章《おおはしかつあき》氏は福山説に異論を提起し、推古朝に「天皇」号が成立したという立場をとる（『天寿国繡帳の研究』吉川弘文館、一九九五年）。大橋説を要約しながら紹介する。

一般的に「大王」号から「天皇」号への移行は認められるが、「大王」号の用例を金《きん》石文《せきぶん》※19とその他の史料によって検討すると、二種類の用例が認められる。一つは君主に対しての用例と、他は君主以外の人物に用いた場合である。「大王」号が君主以外の人物に用いられた初例は、次にあげるように聖徳太子を以下のように記す場合である。

※19　**金石文**（きんせきぶん）
金属と岩石を金石といい、その金属や石などに刻まれた文字や銘文をいう。
　金石文を研究する学問を金石学とよび、中国では宋《そう》以後におこり、清《しん》時代に最も発達した。

※20　**伊予道後温湯碑**（いよどうごおんゆひ）　原物は失われているが、『伊予国風土記』逸文《いつぶん》に現愛媛県の伊予道後温湯碑の銘文が記されている。
その中には、冒頭に「法興《ほうこう》六年」「歳在丙辰《へいしん》」とあり、西暦で五九一年を元年とする「法興」とする年号があったことが想像できる。
現在、松山市の道後温泉・椿《つばき》の湯《ゆ》南側に『伊予国風土記』の碑文を復元した「聖徳太子道後温泉碑」が建てられている。

※21　**尾張皇子**（おわりおうじ）　敏達《びだつ》天皇の第五皇子。母は推古天皇。敏達は、敏達五年三月に豊御食炊屋姫尊《とよみけかしきやひめ》（推古）をたて、その第五子として生まれたという。

伊予道後《いよどうご》温湯碑[※20]——法王大王
天寿国繍帳銘——大王
上宮記《じょうぐうき》——法大王
或　書——坐伊加留我宮《いかるがのみや》共治天下等己刀弥々《とよとみみ》法大王
日本書紀——法大王
元興寺《がんごうじ》縁起——大王・大々大王
元興寺丈六銘——等与刀弥々《とよとみみ》大王
大安寺《だいあんじ》縁起——大王

聖徳太子以外に「大王」が用いられた例は、次の三例である。

尾張《おわり》皇子[※21]——尾張大王——天寿国繍帳銘
山背《やましろ》皇子[※22]——尻大王——上宮記
田村《たむら》皇子[※22]——大王——日本書紀

聖徳太子をも含めて、君主でない人物四人が「大王」と称されている。山背皇子と田村皇子は皇位継承となるべき人物であったので、君主号としての「大王」号が例外的に使用されたという解釈もできないことはない。

聖徳太子道後温泉碑（愛媛県松山市・道後温泉事務所提供）　聖徳太子が推古天皇４年(596)、高句麗《こうくり》僧の恵慈《えじ》らとともに訪れたと伝えられている。

ところが、尾張《おわり》皇子は推古女帝の御子であったにもかかわらず、皇位継承者として有力視されていなかったが、繍帳銘文に「尾張大王」とある。これについての明確な理由は見出しがたいが、「大王」号が用いられる根拠が最も薄弱と思われる尾張皇子に「大王」号がつけられたことにこそ、「大王」号が君主の称号でなくなったということを意味するものにほかならない。

君主の位についていないにもかかわらず、「大王」号がつけられた聖徳太子、尾張皇子、田村皇子、山背皇子の四人に共通するのは、いずれも推古女帝かあるいは推古朝に関わる人物ということになる。「大王」号が皇子達に格下げして適用されていることは、この時代になって「大王」号に代わる新しい君主号として、「天皇」号が始用されたのであろう。

「天皇」号出現の理由を説明できる史料は、上宮記の逸文であると推定される『天寿《てんじゅ》国曼陀羅繍帳《こくまんだらしゅうちょう》縁起勘点文』所引の「或書」の記述である。そこには「又娶其庶妹間人《はしひと》孔部《あなほべ》王生児坐伊加留我宮《いかるがのみや》共治天下等己刀弥々《とよとみみ》法大王」とあり、「共治天下」という表記に着目すべきである。「共」の一字があるため、この称号形式の君主は、唯一の君主でないことを意味する。

そのため、推古女帝に対しては、これまでの「大王」号よりもさらに優越した意味をもつ新しい君主号「天皇」が採用されたと考える。すなわち、「天皇」号は聖徳太子

※22　山背皇子と田村皇子
（やましろおうじとたむらおうじ）

山《やま》背《しろ》大兄王《のおおえのおう》のこと。聖徳太子と蘇我馬子《そがのうまこ》の娘刀自古郎女《とじこのいらつめ》との間に生まれた。皇極二年（六四三）、蘇我入鹿《いるか》に襲われ、斑鳩《いかるが》寺で自殺した。

山背皇子（?〜六四三）は

一方、田村皇子（五九三〜六四一）は敏達《びだつ》天皇の皇子の押坂彦人大兄皇子《おしさかひこひとおおえのおうじ》の子。山背大兄王が天皇になることを恐れた蘇我蝦夷《えみし》と入鹿親子によって、山背大兄王は退けられ、舒明《じょめい》天皇（在位六二九〜六四一）として即位した。

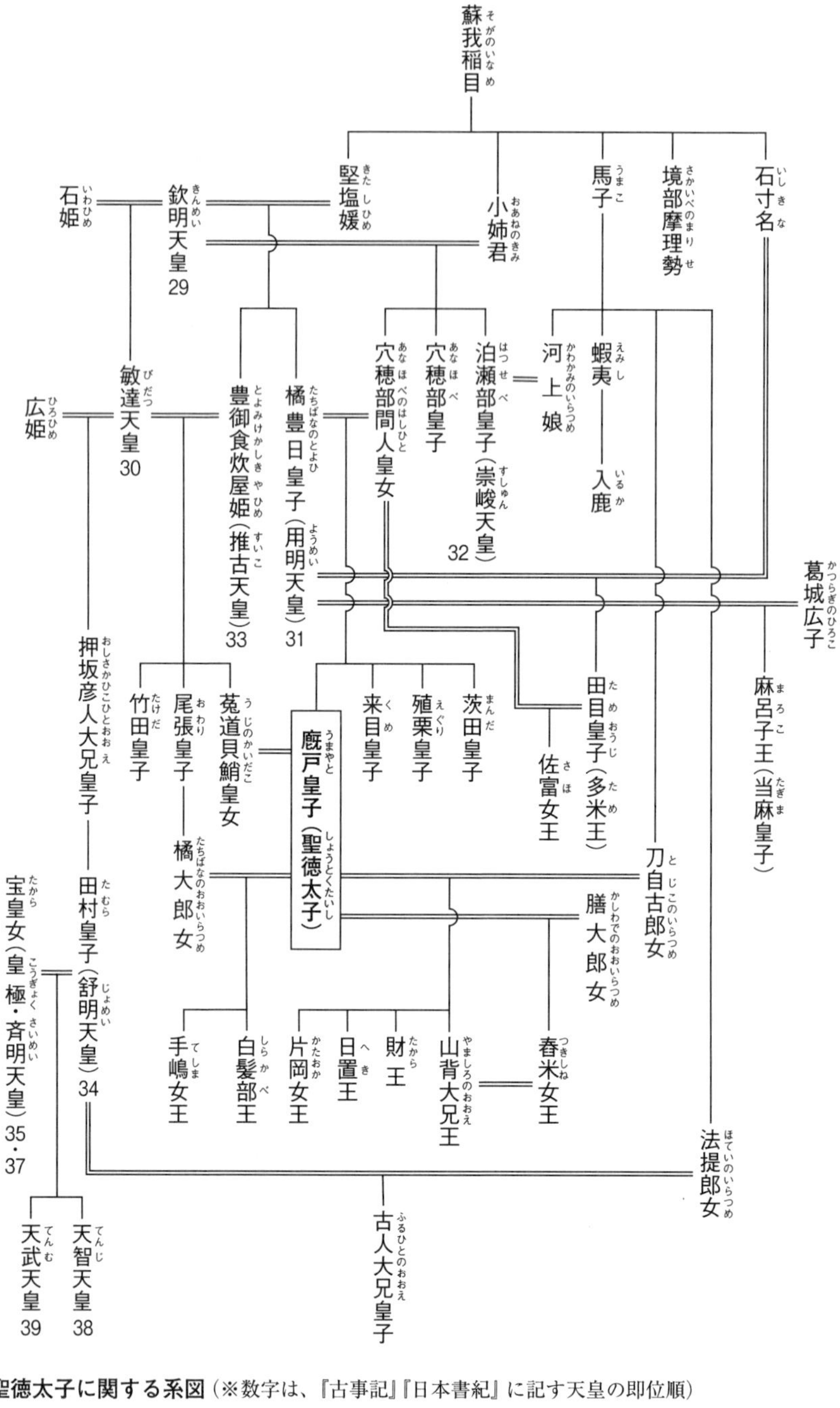

聖徳太子に関する系図（※数字は、『古事記』『日本書紀』に記す天皇の即位順）

の皇太子の摂政《せっしょう》[※23]という異例の状況が直接的な契機となって出現した。

また、法隆寺金堂薬師像光背銘に見える「小治田大宮《おはりだのおおみや》治天下大王天皇」(17頁参照)という表記に関する解釈も考えねばならない。法隆寺金堂薬師像光背銘には、用明天皇は「池辺大宮《いけのへのおおみや》治天下天皇」とあり、推古女帝に使われている「大王天皇」とは異なる。それは、推古朝の特殊事情のもとに「天皇」号が始用された経緯を示すものであるとみたが、さらに以下のように考える。

推古女帝は、政治的支配者「大王」と絶対的支配者「天皇」という二種の君主の性格を有していた。すなわち、推古女帝ははじめ「大王」位につき、聖徳太子の摂政とともに「大王」号とは意味の異なる「天皇」号が採用され、「大王であってしかも天皇である」ということから「大王天皇」と呼称された。この「大王天皇」は、推古女帝に対してのみ用いられた称号であって、『元興寺《がんごうじ》伽藍《がらん》縁起《えんぎ》并《ならびに》流記《るき》資財帳《しざいちょう》』(元興寺縁起[※24])にも「又大々王天皇治天下時」とあるが、これも同天皇をさす。

以上が大橋説である。

■推古女帝になぜ「大王天皇」が使われたか

右の諸説にもあるように、「大王天皇」という称号は、奇異な印象を与える。さきにみたように、福山敏男氏は、推古天皇のことを「大王」と記した古い記文などによっ

※23 **摂政**(せっしょう) 天皇にかわって政務をとること。また、その職や人をさす。史料の上からは、聖徳太子以後、皇族が任ぜられたが、平安時代の清和《せいわ》天皇の時、外戚《がいせき》の藤原良房《よしふさ》が任命されたのち、藤原氏が就くようになった。

※24 **元興寺縁起**(がんごうじえんぎ) 奈良の元興寺に関する古縁起や伽藍縁起に資財帳を合わせたもの。天平十九年(七四七)に成立した。

て漫然と『大王天皇』という語を構成という。しかし、銘文を「漫然」と刻むことは想像しがたい。

さらに竹内理三氏は、「大王天皇」という表現に「日本の『天皇』なる称号が成立した過程を示しているという解釈を呈したことは、すでにみた通りである。

そして右に引用したように、大橋一章氏は、「大王天皇」は推古女帝にのみ用いられた称号であるとする。しかし、いずれの説も「大王天皇」について十分に説明しているだろうか。私は次のように推考する。

大橋氏が指摘したように、太子を「法王大王」と読んだ事例がある。そして、推古女帝と「共治」したとある。このことは、『日本書紀』に太子が「摂政」したとある記事と類似する。

従って、太子に「法王[※25]」あるいは「法大王」という称号が与えられていた可能性があるとすれば、推古女帝の「大王」と太子の「法王」あるいは「法大王」とは、称号によって差別化される必要があった。そのため推古女帝には、密接にあるいは離れがたく「大王」という称号が強い意味をもち、太子の「法王」（法大王）と明確に区別する意味があった。

すなわち推古女帝においては、それまでの大王とは異なり、「法大王」あるいは「法王」とも異なり、「大王」は推古女帝を指示する記号的な意味をもったと考えられる。それ故、「天皇」号が私的あるいは公的に使われた段階で、「池辺《いけのへの》大宮《おおみや》治天下天皇」（用明）

※25　法王（ほうおう）　仏教語で、法において自由なもの。仏をいう。
　とくに、平安時代以降、仏門に入った上皇《じょうこう》である法皇《ほうおう》とは性格を異にする。

の場合のように「大王」という称号は、「天皇」と表記するのは、「天皇」号が成立した時点でさかのぼって「大王」から「天皇」に変更するのに、問題は生じなかった。

しかし「小治田大宮《おはりだのおおみや》」にて天下を治めたとされる推古女帝に関しては、これまでにあげた理由によって「大王」か、「法大王」あるいは「法王」と差別化するために、他の大王のごとく、「大王」を機械的に「天皇」に読みかえられない事情があった。

そのため、「大王」という称号を残しながら、「天皇」をその後につけ加えることになったとみなければならない。ということは、「大王天皇」というのは称号ではなく、かつて強い意味をもった「大王」をそのままにして「天皇」という称号をつけたものと解することができる。

だから、「大王天皇」という表記は、「大王」から「天皇」への移行状況を示唆するものではありえない。

■「天寿国繍帳《てんじゅこくしゅうちょう》」はいつ成立したか

ところで、大橋説について検討するにあたっての重要な点は、これまで述べてきたように「天寿国繍帳」の成立年代に関わってくると考えられる。「天寿国繍帳」が推古朝に制作されていたとしたら、大橋説は、傾聴すべき点を有している。しかし、「天寿国繍帳」が、推古朝以後に作られ、その時点で「天皇」号が用いられたとすれば、皇子たちに「大王」という呼び名をあたえることは、ありうることである。例えば、次の万葉歌の原歌では弓削《ゆげ》皇子[※26]に「吾王」という文字を与えているが、「我がおほきみ」と読ませるものである。

弓削皇子の薨ずる時に、置始東人《おきそめのあずまひと》が作る歌一首〈并せて短歌〉

やすみしし　我が大君《おほきみ》　高光る　日の皇子　ひさかたの　天つ宮に　神ながら　神といませば　そこをしも　あやに恐み　昼はも　日のことごと　夜はも　夜のことごと　伏《ふ》し居《ゐ》嘆けど　飽《あ》き足らぬかも（『万葉集』巻二―二〇四[※27]）

このように、「天皇」号成立以後、皇子たちを「おほきみ」と呼ぶようになれば「大王」という表記はおのずとあらわれるであろう。

■「天寿国繡帳」の系譜からみると、「天皇」号成立は推古朝

次に、義江明子《よしえあきこ》氏は「天寿国繡帳系譜の一考察―出自論と王権論の接点―」（『日本史研究』三二五号、一九八九年）において、繡帳に記された銘文から導く系譜関係の詳細な分析を行った。

※26　弓削皇子（ゆげおうじ）
天武天皇の第六皇子。天武二年（六七四）の生まれで、母は大江皇女。文武三年（六九九）に亡くなった。

※27　〔『万葉集』巻二―二〇四の大意〕
わが弓削皇子が、今は神上りまして、天上の宮に、神として鎮まっておられるので、それを恐れつつしんで、昼は一日中、夜は夜通し、臥《ふ》したり坐ったりして嘆くけれども、なお、飽き足りない気持だ。

とくに、欽明《きんめい》に始まる王統（30頁参照）と稲目《いなめ》に始まる蘇我氏の系譜をとりあげ、敏達《びだつ》の母の石姫《いわひめ》（欽明の皇后）が繍帳に記された系譜にはあがっていない点に注目する。義江氏によれば、このことは繍帳銘系譜が天武・持統朝のころに成立したとすれば、このようなことはありえないという。そして、繍帳銘系譜は系譜様式および系譜意識という点からみていくかぎりでは、繍帳銘系譜は推古朝に成立した蓋然性が最も高いと述べる。

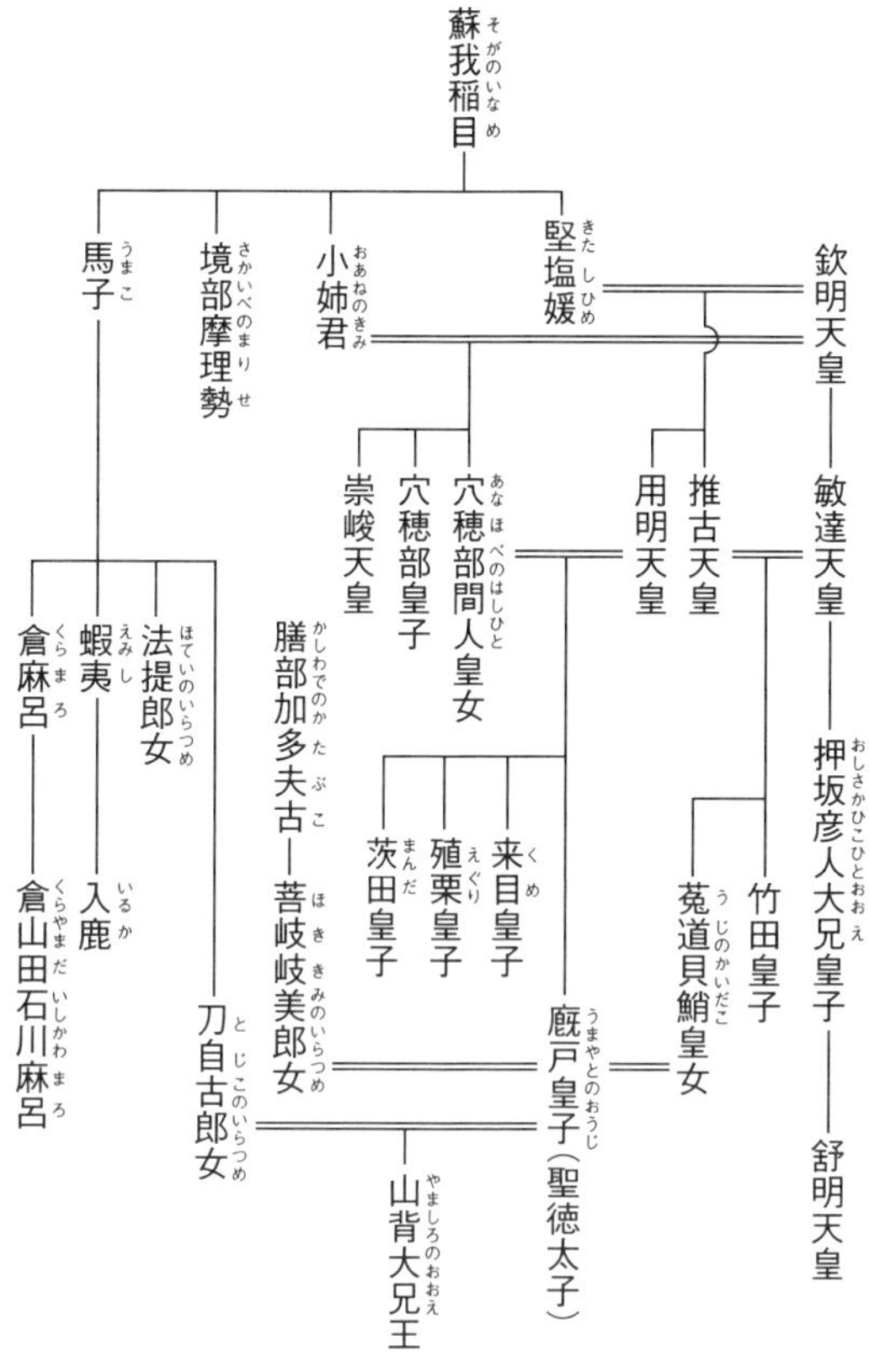

蘇我氏と天皇家系図

それを受けて、義江氏は銘文が推古および王統の始祖と位置づけられた欽明にのみ「天皇」の称号を用いているが、これは「天皇」号の成立の端緒段階を示すとみることも可能なのではないだろうか、と述べる。

しかし、系譜様式・系譜意識は、「繍帳」のモチーフにのっとれば推古朝以後でも作成することは不可能ではない。欽明に「天皇」号成立の端緒段階を読みとるとすれば、「天皇」

【原文】

斯歸斯麻　宮治天下　天皇名阿　米久爾意　斯波留支
比里爾波　乃彌己等　娶巷奇大　臣名伊奈　米足尼女
名吉多斯　比彌乃彌　己等爲大　后生名多　至波奈等
已比乃彌　己等妹名　等已彌居　加斯支移　比彌乃彌
己等復娶　大后弟名　乎阿尼乃　彌己等爲　后生名孔
部間人公　主斯歸斯　麻天皇之　子名蕤奈　久羅乃布
等多麻斯　支乃彌己　等娶庶妹　名等已彌　居加斯支
移比彌乃　彌己等爲　大后坐乎　沙多宮治　天下生名
尾治王多　至波奈等　已比乃彌　己等娶庶　妹名孔部
間人公主　爲大后坐　瀆邊宮治　天下生名　等已刀彌
彌乃彌己　等娶尾治　大王之女　名多至波　奈大女郎
爲后歳在　辛巳十二　月廿一癸　酉日入孔　部間人母
王崩明年　二月廿二　日甲戌夜　半太子崩　于時多至
波奈大女　郎悲哀嘆　息白畏天　皇前曰啓　之雖恐懷
心難止使　我大王與　母王如期　從遊痛酷　无比我大
王所告世　間虚假唯　佛是眞玩　味其法謂　我大王應
生於天壽　國之中而　彼國之形　眼所叵看　悕因圖像
欲観大王　往生之狀　天皇聞之　悽然告曰　有一我子
所啓誠以　爲然勅諸　采女等造　繡帷二張　畫者東漢
末賢高麗　加西溢又　漢奴加己　利令者椋　部秦久麻

【読み下し文】

斯帰斯麻宮に天の下治ろしめしし天皇、名は**阿米久爾意斯波留支比里爾波乃弥己等**、巷奇大臣名は伊奈米足尼の女、名は吉多斯比弥乃弥己等を大后と為して、名は**多至波奈等己比乃弥己等**、妹名は**等已弥居加斯支移比弥乃弥己等**を生む。復大后の弟、名は乎阿尼乃弥己等を娶りて后と為し、名は孔部間人公主を生む。斯帰斯麻天皇の子、名は**蕤奈久羅乃布等多麻斯支乃弥己等**、庶妹名は等已弥居加斯支移比弥乃弥己等を娶りて大后と為し、乎沙多宮に坐して天の下を治ろしめしき。名は尾治王を生む。多至波奈等已比乃弥己等、庶妹名は孔部間人公主を娶りて大后と為し、瀆辺宮に坐して天の下治ろしめしき。名は等已刀弥弥乃弥己等を生む。尾治大王の女、名は多至波奈大女郎を娶りて后と為す。歳は**辛巳に在る十二月廿一癸酉日入、孔部間人母王崩ず**。明年二月廿二日甲戌夜半、太子崩ず。時に多至波奈大女郎、悲哀嘆息、天皇の前に畏み白して曰わく「之を啓すは恐れありと雖も、懐う心止使め難し。我が大王と母王と、期するが如く従遊す。痛酷比无し。我が大王は応に天寿国の中に生まれてあるべし。而れども彼の国の形は、眼に見叵き所なり。悕わくは、図像に因りて、大王の往生の状を観む」と。天皇之を聞き、悽然として告りて曰わく「一りの我が子有り。啓す所誠に以て然りと為す」と。諸の采女等らに勅して、繡帷二張を造らしむ。画く者は東漢末賢、高麗加西溢、又漢奴加己利、令す者は椋部の秦久麻なり。

「天寿国繡帳」の銘文（『上宮聖徳法王帝説』に引用）　飯田瑞穂《いいだみずほ》氏の研究による。銘文は、繡帳の特定部分に集中して表されていたのではなく、図様の中に散在する形で表されていたと考えられている。

「天寿国繍帳」の図様　亀の図様の中に「部間人公」（穴穂部間人皇女《あなほべのはしひと》か）の文字を配している（中宮寺蔵）。

という称号が、欽明と蘇我氏という限定的な血統の産物となり、問題を矮小化《わいしょうか》しているとみなければならない。

「天皇」号は、その名の由来からみても、東アジア世界と関わる国家的次元の中から考案されたものである。

よく知られているように天寿国繍帳は、推古三十年（六二二）に聖徳太子が没したので、后の一人 橘大郎女《たちばなのおおいらつめ》（位奈部《いなべ》橘王）が夫のためにつくらせたと伝える。繍帳そのものは、一部が額装として奈良・斑鳩《いかるが》の中宮寺《ちゅうぐうじ》に所蔵され、その他に断片が正倉院・法隆寺・東京国立博物館等に現存する。

もともと天寿国繍帳は、一〇〇個の亀甲に四文字ずつ、四〇〇文字の銘文があったが、その多くは失われたが、『上宮聖徳法王帝説』に全文が引用されている。

■「天寿国繍帳」銘文は大化以降か

この天寿国繍帳の成立年代を、銘文から推定する試みがこれまで多くなされてきたが、このうち、林幹彌《はやしみきや》氏は銘文の天皇名に着目した（「上代の天皇の呼び名」『史観』四五、一九五五年）。

銘文の天皇名は、次の通りである。

「阿米久爾意斯波留支比里爾波乃弥己等」（アメクニオシハルキヒロニハノミコト・欽明）

「蕤奈久羅乃布等多麻斯支乃弥己等」（ヌナクラノフトタマシキノミコト・敏達）

「多至波奈等己比乃弥己等」（タチバナトヨヒノミコト・用明）

「等已弥居加斯支移比弥乃弥己等」（トヨミケカシキヤヒメノミコト・推古）

林氏は、これらの天皇名を和風諡号《わふうしごう》※28であるとみなし、和風諡号は、記紀の編纂に際して撰進されたと考えられるので、繍帳銘文は天武朝をさかのぼることはないとした。

以上に加えて、林氏は繍帳銘文の天皇名に「斯帰斯麻宮治天下天皇」（シキシマノミヤニアメノシタシラススメラミコト）という欽明天皇を指す名称が記されているが、宮号を冠して天皇を呼称するのは大化以降として、繍帳銘文の成立もまた大化以降と推論した。林氏は、天皇は当代において一人しかいないので特別に個別的尊称は必要で

欽明天皇の「磯城嶋金刺宮《しきしまかなさしのみや》跡伝承地」（桜井市金屋《かなや》・磯城嶋《しきしま》公園） 欽明は、現在の桜井市金屋の磯城嶋地方におかれたという磯城嶋金刺宮を宮とした。

※28 **和風諡号**（わふうしごう）
諡号とは、生前の行いを尊び、死後に贈られる称号をいう。いわゆる諡《おくりな》をいう。それが日本風につけられたものである。

推古天皇の小《お》墾田宮《はりだのみや》推定地の一つの古宮《ふるみや》土《ど》壇《だん》（奈良県明日香村豊《とよ》浦《うら》、奈良文化財研究所提供） 推古天皇は、592年に豊浦宮《とゆらのみや》で即位し、のち推古11年（603）に小墾田宮に遷居した。写真は、明日香村豊浦集落の北の古宮土壇の地。

ただ、雷丘《いかづちのおか》東方遺跡を宮址とする考え方が有力視されている（96頁参照）。

ないが、過去の天皇については宮号を冠することによって個別的尊称とする必要があったとした。

そこで大橋氏は、まず、宮号を冠する天皇の呼称について次のように解釈する。法隆寺の薬師像光背銘の「池辺大宮《いけのへのおおみや》治天下天皇」（用明天皇）は、推古天皇より二代前、つまり過去の天皇を指していることはいうまでもない。

ところが、「小治田大宮《おはりだのおおみや》治天下大王天皇」（推古天皇）の呼称は、光背銘の成立が推古朝ならば当代の天皇であるが、銘文の成立が推古より後の時代とする説ならば、宮号を冠する天皇名は過去の代の天皇に関するものとなる。つまり宮号を冠した天皇の呼称が過去・現在のどちらを指すかは、それのみでは決定的ではない。

そのこととともに、大橋氏の論点は和風天皇名の解釈に重点がおかれる。右に示した繍帳の音仮名で表記された天皇名について大橋氏は、天皇の即位にあたって奉られた尊称で、推古朝における太子の修史編纂時期にすでに存在したものと思われることや、和風の天皇名が記されているので、繍帳銘文の成立を天武朝以降とすることができないという。

より正確に大橋氏の見解に即するならば、繍帳銘文の成立を推古朝と想定することに問題がないとする。

しかし、はたして、そうであろうか。例えば『万葉集』の巻一[※29]には

「泊瀬朝倉宮《はつせあさくらのみや》御宇天皇代　大泊瀬稚武《おおはつせわかたけ》天皇」、
「高市岡本宮《たけちのをかもとのみや》御宇天皇代　息長足日広額《おきながたらしひひろぬか》天皇」、
「明日香川原宮《あすかのかはらのみや》御宇天皇代　天豊財重日足姫《あめとよたからいかしひたらしひめ》天皇」、
「後岡本宮《のちのおかもとのみや》御宇天皇代　天豊財重日足姫天皇　後即位後岡本宮」

とあり、「御宇天皇代」の読みは、いずれも「あめのしたしらしめししすめらみことのみよ」とあるべきで、過去の表現となっている。

『万葉集』の事例に従うならば、宮号をもって呼ばれる場合はいずれも過去の天皇である。在位中の天皇に宮号をつけねばならない理由は見当たらない。例えば、存命中の天皇が未来に向かってメッセージを発信しておきたい場合には、宮の名を冠することもありうるという見方もある。だが、そのように干支《かんし》あるいは年号が付されるならば、そこに宮号を冠する必要はないであろう。

■「天寿国繡帳」銘文は天武朝か

「天寿国繡帳」については、他にも東野治之《とうのはるゆき》氏の銘文と図様に関する論がある（「天寿国繡帳の制作年代―銘文と図様からみた―」『考古学の学際的研究―濱田青陵賞受賞者記念論文集I―』岸和田市・岸和田市教育委員会、二〇〇一年）。その論考の骨子は次のよ

※29　『万葉集』の中の天皇（まんようしゅうのなかのてんのう）
①大泊瀬稚武《おほはつせわかたけ》天皇は雄略のこと。宮は奈良県桜井市の泊瀬《はつせ》朝倉宮《あさくらのみや》。
②息長足日広額《おきながたらしひひろぬか》天皇は舒明《じょめい》。宮は明日香村の高市岡本宮。
③天豊財重日足姫《あめとよたからいかしひたらしひめ》天皇は皇極《こうぎょく》天皇。宮は明日香村の川原宮。のちに再び即位して斉明《さいめい》天皇となり、舒明天皇が置いた岡本宮あたりに後岡本宮を宮地とした。

「天寿国繡帳」に描かれた人物（右）・鳳凰《ほうおう》（左上）・月（左下）（中宮寺蔵）

繡帳には、亀（37頁参照）、男女の人物、鳳凰、うさぎを描いた月、鐘楼や基壇を持つ重層建物などの図像が描かれている。

うである。

まず、先行論文の義江氏による銘文の系譜についての解釈に関しては、「系譜に推古朝の要素があるからといって、銘文が全体として推古朝のものであると断ぜられまい」として疑問を呈している。

そして、銘文中の「等巳弥居加斯支移比弥」（トヨミケカシヤヒメ）に注目する（36頁参照）。

この名称は、山田英夫氏の先行論文（「古代天皇の諡について」『日本古代史攷』岩波書店、一九八七年）に従って、トヨミケカシキヤヒメは単なる尊号ではなく、推古の和風諡号《わふうしごう》とする説を認める。「等巳弥居加斯支移比弥」が推古天皇の生前における尊称なのか、それとも諡号かによって繡帳銘文の年代論は重要な差を生じる。後者とすれば舒明《じょめい》朝以降に銘文が記されたことになり、繡帳の銘文にある「天皇」号をもって推古朝における使用例とすることはできない。

繡帳の図様について、東野氏の総括的な年代論は、次のように示されている。

　太子生前の行実を繍帳に図様化するとなれば、推古末年から舒明朝頃では、なお多くの生存者がその図様中に登場せざるをえない。古代において生存人物の容姿が多く画中に描き込まれるというのは、常識的には考え難いことである。その中に天皇や皇族が多く含まれるとなるとなおさらであろう。旧繍帳（鎌倉時代に一部摸作される以前のもの）の周縁に太子伝の図様があったということは、繍帳が太子没後かなりの年数を経てからの制作であることを示唆しているとみるべきである。

　右のような論点から、繍帳の成立年代について東野氏は「天武朝」がふさわしいという。太子の舎人《とねり》※30であった調使主麻呂《つきのおみまろ》の没年が己巳年《きし》（天智天皇八年、六六九）であるので、これなどが年代の上限の目安となること、繍帳に描かれている俗人の男女（41頁参照）が着用している褶《しゅう》（ヒラミ）※31は、天武天皇十一年（六八二）に禁止された服飾であるから、下限はここに求められるとする。

　ただ、幅二メートルをこえる二張の繍帳を作る工程を考慮すると、下限をいま少し広くとって、持統朝頃までを想定すると東野氏はつけ加えている。

※30　**舎人**（とねり）　歴史的には、律令制下、天皇ほか貴人の護衛や雑務の任にあたった下級官僚をいう。

※31　**褶**（しゅう・ひらみ）　一般的には、男性は袴《はかま》の上に、女性は唐裳《からも》の上につけ、下半身をおおうもの。

※32 **干支**（かんし）　十干《じっかん》と十二支《し》のこと。またその六十通りの組合わせをいう。中国で始まった。

〔十干〕

甲	乙	丙	丁	戊	己	庚	辛	壬	癸
こう	おつ	へい	てい	ぼ	き	こう	しん	じん	き
きのえ	きのと	ひのえ	ひのと	つちのえ	つちのと	かのえ	かのと	みずのえ	みずのと

〔十二支〕

子	丑	寅	卯	辰	巳	午	未	申	酉	戌	亥
ね シ	うし チュウ	とら イン	う ボウ	たつ シン	み シ	うま ゴ	ひつじ ミ・ビ	さる シン	とり ユウ	いぬ ジュツ	い ガイ

■元嘉暦《げんかれき》・儀鳳暦《ぎほうれき》からみた「繍帳」銘文の時期——持統朝以降か

天寿国繍帳の銘文に関して、もう一つの問題点は間人王《はしひとおう》崩日の干支《かんし》※32である。銘文には、辛巳《しんし》年（推古二十九年）「十二月廿一日癸酉《きゆう》」とある。ところが、推古朝に用いられていた元嘉暦※33ではこの日が甲戌《こうじゅつ》となり、癸酉ではない。

これについては、宮田俊彦氏の論考（「天寿国繍帳」上、『歴史教育』六―五）がある。廿一日が崩日であることが、間違いないとすれば、さらに崩後間もなく母王の崩日の記録を誤ることが考えられない。とすれば、銘文はかなり後に記されたと宮田氏は想定する。

母王の崩日が辛巳年十二月廿一日癸酉が誤記かどうか、古代の暦との関係で金沢英之《かなざわひでゆき》氏が興味深い指摘をしている（「天寿国繍帳銘の成立年代について」―儀鳳暦による計算結果から―）『国語と国文学』平成十三年十一月号）。

『日本書紀』持統天皇四年条に、元嘉暦と儀鳳暦※33の併用の詔を記している。つまり、これまで元嘉暦のみであったが、持統四年から新たに儀鳳暦が採用されるに至った。

金沢氏は、持統朝以降に採用された儀鳳暦ならば、推古二十九年十二月二十一日の干支が何にあたるかを検討されるべきだとし、精微な計算を試みている。それによると、当該日の干支は癸酉になるという。従って、儀鳳暦によって母王の崩日の干支が記されている可能性が否定できず、それならば繍帳銘文は持統朝かそれ以降に記述されたことになる。

この金沢説を認めるとすれば、「天皇」号は、持統朝かそれ以降に使用されていたことを確認するにとどまる。ただそれだけのことであって、「天皇」号使用開始年代を語るものではありえない。

■さらに「天皇」号の推古朝説を主張する論

他にも、「天皇」号の始用を推古朝とする吉田孝氏の説がある（『史記』秦始皇本紀と『天皇』号」『日本歴史』六四三号、二〇〇一年）。それによると、次のように想定されている。

「王」は周《しゅう》では天子の称号であったが、戦国時代※34には諸国の支配者も「王」と称した。ところが、秦王政《せい》※35（秦王の政）は六国の「王」をすべて倒して天下を統一したので「王」に代わる新しい称号が必要となった。そのため、臣下たちの審議の結果が上奏された。「古、天皇あり、地皇あり、秦皇あり。秦皇最も貴し」と。ところが、王は「秦

※33　**元嘉暦と儀鳳暦**（げんかれきとぎほうれき）　元嘉暦は中国・南朝宋《そう》の何承天《かしょうてん》が作った暦。元嘉二十二年（四四五）頃に頒用《はんよう》された。

一方、儀鳳暦は唐の李《り》淳風《じゅんぷう》が作った暦。麟徳《りんとく》二年（六六五）に頒用された。

『日本書紀』の持統四年（六九〇）十一月七日条に、「詔《みことのり》を奉《うけたまは》りて、始めて元嘉暦と儀鳳暦とを行ふ」とみえている。それまで南朝・宋の元嘉暦を用いていたが、持統四年から儀鳳暦も併用されるようになった。

※34　**戦国時代**（せんごくじだい）　中国で、春秋《しゅんじゅう》時代の後（紀元前四〇三年）から、秦《しん》の始《し》皇帝《こうてい》による統一（紀元前二二一年）までの時代。

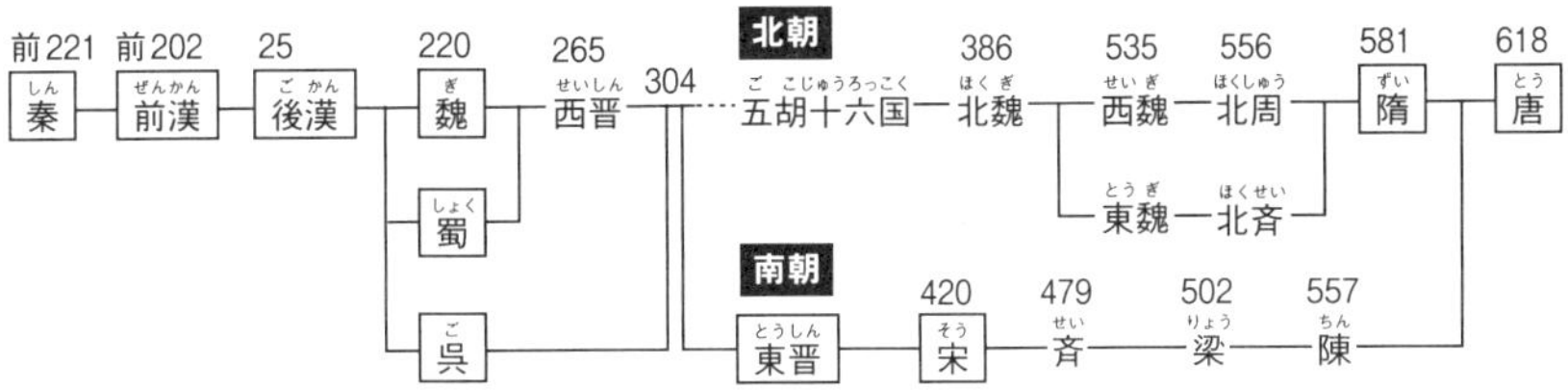

中国の王朝（※数字は建国年）

を去りて皇を著け、上古の帝位の号を采り、号して皇帝と曰はん」としたという。

吉田氏は、右に引用した秦の重臣たちの上奏に「天皇」という言葉があるのに注目する。そこで、次の『隋書』倭国伝の開皇《かいこう》二十年（六〇〇、推古八年）との関係から、氏の論が述べられる。

倭王、姓は阿毎（アメ）、字は多利思比孤（タリシヒコ）、号は阿輩鶏弥（アメキミ、またはオホキミ）、使を遣わして闕《みかど》に詣る。

アメは天、タリシヒコは「満ち足りた高貴な男子」の意と解される。言語学者の大《おお》野《の》晋《すすむ》氏によれば、「阿輩鶏弥」はアメノキミの可能性が高いとされるので、「秦皇」と並ぶ「天皇」が「天」の字をふくみ、「王」の字をふくまないことが、倭の君主号としてふさわしいと考えられたのではなかろうかと吉田氏はいう。

■ 小野妹子《おののいもこ》の国書にみえる「天皇」号

推古紀十六年九月条に、小野妹子が隋に帰国する裴世清《はいせいせい》の送使として遣わされた時の国書の記述が、すでにみたように「天皇」号始用の論点となってきた（17頁参照）。

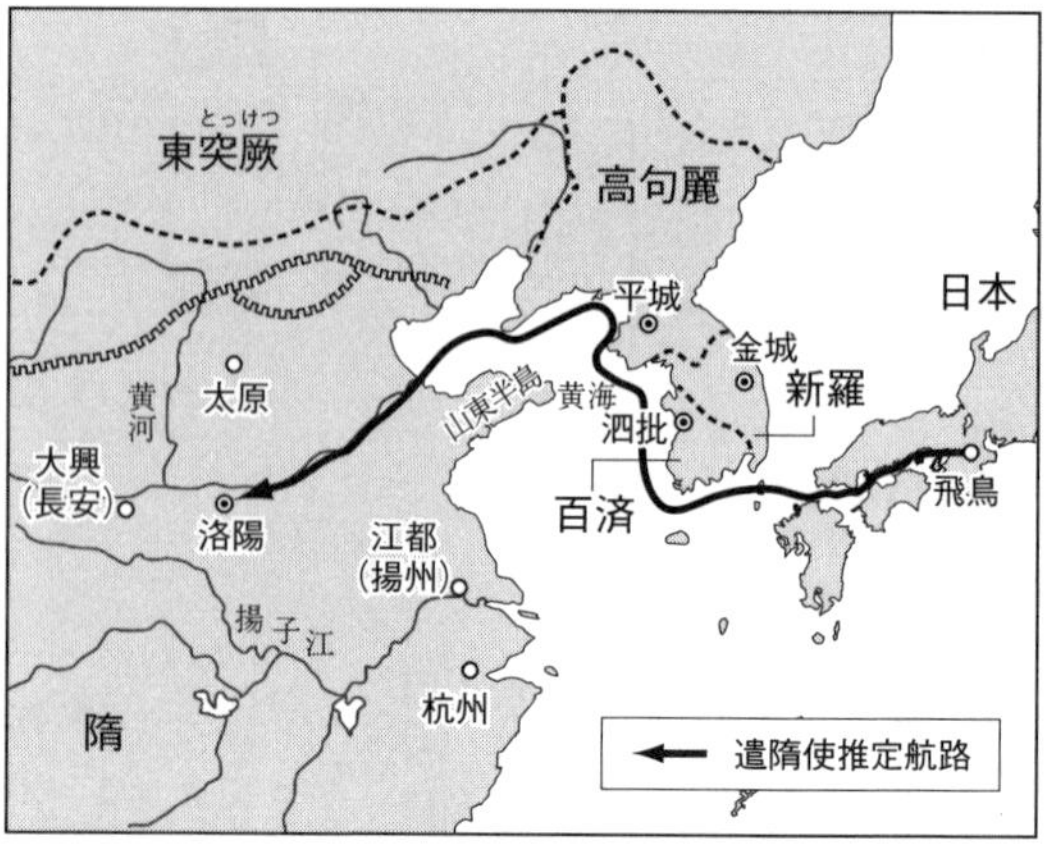

隋王朝（7世紀）時代の中国・朝鮮・日本　推古が宮とした飛鳥地方から朝鮮三国（高句麗《こうくり》・新羅《しらぎ》・百済《くだら》）のうち、百済沿岸を経て、隋の都洛陽《らくよう》へ遣隋使小野妹子《おののいもこ》が行き、隋使裴世清《はいせいせい》もヤマトを訪れたのだろう。

つまり、そこに「東の天皇が敬《つつ》しみて西の皇帝に白《もう》す」とある。「東」すなわち「ヤマト」には「天皇」号があったと解釈する見解があるのだが、堀敏一《ほりとしかず》氏も同じ立場にある（『中国と古代東アジア世界―中華的世界と諸民族―』岩波書店、一九九三年）。

堀氏によると、同年八月条に裴世清がもたらした隋の皇帝の国書との比較から推断できるという。すなわち「皇帝、倭皇に問う。……皇、海表に介居して……」とあるが、原文には「倭王」「王」とあったはずであると氏はいう。それに対して、右にあげた「東の天皇」という表記は、かつての「日出づる処の天子」と記して、隋の皇帝をして不快感をいだかせたために、「天皇」という称号を案出したと堀氏は解釈する。

そして、次のように述べる。

この国書こそ日本の君主の称号が天皇であることを、はじめて内外に明らかにしたものだということができるのではなかろうか。隋代になって中国と国交を回復する必要ができたとき、試行錯誤の末に推古朝の為政者が考え出したのが、この称号であったのではなかろうか。もっとも『日本書紀』が編纂物であるため、原文が天

※35　**秦王政**（しんおうせい）
秦の建国者の始皇帝《しこうてい》のこと。政は名である（13頁参照）。

皇でなかったということも考えられないではない。

堀氏の見解は、右の国書で「天皇」ではなく「大王」ないしは「天王」などでは、前の国書の「天子」より後退しすぎて、推古朝の為政者が使いそうにないというのである。堀氏の史料に対する解釈は、直接の引用文からもわかるように慎重であって、推古朝に天皇号が始用されたと断定はしていない。

ただ、天子から天皇への変更が推古朝の為政者が君主の称号の格の後退を退けたのではないかという状況を想定する点に論拠を求めている。しかし、それならば「天皇」号は、「皇帝」号と対等あるいは隋から異論がでないのかという問題は、なお議論の余地があるのではないかと私は思う。

もともと、推古天皇十六年条の隋側がたずさえた国書に「倭王」、「王」とあったのを、日本（倭国）側で「王」を「皇」と書きかえて『日本書紀』に掲載したというならば、その返書に、またしても隋側に不快感を与える「天皇」という「皇」の字を含む称号を用いた返書を送るであろうかという点にどうしても疑義をはさまざるをえない。

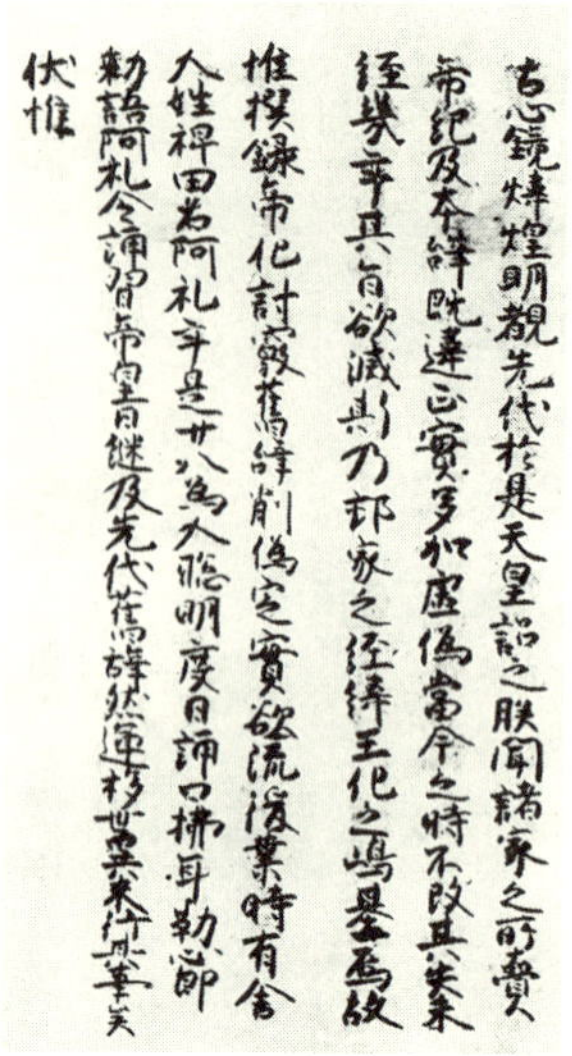
古心鏡煒煌明覩先代於是天皇詔之朕聞諸家之所賷
帝紀及本辭既違正實多加虚偽當今之時不改其失未
經幾年其旨欲滅斯乃邦家之經緯王化之鴻基焉故
惟撰録帝紀討覈舊辭削偽定實欲流後葉時有舍
人姓稗田名阿禮年是廿八爲人聰明度目誦口拂耳勒心
勅語阿禮令誦習帝皇日繼及先代舊辭然運移世異未行其事矣
伏惟

大王→帝→天皇へと変遷したか

■「帝」と称した時代があったか

ところで前掲の吉田説は、推古朝「天皇」号使用について異論を提起した渡辺茂氏の前掲論考（25頁参照）において論じられたものである。以下要約しながら、吉田氏の説を紹介したい。

「大王」から「天皇」に移行する過程に、「帝」または「帝王」「帝皇」「皇帝」など「帝」と称した時代があったことを想定する。

右の想定を裏づける史料の一つは『古事記』上表文である。ここには「帝紀」や「帝皇日継」という表現があり、その背景に「帝王」「帝皇」または「皇帝」などの称号があったことを想起させる。さらに上表文には、仁徳天皇を「聖帝」「大雀皇帝《おほさざきのみこと》」と、元明天皇を「皇帝陛下」と称している点から、このころもまだ、「皇帝」の称号が一般的に使用されていたことを暗示する。

『懐風藻《かいふうそう》』※36の序でも、応神天皇を「品《ほむ》帝《た》」と、天智天皇を「淡海《あふみ》之先帝」と称する例がみられる。本文の作者伝では大友皇子（天智の子、弘文《こうぶん》天皇）を「淡海帝の長子」、河

『古事記』の序文　「朕《われ》聞く、諸家の賫《もた》る帝紀《ていき》及び本辞《ほんじ》、既に正実に違《たが》ひ、多く虚偽を加ふと。今の時に当りて、其の失《あやまり》を改めずば、未だ幾年をも経ずして其の旨《むね》滅びなむとす。斯《こ》れ乃ち、邦家《ほうか》の経緯、王化の鴻基《こうき》なり。故惟《かれこ》れ、帝紀を選録し、旧辞《きゅうじ》を討覈《とうがく》して、偽りを削り実《まこと》を定めて、後葉《のちのよ》に流《つた》へむと欲《おも》ふ。……」とある。

※36　懐風藻（かいふうそう）　天平勝宝三年（七五一）に成立したわが国現存最古の漢詩集。淡海三船《おうみのみふね》の編とも言われている。

島皇子（天智の子）を「淡海帝之第二子」、大津皇子（天武の子）を「浄御原《きよみはら》帝之長子」、葛野《かどの》王（天智の孫）を「淡海帝之孫……母浄御原帝之長女」というように、天智、天武両天皇をすべて「帝」とよんでいる。しかし持統、文武に対しては「天皇」号を以てしている点からみれば、必ずしも編者の唐趣味によるものとばかりとは断じきれない。

養老儀制令《ようろうぎせいりょう》（12頁参照）には「天子、天皇、皇帝、陛下」の用語があり、公式令では「皇考、皇妣、先帝、天子、天皇、皇帝」とあって、「皇帝の称号が公認されていることを知る。また、「皇帝」の称号が「天皇」の称号のつぎに並記されているのは、「天皇」の称号以前に「皇帝」の称号が存在していた過去の経緯を暗示している。

　右のような観点から『日本書紀』をみると、持統天皇称制《しょうせい》※37前紀に「雖帝王女《みかどのみこといえども》、而好礼《ゐやをこのみて》」（帝王の女といへども礼を好みて）とあり、天智天皇のことを「帝王」と称している。

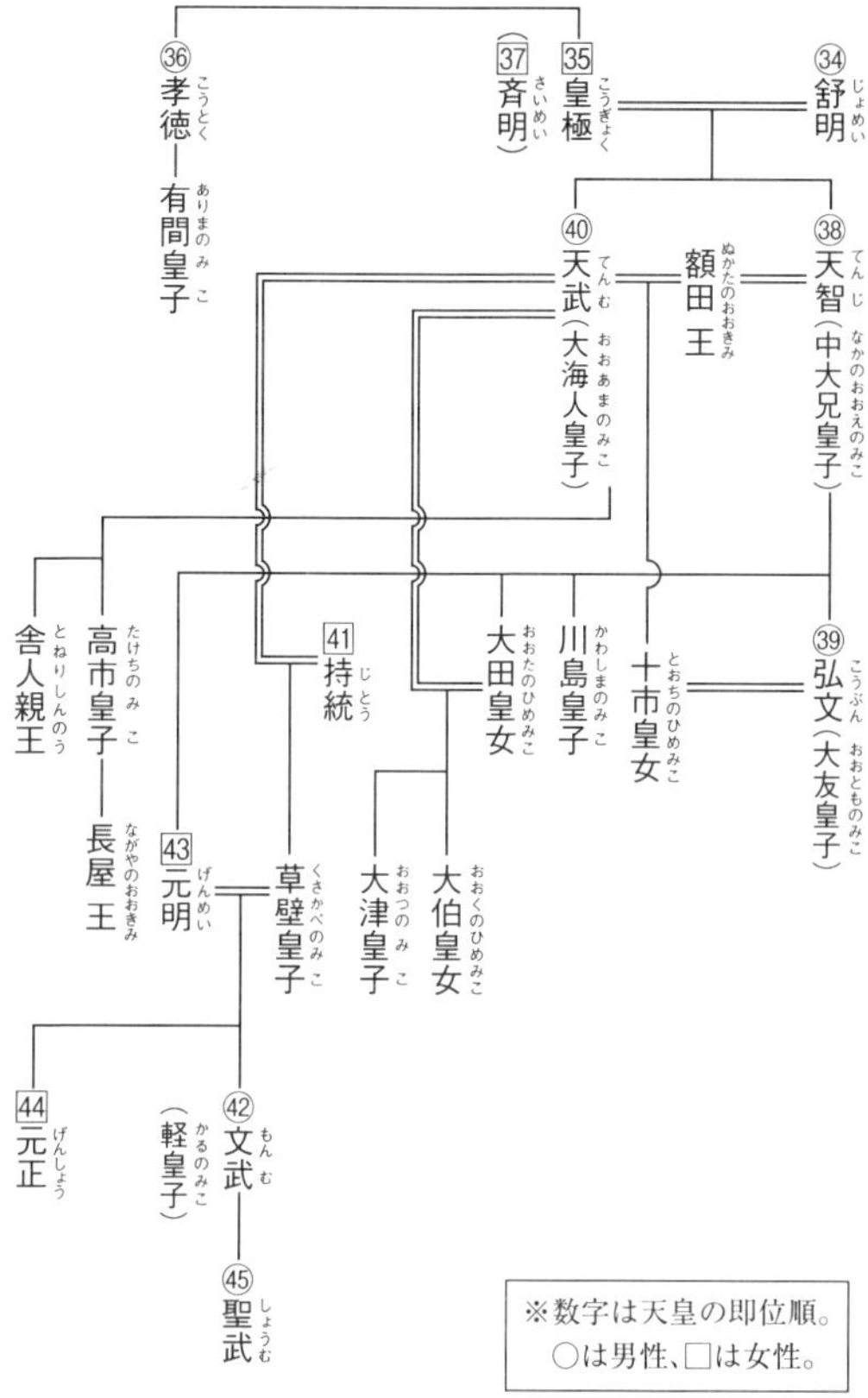

天皇家関係系図

その他、「帝」を用いている事例として「帝王」（継体《けいたい》紀元年）、「帝皇」（仁徳前紀）、「帝孫」（顕宗《けんぞう》前紀）、「帝業」（継体紀二十四年、欽明紀三十一年）、「帝勅」（継体紀六年）、「帝道」（孝徳《こうとく》前紀）、「帝」（継体紀十五年、二十一年、二十四年、孝徳紀大化二年）などがあり、「先帝」の用例は各所にある。これらの記述から、「帝王」などの称号が『日本書紀』編纂時に残っていたことを物語っている。

　これらの事例からみて、「天皇」号の採用以前のある段階において、「帝」号（「帝王」「帝皇」「皇帝」号も含めて）が使用された一時期のあったことが想定できる。「帝」（「皇帝」）号が用いられた時期は、古代君主の権威が確立した大化改新の時点と想定できる。

　以上が「帝」という称号があったとする吉田説である。

■『懐風藻《かいふうそう》』にみられる「帝」と「天皇」の用法

　以上の吉田説は、注目点には興味深いが、「帝」という表記は中国の皇帝にならった用字上の問題であって、「皇帝」が正式の称号であったと考え難い。元明《げんめい》に対して「皇帝陛下」と称されているのも、すでに触れたように用字上の次元のことであって、『続《しょく》日本紀』においては、元明天皇が正式の名称であったことがうかがえる。

　吉田説で、とりわけ注意をうながすのは、『懐風藻《かいふうそう》』にみられる「帝」と「天皇」の用法である。しかし、『懐風藻』をひもとけば明白なように、「帝」は、漢詩の作者の

※37　**称制**（しょうせい）　先帝が崩じたのち、新帝がいまだ即位の儀を行わずに執政すること。

　中国では本来、天子が幼少の時、皇太后が代わって政令を行うことをさした。

　しかし、日本では、天智天皇が斉明天皇の崩後に称制して、七年正月にはじめて即位した。また、持統天皇が天武天皇の崩後、称制して四年正月にいたって即位した。

野中寺《やちゅうじ》（大阪府羽曳野《はびきの》市）　南門から本堂を望む。現在の南門は、創建当時の中門であり、南大門は中門の南を走る古代官道のひとつ竹内《たけのうち》街道沿いに建てられていた。現本堂は、創建時の講堂にあたる（22頁参照）。

略伝の部分に使われるのみで、漢詩の書にふさわしく唐風趣味であると読みとれる。

一方、「天皇」については、詩文の冒頭に作者名として「文武天皇」とあるもので、天皇の作とするのは、一首のみである。なお、持統天皇の作は、葛野王《かどのおう》の略伝に「皇太后」として出るのみである。

また、作者名について「大友皇子」、「河島皇子」および「大津皇子」とあって、『懐風藻』の編者は、「皇子」という表記によって、天智天皇・天武天皇という「天皇」号を前提としていることは確実である。

だから、『懐風藻』は、「天皇」号の採用を吟味する史料とはならない。

「天皇」号は天智朝にできたか

■野中寺《やちゅうじ》蔵弥勒《みろく》像銘文をめぐって

① 丙寅年《へいいんねん》は天智五年（六六六）か

さて、福山敏男氏は、法隆寺金堂薬師像光背《こうはい》銘が推古朝成立でないことを論じたが、その際に、河内（大阪府）の野中寺《やちゅうじ》蔵弥勒《みろく》像台座の銘と類似点があるとする（22頁参照）。そして、野中寺蔵弥勒像台座銘に丙寅年（天智五年）とあることから、

							400		古墳時代 300	200		100			前100	前200		前300	前400	前500			前600	時代
24 仁《にん》賢《けん》 488〜498	23 顕《けん》宗《ぞう》 485〜487	22 清《せい》寧《ねい》 480〜484	21 雄《ゆう》略《りゃく》 456〜479	20 安《あん》康《こう》 453〜456	19 允《いん》恭《ぎょう》 412〜453	18 反《はん》正《ぜい》 406〜410	17 履《り》中《ちゅう》 400〜405	16 仁《にん》徳《とく》 313〜399	15 応《おう》神《じん》 270〜310	14 仲《ちゅう》哀《あい》 192〜200	13 成《せい》務《む》 131〜190	12 景《けい》行《こう》 71〜130	11 垂《すい》仁《にん》 29〜70	10 崇《す》神《じん》 97〜30	9 開《かい》化《か》 158〜98	8 孝《こう》元《げん》 214〜158	7 孝《こう》霊《れい》 290〜215	6 孝《こう》安《あん》 392〜291	5 孝《こう》昭《しょう》 475〜393	4 懿《い》徳《とく》 510〜477	3 安《あん》寧《ねい》 549〜511	2 綏《すい》靖《ぜい》 581〜549	1 神《じん》武《む》 660〜585	天皇名
																								年号

天皇一覧（神武〜聖武まで）『日本書紀』『続日本紀』などにより、天皇名欄の下の数字は、天皇の在位期間。初代神武の660年から11代垂仁の29年までは紀元前の西暦年。日本神話により、神武を初代とする。33代推古、35代皇極、37代斉明、41代持統、43代元明、44代元正は女帝。年号欄の（　）内の数字は、その年号の元年の西暦年。

法隆寺薬師像の銘文がそれに近い時代に書かれた可能性について言及した。そして、「天皇」の語が「正確な記文に見ゆる最初のものは天智天皇五年のものと推定される野中寺蔵弥勒像の台座銘に『中宮天皇』とあるものである」と述べる。

野中寺弥勒像台座銘に関する問題点は、「丙寅《へいいん》年四月大旧八日癸《き》卯《ぼう》開」という日付の解釈である。これについては、今井湊氏の論考が先駆的な意義をもつ。ひとえに、右の日付に依った暦の検討を提示した（「奈良朝前後の暦日」『科学史研究四〇号』）。以下、今井氏の説の要点を記す。

丙寅年は天智五年にあたるが、灌仏会《かんぶつえ》※38の四月八日について、元嘉《げんか》暦では四月は大月で、八日は癸卯《きぼう》で儀鳳《ぎほう》暦では甲辰《こうしん》となる。そして、同日は儀鳳暦では閉（不吉）となる。灌仏会に仏像を開眼するのに閉日では都合が悪いので、元嘉暦の開日（吉）をとったとする。

右の今井説に疑点があることは、東野治之《とうのはるゆき》氏が指摘した。それは、舒明朝以後使用されていた元嘉暦は天智朝も使われているから、天智五年も同じ暦で銘文を刻めばよく、持統朝以降に導入される儀鳳暦をもって銘を記す必要がないといった趣旨である。

奈良時代	710年 平城京遷都	700	672年 壬申の乱	645年 大化改新	600	飛鳥時代	530年ごろ 仏教の伝来	500

45	聖武《しょうむ》	724〜749
44	元正《げんしょう》	715〜724
43	元明《げんめい》	707〜715
42	文武《もんむ》	697〜707
41	持統《じとう》	690〜697
40	天武《てんむ》	673〜686
39	弘文《こうぶん》	671〜672
38	天智《てんじ》	668〜671
37	斉明《さいめい》	655〜661
36	孝徳《こうとく》	645〜654
35	皇極《こうぎょく》	642〜645
34	舒明《じょめい》	629〜641
33	推古《すいこ》	592〜628
32	崇峻《すしゅん》	587〜592
31	用明《ようめい》	585〜587
30	敏達《びだつ》	572〜585
29	欽明《きんめい》	539〜571
28	宣化《せんか》	535〜539
27	安閑《あんかん》	531〜535
26	継体《けいたい》	507〜531
25	武烈《ぶれつ》	498〜506

天平《てんぴょう》（七二九）
神亀《じんき》（七二四）
養老《ようろう》（七一七）
霊亀《れいき》（七一五）
和銅《わどう》（七〇八）
慶雲《けいうん》（七〇四）
大宝《たいほう》（七〇一）
朱鳥《しゅちょう》（六八六）
白雉《はくち》（六五〇）
大化《たいか》（六四五）

つまり、「旧」と銘文にあるのは儀鳳暦に先立つ元嘉暦のことを指すという解釈が前提となっている。東野氏は、次のように述べる。

文中「中宮」の語があることを考え合わせると、この銘文は、少なくとも后妃の制を定めた浄御原《きよみがはら》令の施行以後、特に、儀鳳・元嘉両暦の併用が勅された持統四年十一月（あるいは元嘉暦が廃され儀鳳暦が専用されるようになった文武元年）以降の製作と考えるべきではなかろうか。元嘉暦の暦日は、当時においてこそ「旧」と考えるにふさわしい。

② 銘文の「旧」は「舊」の俗字ではない

ただ、野中寺弥勒菩薩台座銘については、右に記した日付の銘文の中でとりわけ「旧」という文字について異論が提起されている。例えば、麻木脩平氏は関係史料をあげて、「旧」は「舊」の俗字ではないと指摘する（「野中寺弥勒菩薩半跏像の制作時期と台座銘文」『仏教芸術』二五六号、二〇〇一年）。

麻木氏は、この「旧」については、かつて藪田《やぶた》嘉一郎《かいちろう》氏が「朔」の略体とした説（「上代金石文雑考（上）」『考古学雑誌』三十三巻七号、一九四三年）を、さらに詳細に古辞書などによって検討し、わが国で「旧」が「舊」と同じ意味で用

※38　**潅仏会**（かんぶつえ）
四月八日にシャカの降誕を祝して行う法会《ほうえ》。日本では、中国から伝わり、推古十四年（六〇六）に奈良の元興寺《がんごうじ》で行われたのを最初とする。

いられるようになった時期は、鎌倉時代まで遡る可能性もないわけではないが、はっきりするのは室町時代に入ってからであるとし、「四月大朔八日」でなければならないと指摘した。

これを受けて、東野氏は次のように応えている（「野中寺弥勒像銘文再説―麻木脩平氏の批判に接して―」『仏教芸術』二五八号）。問題の「旧」にのみ限定して引用しておきたい。

少なくとも、「舊」の異体字としての「旧」が古代に見当たらないことは確かになったといえよう。

ただこれを「朔」とすることには、私はなお慎重でありたい。早く藪田嘉一郎氏が挙げられた通り、中国の造像銘には「某月朔幾日」とのみ記して、朔日干支を書かない例もある。しかし「四月大」のように月の大小を記す例はいまだ管見に入らない。……………また旧稿でも述べた通り、第七字目の旁を「四月大」の「月」と比べると、第一画や末月が明らかに異なっており、同一文字とみるには疑いがある。銘文の年代如何では「旧」の可能性もあり、この文字についてはしばらく存疑としておく。

さらに、麻木氏は野中寺弥勒像台座銘に関して論考（「再び野中寺弥勒像台座銘文を論ず―東野治之氏の反論に応える―」『仏教芸術』二六四号）を重ねるが、「旧」字をめぐる基本的な解釈の対立は、右に記した点において理解できるとしてよいであろう。

③ 野中寺銘文の「中宮天皇《ちゅうぐう》」※39の解釈

また、吉野美穂子氏は、銘文の「中宮天皇」について次のような解釈を提示した（「野中寺弥勒像銘文考―中宮天皇について―」『博物館年報』一九九八年）。

「中宮」を身分とみなす事例を奈良時代までは見出しがたく、銘文にいう「中宮」とは、宮殿を指す。従って「詣中宮天皇」は「中宮天皇に詣り」と読むのではなく、「中宮に詣り、天皇……」と読むべきである。議論のある「丙寅年《へいいん》」という干支《かんし》が天智天皇五年（六六六）とした場合、この年は天智称制《しょうせい》であって「天智天皇」は存在しない。ということは、銘文の「天皇」は天智天皇のことではなく、先帝斉明天皇を指す。

以上の吉野説は、干支の解釈に関しては東野説に従っているので、銘文の作成は持統天皇四年（六九〇）以降とする。先に紹介した麻木説によるとすれば、銘文が刻まれた年代が天智天皇五年となるので、銘文中の「天皇」を斉明とすれば、先帝を天皇と称しているので、斉明朝に「天皇」号の始用を想定できる可能性があるとする。しかし、なお弥勒像の造仏の年代など、本銘文に関する問題は解きがたいと言える。

※39　**中宮の意味**（ちゅうぐうのいみ）　①中宮とは皇后、あるいは皇后・皇太后《こうたいごう》・太皇太后の三后《さんごう》の御所をさす場合。②皇后あるいは三后の称をいう場合がある。

■天智朝に「天皇」号を求める船王後《ふなのおうご》墓誌の信憑性《しんぴょうせい》

いま一つ、「天皇」号が天智朝にはじめて用いられたとする史料として、伝大阪府柏原《かしわら》市松岳山《まつおかやま》（丘陵）出土の船王後《ふなのおうご》の墓誌に「治天下天皇」とあることであろう。「戊《ぼ》辰《しん》」の年号があり、天智七年（六六八）に相当し、「乎娑陀宮《おさだのみや》治天下天皇」（他田宮《おさだのみや》・敏達）「等由羅宮《とゆらのみや》治天下天皇」（豊浦宮《とゆらのみや》・推古）、「阿須迦宮《あすかのみや》治天下天皇」とある。

しかし、この墓誌の年代についても、東野氏によって詳細な検討がなされている（奈良国立文化財研究所飛鳥資料館『日本古代の墓誌』一九七七年所収の東野治之氏の解説）。

墓誌には戊辰年十二月に、王後が夫人安理故能刀自《ありこのとじ》と合葬されたことを記しているが、戊辰年は天智七年（六六八）を指すとみられている。墓誌に「官位大仁」とあるが、「大仁」は推古朝の十二階冠位の一つであるが（130頁参照）、東野氏によれば「官位」※40という用語は浄御原令《きよみはらりょう》以前の段階では一般的に使用されていないとする。そして、「官位」の用例は、『続日本紀』の大宝以降の記事にしばしばみえ、「官位」を位階と同義に用いた最初の例は『続日本紀』の慶雲二年（七〇五）四月十七日の記事であるという。

それらの点からみて、東野氏は、この墓誌は少なくとも天武朝末年以降に船氏の墓域を明示する意図もあって追葬されたと考えられるとして、八世紀初頭を降らないと解されるとした。

※40　**官位**（かんい）　令制に定める官職《かんしょく》と位階《いかい》。官職は太政官・八省以下の官司に配されている職をさす。
位階には、親王は一品《いっぽん》以下四品まで。臣下は一位から初位までの別がある。

[表] 惟船氏故　王後首者是船氏中祖　王智仁首児　那沛故
首之子也生於乎娑陁宮治天下　天皇之世奉仕於等由
羅宮　治天下　天皇之朝至於阿須迦宮治天下　天皇之
朝　天皇照見知其才異仕有功勲　勅賜官位大仁品為第
[裏] 三殞亡於阿須迦　天皇之末歳次辛丑十二月三日庚寅故
戊辰年十二月殯葬於松岳山上共婦　安理故能刀自
同墓其大兄刀羅古首之墓並作墓也即為安保万
代之霊基牢固永劫寶地也

[読み下し文]

惟船氏故王後の首《おびと》は、是船氏の中祖王智仁の首児那沛故の首の子也。**乎沙陀宮**《おさだのみや》に天が下治めたまひし天皇の世に生まれ、**等**《と》**由羅宮**《ゆらのみや》に天が下治めたまひし天皇の朝に奉仕す。**阿須迦宮**《あすかのみや》に天が下治めたまひし天皇の朝に至り、天皇照見して其の才の異なり功勲有るを知り、勅して**官位大仁**を賜ひ、品第三と為す。阿須迦天皇の末、歳は辛丑に次る十二月三日庚寅に殯亡す。故**戊辰年十二月**、松岳山上に殯葬す。婦安理故能刀自と共に墓を同じくし、其の大兄刀羅古の首の墓と並びて墓を作る也。即ち万代の霊基を安く保ち、永劫の賓地を牢固にせんと為る也。

船王後墓誌（拓本）と銘文　金銅製。長さ29.4cm。

右にみた船王後墓誌の年代に関する東野説によれば、「天皇」号使用の開始は、天智朝にまでさかのぼりえないということになる。

これについては、本シリーズの第五巻『倭国から日本国へ』において著者の上田正昭氏は、次のように反論している。

船《ふな》**氏墳墓地**（大阪府柏原《かしわら》市国分《こくぶ》市場）　大和川を望む国分神社の裏山に築造された松岳山《まつおかやま》古墳上に碑が建つ（石室の後ろ中央）。松岳山古墳は全長130メートルの前方後円墳で、4世紀につくられた。松岳山古墳が立地する丘陵から、渡来系氏族の船氏（船王後）の墓誌が出土した。王後は推古・舒明に仕え、舒明13年（641）に亡くなり、天智7年（668）に墓をつくったことが記されている。すでに江戸時代に西琳寺《さいりんじ》（王仁《わに》の後裔氏族、西文氏《かわちのふみうじ》の氏寺。大阪府羽曳野《はびきの》市古市《ふるいち》）の所蔵となり、のち三井家の手に渡った。

「官《つかさ》の位《くらい》」としての「官位」の用例は『日本書紀』にもあって、たとえば大化二年四月条、天智四年二月の条などの「官位」は位階と同義で使われている場合もある。船王後の埋葬の後に墓誌だけを追葬したとみなす説には賛同できない。

上田氏は天智朝に「天皇」号のあったことはあえて否定せず、確実に「天皇」号が用いられるようになったのは、天武・持統朝であるとする。

「天皇」号は天武・持統朝にできたか

■唐の高宗《こうそう》※41に倣《なら》った「天皇」号——持統朝の成立

一方、渡辺茂氏は、先の論文で中国において唐の高宗の上元《じょうげん》元年（六七四）に「天皇」号を用いたが、天武天皇の二年にあたり、わが国の「天皇」号は唐の高宗に倣《なら》ったとする。以下、渡辺氏の論を簡約する（25頁参照）。

①推古朝に「天皇」号を使用したとすれば、中国から見て東夷《とうい》※42の国王の称号である「天皇」号を高宗はそれを承知の上で使うことはあり得ない。

※41 **高宗**（こうそう） 唐の三代皇帝（在位六四九～六八三）。太宗のあと国政に尽くしたが、後年、皇后の則天武后《そくてんぶこう》が病身の高宗に代わって実権を握った。

※42 **東夷**（とうい） 中国が中華思想のもと、自国の東方に住む諸民族をさした語。朝鮮半島の国々や日本などをいう。

②　『古事記』の上表文では「皇帝」号と「天皇」号が併用されている（48頁参照）。「皇帝」号を用いているのは、仁徳《にんとく》と元明《げんめい》に限られている。前者仁徳については「聖帝」「大雀《おほさざき》皇帝」と、後者元明には「皇帝陛下」と表記されている。一方、神武《じんむ》と天武《てんむ》に関しては「天皇」号が用いられている。前者神武には「神倭《かむやまと》天皇」「神倭《かむやまと》伊《い》波《は》礼《れ》毘古天皇《ひこのすめらみこと》」、後者天武については「飛鳥清原大宮御大洲天皇」（あすかのきよみはらのおほみやにおほやしまぐにしらしめしすめらみこと）といった表記をしている。

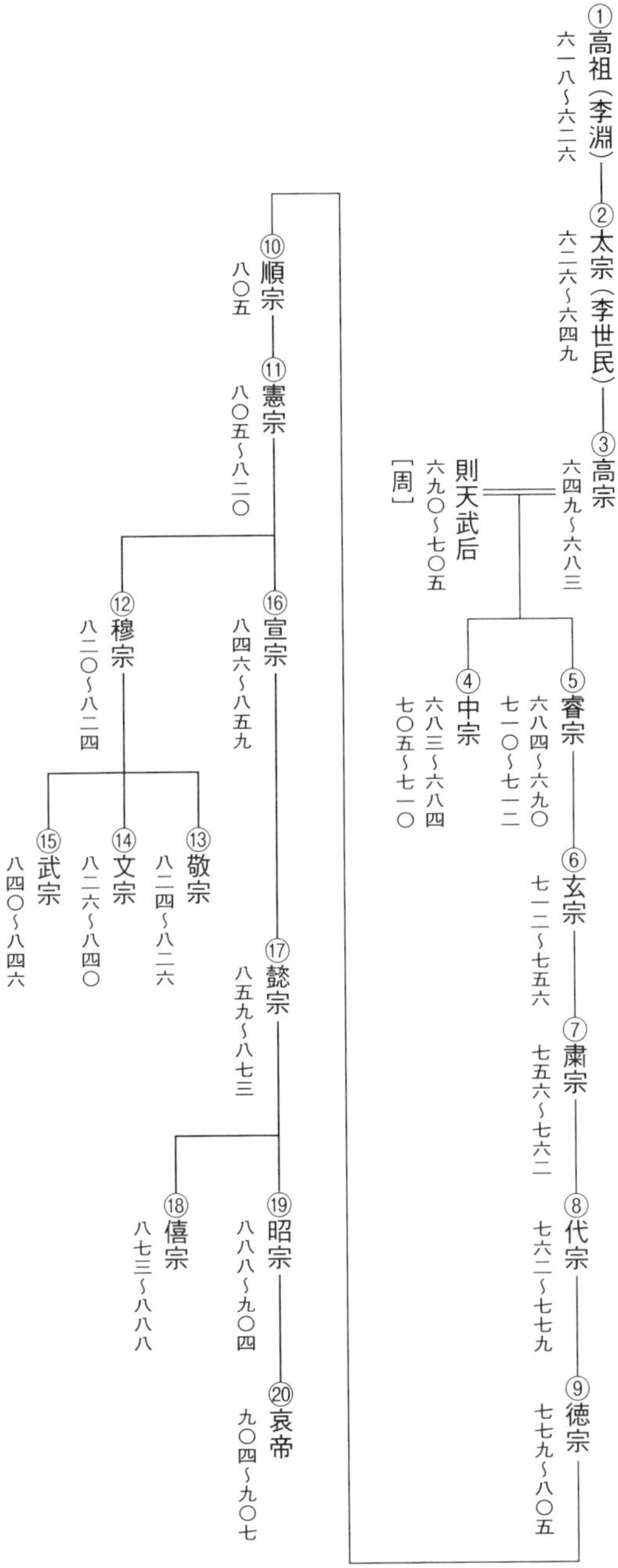

唐朝の皇帝（20代―丸数字、618～907年）

これに対し、『日本書紀』においては、歴代の君主を「天皇」の称号をもっていて、即位の記事もほとんどが「即天皇位」と記述しているが、神武・天武の二代だけ「即帝位」と表現している。このことを『古事記』上表文と比較すると、『古事記』上表文では神武・天武とを右にみたように「天皇」と称しているので、『日本書紀』と『古事記』とでは、「皇帝」と「天皇」の用法が逆になっている。しかし記紀ともに、神武と天武とは一対として、他の天皇の称号とは別格の扱いとなっている。

前述の神武・天武を一対とし、記紀が正反対の表記をしているのをどのように解すべきかという問題が生じる。

以上の叙述をふまえて、「天皇」号がはじめて用いられた時点に関して次のようなことがいえる。天武紀十年三月条に「令レ記二定帝紀及上古諸事※43一」とあって「天皇紀」と記されていないので、天武は「天皇」号を称していなかったのだろう。

一方、『古事記』の上表文では天武「天皇」になっているので、憶測をすると、天武の崩後においてその偉業をしのび、これまでの「帝」号にかえて、当時唐で使われた「天皇」号を以て尊称するようにした。それは持統《じとう》天皇によってなされた。それと同時に始祖である神武にも「天皇」という称号を捧げた。しかし、一般には「天皇」号に熟していなかったので「皇帝」号が一般に用いられた。

ところが、『日本書紀』で「天皇」号に統一することになったが神武・応神・仁徳・

※43 **「帝紀及上古諸事」**（ていきおよびじょうこしょじ）　帝紀は『古事記』序文にいう帝皇日継で、歴代天皇の系譜。上古の諸事とは諸種の説話で、本辞・旧辞・先代旧辞と称されるものと同一と考えられる。

記定とは、これら諸種の異説を検討し、史実を確定し、それらを記録することをいう。

飛鳥浄御原令が発布された飛鳥浄御原宮跡（明日香村岡）　石敷や井戸跡が復原されている。その下層（Ⅰ期）には舒明天皇の飛鳥岡本宮、中層（Ⅱ期）に皇極天皇の飛鳥板蓋《いたぶきの》宮《みや》、上層（Ⅲ期）に斉明・天智天皇の後《のちの》飛鳥岡本宮があるとされる。

飛鳥浄御原令は、天武天皇が天武10年（681）以降に制定した法律。律の巻数は不明だが、持統3年（689）に令22巻を施行した。

天武などについては、これまでの尊称であった、「帝」号から脱却できず、この習慣が無意識のうちに露呈し、「即帝位」や「皇帝」「帝」などの記述となったのであろう。実際には、持統朝のころから「天皇」号が採用され始めたことを示している。

以上が渡辺説の要点である。

■「天皇」号は天武・持統朝の飛鳥浄御原令《あすかきよみはらりょう》を源とする

東野治之《とうのはるゆき》氏は、主として以下にみる論拠によって天武・持統朝に「天皇」号が成立したという見解をとる。

大宝・養老の儀制令、公式令にみえる「天皇」「太上天皇」「天皇諡《おくりな》」などの語は、その源を浄御原令に有すると思われる。

持統紀五年二月条に、「天皇詔二公卿《まへつきみたち》等一曰、卿等《いましたち》、於二天皇世一、作二仏殿経蔵一、行二月六斎《むよりのいみ》一、天皇、時時《よりより》遣二大舎人《おほとねり》一問訊《と》、朕世《わがみよ》亦如《かくのごとく》レ之、故《かれ》当三勤心《いそしきこころ》奉二仏法一也」とある詔中の「天皇」は、天武天皇を指すことは間違いなく、崩じた先の天皇を単に「天皇」といい、その治世を「天皇世」と称するのは、一般的に異例である。

さらに同様の用例が持統紀にある。十一年六月条に「公卿百寮《まへつきみつかさつかさ》、始造下為二天皇病《みやまひ》一所レ願仏像上」にみる「天皇病」の「天皇」を持統天皇にあてる諸説があるが、町田甲一氏は当時、持統天皇が病気であったことをうかがわせる記事がないことや

「天皇聚露」木簡「天皇聚（露） 弘□□」（天皇“露”を集めて広く□□する）。
「天皇」とは天武天皇と考える意見がある。しかし、一方で注意しておいてもよいことは、「天皇聚露」木簡の「天皇」が称号を表現するものか、あるいは天文関連の名称かという問題もある。（奈良文化財研究所提供）

同天皇が同年四月に吉野《よしの》行幸をしているという指摘に従って、「天皇病」の「天皇」は天武天皇と解してよいとする。

このようにみるならば、前掲の「天皇」の用例とともに、先帝を「天皇」と記したもので、天武朝に「天皇」号を用いたことを示すとする。

右に記したのが東野説である。

天武朝に天皇の称号が公的に定まったとする説は、飛鳥池《あすかいけ》遺跡（228頁参照）から「天《てん》皇聚露《のうしゅうろ》」と墨書された木簡《もっかん》が出土したことから有力となった。上田氏は、本シリーズ第五巻『倭国から日本国へ』で、「遅くとも天武朝には『天皇』の用字のあることは確実となった」と述べ、必ずしも「天皇」号の始まりを天武朝とすると断定はしていない。

「天皇」号は舒明朝ないし皇極朝にできたか

「天皇」という称号の由来は、福永光司氏が指摘するように（『道教と日本文化』人文書院、一九八二年）、中国道教の最高神天皇大帝によるものであろう。このことは、す

宮内庁治定《じじょう》の斉明天皇陵（奈良県高市郡高取町車木《くるまき》） 車木ケンノウ古墳を治定する。

舒明天皇陵（奈良県桜井市忍阪《おっさか》） 段々塚《だんだんづか》古墳を治定する。

でに触れたように津田左右吉氏もつとに説いているところである。その道教の世界観の形は八角形で表される。東西南北とその中間の方位を合わせて八方位となり、個々から八角形の図が描かれる。飛鳥に宮をおいた舒明、皇極、天武、持統、そして大津京の天智、藤原京の文武さらに草壁《くさかべ》皇子の陵墓が八角形の平面図を描いていることと関係がありはしないか。

これらの陵墓をあげると、次のようになる。

① 舒明天皇…滑谷岡（なみはさまのおか、明日香村冬野《ふゆの》に伝承するが未詳）に葬られたが、皇極によって改葬されて、押坂《おしさか》陵（桜井市）と称されている。

② 皇極（斉明天皇）…小市岡上（おちのおかのうえ）陵と呼ばれるが、後述するように、近年調査された明日香村の牽牛子塚《けんごしづか》古墳をあてるのが有力である。

③ 天智天皇…山科《やましな》陵（京都市）

④ 天武・持統天皇（合葬）…大内陵（野口王墓古墳）

⑤ 文武天皇…檜隈《ひのくま》安《あ》古山《ごやま》陵と名づけられているが、中尾山《なかおやま》古墳が有力である。

⑥ 草壁皇子…真弓《まゆみ》丘陵に葬られたとするが、高取《たかとり》町佐田《さた》の東明神《つかみょうじん》古墳をあてる説が有力である（189頁参照）。

これらはいずれも八角形墳であって、その八角形の形が道教に由来することは「天皇」という称号とあいまって否定できないであろう。それならば、公的な称

号となっていたかは不明とせざるを得ないが、舒明朝の頃に「天皇」という名称は意識されていた可能性はあると私は考える。

従って、私は推古朝に天皇号が使われたことはあり得ないとしても、舒明朝、遅くとも皇極朝には非公式には使われていたと想定している。この問題は北極星をシンボル化した、大極殿、高御座《たかみくら》との関連も視野に入れてより詳細に吟味しなければならないことはいうまでもない。

(右上) 牽牛子塚古墳（明日香村越）
(右中) 天智天皇陵（京都市山科区）
(右下) 天武・持統天皇陵（明日香村野口）
(左上) 文武天皇陵（明日香村栗原）
(左中) 中尾山古墳（明日香村平田）
(左下) 束明神古墳（高取町佐田）

牽牛子塚古墳の位置

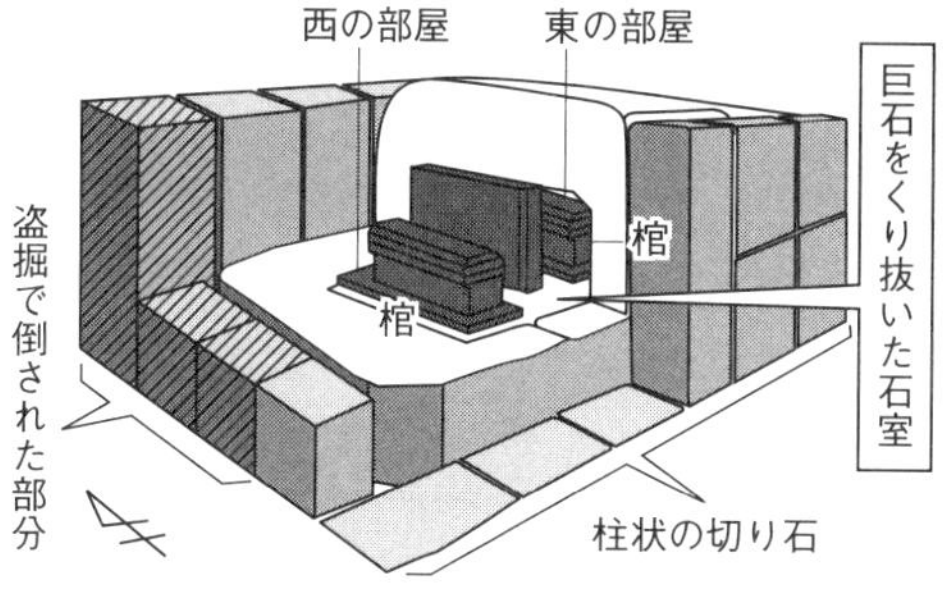

牽牛子塚古墳の石室構造

真の斉明天皇陵の発見

■牽牛子塚《けんごしづか》古墳の発掘

右にあげたように、本稿の脱稿において、通説に従って斉明陵は、墳形が八角形であること、墳墓名が『日本書紀』天智紀六年二月条に小市岡上陵《おちのおかのうえ》に葬られたとする記事から、明日香村越《こし》の牽牛子塚《けんごしづか》古墳の可能性を記しておいた。そのことを実証するかのように、平成二十二年（二〇一〇）九月に牽牛子塚古墳の発掘調査が明日香村教育委員会によってなされ、斉明天皇陵が確定的であると発表されるにいたった。

発掘調査において、七世紀後半であるという年代が確認され、墳丘のすその部分と外周に敷かれた石の一部分が正八角形であることが判明した。墳丘の規模は、底面が対辺約二二メートルの八角形で、墳丘は土を押し固めるいわゆる段築《だんちく》工法でつくられていた。斜面の部分は、石を敷きつめた装飾風で、墳丘の高さは四・五メートルをこえるという。墳丘の周囲は、凝灰岩を直方体状に加工したものが整然と並べられていた。

『日本書紀』天智六年二月条に、斉明女帝の妹、間人《はしひと》皇女（孝徳天皇の皇后）

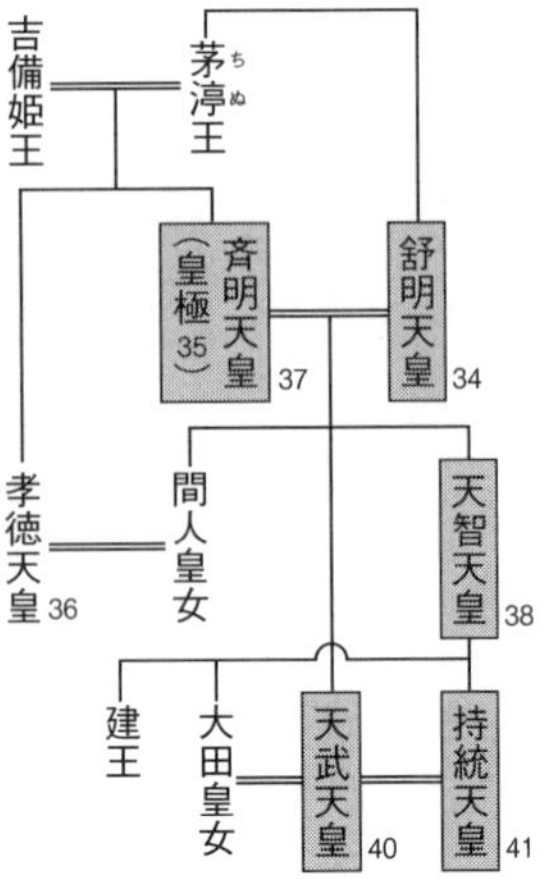

斉明天皇の関連系図　□は、墓が八角形墳と考えられる天皇。数字は代数。

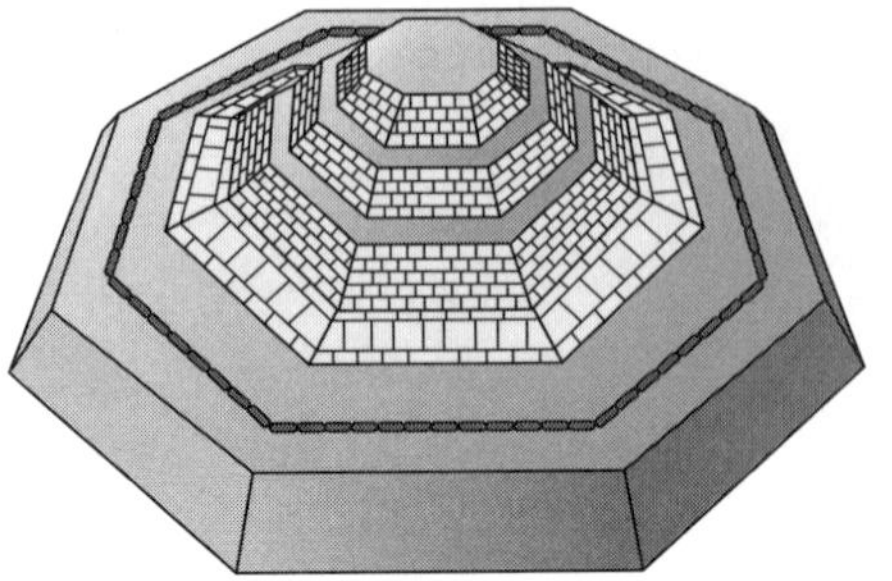

牽牛子塚古墳のイメージ図

をも合葬したとあるが、それに符合するように、石室は、巨大な凝灰岩をくり抜いて横口式石槨が二室つくられていた。その規模は、東西約三メートル、高さ約二・五メートルを計る。

間違いなく斉明天皇陵と判断してよいと思われ、『日本書紀』の記述に従えば、墳墓は斉明天皇の皇子である天智天皇の意図によって構築されたとみて間違いないであろう。

■メディア報道への問いかけ

なお、この墳墓の発掘にともなった出来事について、どうしても言及しておかねばならないことがある。

その一つは、八角形墳についての解釈である。それについては、中国思想史を専門とする京都大学名誉教授の福永光司氏（故人）と元朝日新聞編集委員の高橋徹氏および筆者が共著で『日本の道教遺跡』（朝日新聞社、一九八七年）において詳細に論じている。

それにもかかわらず、見当はずれの質問がメディア関係者から問い合わせられることには、よく言えば驚いた。八角墳が、仏教の蓮の花ではないかというコメントについて、どう思うかと問いつめる電話もあった。斉明

牽牛子塚古墳の横口式石槨（2010年9月18日、現地説明会） 南向きに開口する。高さ・奥行約3m、幅約5mの巨大な凝灰石を刳《く》り抜いてつくられている。石槨内部に間仕切りをもつ複室構造である。

天皇の道教への傾倒は、本書でも後述するが、墳墓の八角形について仏教的意味は全くくみとることはできないことは、前掲書（『日本の道教遺跡』）に記したことで十二分であろう。

さらには、仏教建築の八角堂の意味と同じではないかという質問もあった。仏教建築の八角堂は、木造建築で円堂をつくることができないので八角形の構造をしたままでである。

さらに、「八」という数字は聖なる数なのかという問いかけもあった。すでに右に記したように、道教思想における「八」は世界あるいは宇宙を八方位で表現することに関係するもので、八角形の墳墓は死後も世界（宇宙）の支配者であることを表象するものなのである。

右にあげた的を完全にはずした（あるいは他の研究者の思いつきな発言をうのみした）質問に、いかにメディアが古代史ないしは考古学ブームをつくった

牽牛子塚古墳のバラス敷（2010年9月18日、現地説明会）

牽牛子塚古墳の石列（2010年9月18日、現地説明会）

とはいえ、報道についての責任ある姿勢は日頃の研さんも含めてあらためて問い直さねばならないであろう。ここでは、牽牛子塚古墳※44についてのみ注意を強く喚起しておきたいが、他にも少なからずある。

また、このような発言もあった。それは、牽牛子塚古墳がかなり壮大な規模の構築からなっているのは、斉明女帝が生前大工事を好んだとある『日本書紀』の記事と関連するかというのである。墳墓の大きさが大土木工事に関心をもったという事跡を物語るというのも直接的に墳墓の規模を説明するであろうか。墳墓の大きさは、想像できるとしたら、葬られた人物の生前の政治的権力によるものである。

牽牛子塚古墳は、重要かつ貴重な墳墓であり、宮内庁が治定《じじょう》する斉明陵（高取町・車木《くるまき》ケンノウ古墳）を疑問視させることは、多くの研究者の一致した見解である。

それだからこそ、メディアの報道は、的確な取材によるコメントを掲載すべきであったし、読者、視聴者の興味のみに媚《こ》びると同時に研究者の根拠もない思いつきに従う報道をつつしむことを、本書の稿に添える形で強く要望しておきたい。

越塚《こしつか》御門《ごもん》古墳※44の発掘——大田皇女墓の発見

さらに、牽牛子塚古墳につながる調査にも触れておかねばならない。

※44　牽牛子塚と越塚御門の命名（けんごしづかとこしつかごもんのめいめい）　牽牛子塚古墳は、北浦定政《きたうらさだまさ》（藤堂《とうどう》藩の大和古市《ふるいち》奉行）の『松のおちば』（安政三年・一八五六年）の中に、「越村ニケンゴウシと申亦朝顔と申由」とあり、江戸時代は「ケンゴウシ」と呼ばれていた。

越塚御門古墳は、その所在地が明日香村大字《おおあざ》越小字《こあざ》塚御門であることから、命名された。

『日本書紀』の天智天皇六年二月条[※45]に、先にあげた記事につづいて、斉明天皇陵の前に、孫の大田《おおた》皇女を葬ったと記されている。

大田皇女は、天智天皇の娘であり、大海人皇子《おおあまのおうじ》（後の天武天皇）の后で、大津《おおつ》皇子の母にあたる。その大田皇女の墓の場所についても、牽牛子塚古墳調査のさなかにおいては、不明であった。ところが、数か月後に牽牛子塚古墳のすぐ前から七世紀後半の

（上）越塚御門古墳の現地説明会におしかけた人々　左側の森のうしろが越塚御門古墳
（中）発掘された越塚御門古墳　奥の墳丘が牽牛子塚古墳
（下）発掘された越塚御門古墳の横口式石槨
（いずれも2010年12月11日、現地説明会）

※45　**大田皇女の墓**（おおたこうじょのはか）『日本書紀』天智天皇六年二月条に「天豊《あめとよ》財重日足姫《たからいかしひたらしひめ》天皇と間人《はしひと》皇女とを小市岡上《をちのをかのうへ》陵に合せ葬せり。是の日に皇孫大田皇女を、陵の前の墓に葬す」とある。

天智は、母の斉明天皇と孝徳天皇の皇后である妹の間人皇女を小市岡上陵に合葬し、子の大田皇女をその陵前に葬ったのである。

石室が発見され、『日本書紀』の記述と照合して、大田皇女の墓とみて間違いないとされた。

越塚《こしつか》御門《ごもん》古墳と命名されたが、牽牛子塚古墳よりも後に造営されたという。墳丘の上部が削られていることもあって、本来の規模や墳形はよくわからないが、外側が黒、内側は赤の漆塗りの木棺と推定される遺物類が見つかった。さらに石室の南側には人頭大の石が両側にならべられていて、その路面に小石を敷いた墓道の石室も確認されたのである。

644年	この年、大田皇女生まれる？
645年	大化改新（乙巳の変）
660年	百済滅亡
661年	百済救援のため出陣した斉明天皇が九州で没する
663年	白村江の戦いで、日本・百済軍が、唐・新羅軍に大敗
667年	斉明天皇と間人皇女が合葬され、陵の前の墓に大田皇女が葬られる
671年	天智天皇没する
672年	壬申の乱、起きる
673年	天武天皇即位、持統天皇が皇后に
681年	草壁皇子、皇太子に
686年	天武天皇没する 大津皇子、謀反の罪で自害

大田皇女関連年表（「読売新聞」、2010年 12月10日付より）

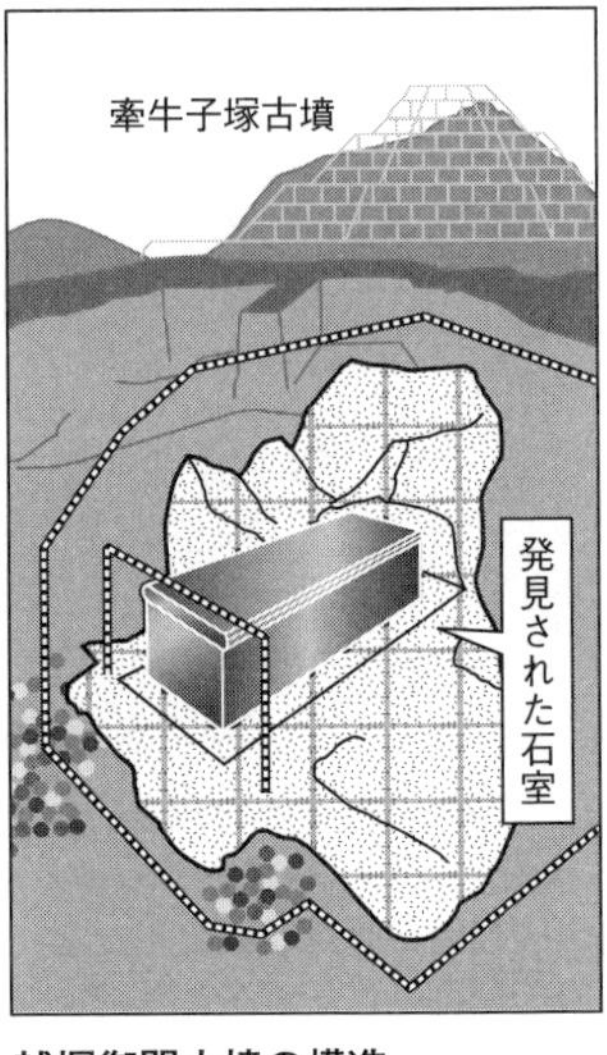

越塚御門古墳の構造

第二章　聖徳太子をめぐる現在

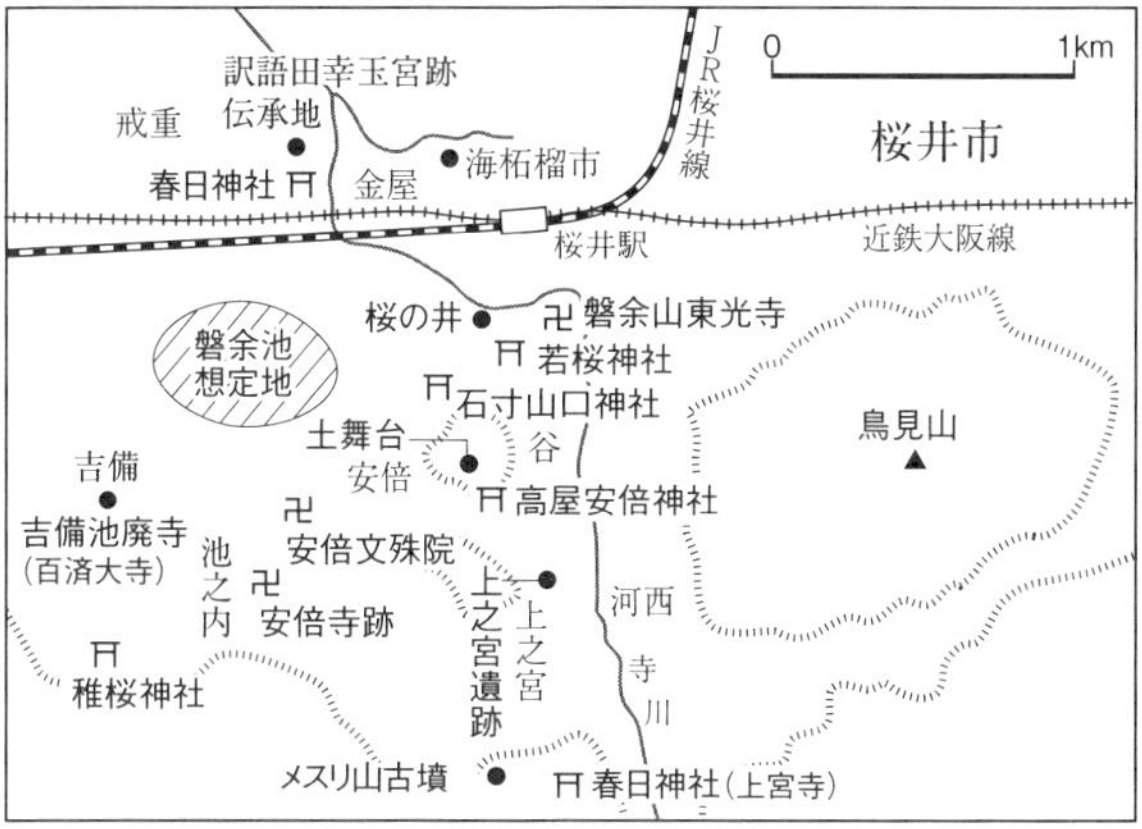

上之宮付近図(桜井市)

聖徳太子の上宮《かみつみや》はどこか

奈良県桜《さくら》井《い》市の古代磐余《いわれ》地方や斑鳩《いかるが》で相次いで、聖徳太子の実像に迫りうるかもしれない重要な考古学の発掘調査があった。

一つは桜井市上之宮《うえのみや》遺跡におけるもので、聖徳太子が住んだ宮である上宮《かみつみや》ではないかとする説が提起された。いま一つは斑鳩の藤ノ木《ふじのき》古墳の発掘調査である。いずれも、大いに関心を集めたが、本章では、前者について若干の試論を述べてみたい。

上之宮遺跡苑池遺構　南から(桜井市文化財協会『上之宮遺跡第五次調査概要』、1990年より)

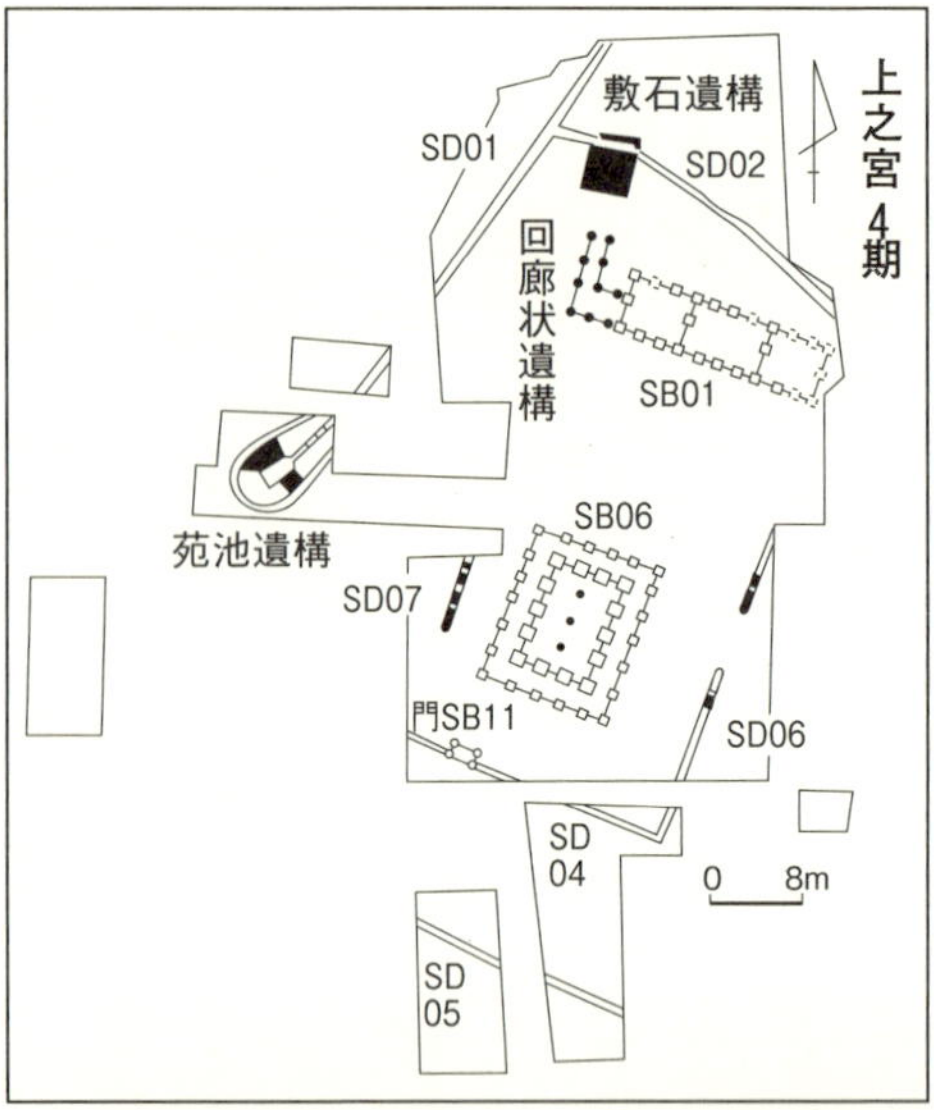

（上）上之宮遺跡第４期遺構（桜井市文化財協会『上之宮遺跡第五次調査概要』、1990年より）
（下）復原された上之宮遺跡

■上之宮遺跡の発見

奈良県桜井市上之宮において、昭和六十三年（一九八八）から平成二年（一九九〇）の発掘調査の結果、六世紀中葉から七世紀前半にかけての建物および庭園遺構が検出された。重層する遺構の中で第四期の遺構が年代的にも注目された。

図に示すように、四面庇《しめんびさし》付きの建物（ＳＢ０６）と、その北に二×一〇間（三・六×一八メートル）を測る間仕切り付き建物（ＳＢ０１）や、敷石遺構からなる。敷石遺構は、庭園あるいは祭祀遺跡と推定されているが、詳細は明らかにされなかった。南の端は、溝と柵列からなり、南北約一〇〇メートルを測るが、東西に関しては、発掘が及ばず不明である。

宮本長二郎氏は、建築史の立場から、四面庇付き建物を主殿として、その北方の付属建物には、左右に突き出した廊、すなわち翼廊《よくろう》が取り付き、北の石敷遺構と連絡し、水施設、祭祀場を備えた庭園と一体化し、上宮にふさわしい格式を備えた宮殿遺構と考えた（「聖徳太子の宮と寺院」『聖徳太子の世界』飛鳥資料館図録第二〇冊、一九八八年）。

この遺構が桜井市上之宮にあるということから、その地名の類似性からも、六世紀の末に営まれた聖徳太子の上宮ではないかという議論がなされた。筆者もこの遺構が上宮の可能性が高いということについて以下に述べるが、一方、上宮は上之宮ではないという異論もある。多角的に検討を加えながら、これまで調査がおくれていた六世紀代の磐余地方に営まれた王権の場所について考えてみたい。

■上宮は飛鳥の橘《たちばな》の地か？

上宮の所在地については、諸説があるが、基本的には、次の二つの史料が手がかりとなる。

一つは『日本書紀』推古天皇元年四月条に、「父の天皇、愛《めぐ》みたまひて、宮の南の上《かみつ》殿《みや》に居《はべ》らしめたまふ。故《かれ》、其の名を称《たた》へて、上宮廐戸豊聡耳太子《かみつみやのうまやとのとよとみみのひつぎのみこ》と謂《まう》す。」とある記事。上宮の場所が父、用明《ようめい》天皇の宮の南にあるとするものである。

いま一つの史料は、『上宮聖徳法王帝説《じょうぐうしょうとくほうおうていせつ》』※1に「池辺《いけのへ》天皇（用明天皇）その太子、聖徳王を甚だ愛み念ひて宮の南の上の大殿に住まはしむ。故に上宮王と号く」とする記事である。

『上宮聖徳法王帝説』は、史料的には『日本書紀』あるいは『古事記』とは異なる原

※1　**上宮聖徳法王帝**（じょうぐうしょうとくほうおうていせつ）
平安中期に集大成された聖徳太子の伝記集。著者はわからないが、七世紀中頃以降の古い史料を編集したもので、『古事記』や『日本書紀』に対して、異説が多い。

史料をもとにしているので、上宮の所在地を用明天皇の宮の南にしているこの記事と、推古紀の記事が一致することには、注目できよう。つまり、奈良時代の前半において、上宮の所在地は用明天皇の池辺双槻宮《いけのへのなみつきのみや》の南に位置したことが伝承されていたと考えられる。

ところが、右の推古紀および『上宮聖徳法王帝説』の記事にいう天皇は、必ずしも用明天皇の在位の時期のものではなく、用明が即位前の橘豊日尊《たちばなのとよひのみこと》と呼ばれた時代のものと解釈する説による場合、用明即位前に太子は誕生しているので、現在の奈良県高市《たかいち》郡明日香村の橘《たちばな》の地、より具体的には橘寺※2を太子誕生の場所とする見方がある。

久米邦武《くめくにたけ》（歴史学者。一八三九〜一九三一）は上宮は橘であるとする（『聖徳太子実録』丙午出版社、一九一九年）。その理由は太子は橘の宮にて養育され、用明天皇の磐余池《いわれいけ》辺宮《のへのみや》への遷宮ののちこの橘の宮を太子に譲り、それが推古天皇の時代にもなおその宮に居住し、そこが推古の豊浦宮《とゆらのみや》の南であるから、これを上宮と称したというのである。しかし、この説は推古紀や『上宮聖徳法王帝説』の記事に即して考えると無理がある。

橘寺門前に建つ聖徳太子誕生地碑（明日香村橘）
後方の伽藍《がらん》が橘寺で、その後ろの山が仏頭山《ぶっとうざん》である。

※2 橘寺（たちばなでら） 寺伝によると、推古天皇十四年（六〇六）、聖徳太子が推古天皇のために「勝鬘経《しょうまんきょう》」を講じている時、庭に蓮《はす》の花が一メートルも積もったり、南の山に光明を放つ千の仏頭《ぶっとう》が現れたり、太子の冠から日月星の光が輝くなど、不思議なことが相次いだので、天皇が寺の建立を命じたという。

ここが、太子の祖父欽明《きんめい》天皇の別宮の橘宮であるとともに、父用明天皇の別宮の上《かみつ》宮《みや》が置かれたところと伝えられたことから、寺号を橘寺、山号を仏頭山上宮皇院と呼んだ。

前掲の二つの史料とも用明天皇の宮の南とするから、史料的にそれに従うのがとるべき方法であろう。久米は桜井市上之宮について、用明天皇の在位はわずか一年ばかりであるから、その期間に上之宮の地に太子の宮を新しく造営し、斑鳩宮《いかるがのみや》に遷るまで、太子がいたということはありえないという。

上宮を明日香村橘の周辺に求める説は、十一世紀の終末頃に成立した『扶桑略記《ふそうりゃっき》』※3に「天皇之を愛みて宮の南に居さしむ。上宮太子と称す。今坂田寺《さかたでら》※4と謂ふ」とある記述による。同様の記事は『聖徳太子伝《でん》暦《りゃく》』※5あるいは『上宮太子拾遺記《じょうぐうたいししゅういき》』※6にも見られる。

しかし『扶桑略記』の説をそのまま認めることはできない。『扶桑略記』では、上宮を明日香村の坂田寺とし、『聖徳太子伝暦』もその説を踏襲するが、鎌倉時代の『上宮太子拾遺記』には上宮を橘尼寺とする。これらの記述から上宮の所在地は、平安末期から鎌倉にかけて明確ではなかった可能性が高い。

坂田寺を継ぐとする金剛寺（明日香村坂田）　近江（滋賀県）の坂田から堂を移したので、坂田と呼ばれる。金剛寺は現在、浄土宗だが、飛鳥時代建立の「坂田寺跡」の石碑が高台に建つ金剛寺を下った県道沿いに建つ。

※3『扶桑略記』（ふそうりゃっき）　平安末期に、皇円《こうえん》が著した史書。神武天皇から堀河天皇までを扱う。内容は仏教関係の記事が多い。

※4　坂田寺（さかたでら）　明日香村坂田に坂田金剛寺が建っている。寺伝によると、継体天皇十六年（五二二）、渡《と》来人《らいじん》の司馬達等《しばたっと》が飛鳥の坂田に草堂をつくり、仏像を祀ったことに始まるという。

のち、用明天皇の時代に司馬達等の子、鞍作多須奈《くらつくりのたすな》が、この草堂を寺として丈六《じょうろく》の仏像を祀ったという。

さらに、多須奈の子であり、飛鳥寺（法興寺）の金堂釈迦如来像（飛鳥大仏）を作った鞍作止利《くらつくりのとり》が私寺から、推古天皇のために坂田金剛寺を建て直したという。

■橘寺の発掘調査

橘寺の発掘調査による所見を紹介しておきたい（宮本長二郎「聖徳太子建立の宮と寺院」『聖徳太子の世界』飛鳥資料館、一九八八年）。

『日本書紀』天武九年（六八一）四月条によると、橘寺の尼房が失火によって十房を焼くとある。しかし、出土瓦も飛鳥時代のものはほとんどなく、同じ飛鳥地方の後の川原寺《かわらでら》や大官大寺《だいかんだいじ》系の瓦が主であった。橘寺伽藍の造営は、金堂と塔は飛鳥時代に高麗尺《こまじゃく》を用いて造営を始め、中門・回廊・講堂は遅れて川原寺と前後する時期に唐尺《とうじゃく》で計画されたと思われ、伽藍全体の整備・完成をみたのは天武朝頃と推定されている。

以上の点からみても、太子の上宮を橘寺にあてることは、年代的にも無理があるように思われる。

■上宮は飛鳥の坂田寺・上宮寺・浄御原宮か？

次に、『扶桑略記』にいうように、坂田寺をもって上宮とすることができるだろうか。用明紀二年四月条に坂田寺に関して天皇の病気を癒すために、鞍作多須奈《くらつくりのたすな》が丈六の仏像および寺をつくり奉ったという記事がある。坂田寺が上宮であるならば、『日本書紀』の編者は聖徳太子と上宮の関係に触れたであろうと思われる。しかし、そのこ

※5 **『聖徳太子伝暦』**（しょうとくたいしでんりゃく）　延喜《えんぎ》十七年（九一七）、藤原兼輔《かねすけ》が著した聖徳太子の伝記・伝承の集大成。太子を神格化した俗説を多くおさめる。

※6 **『上宮太子拾遺記』**（じょうぐうたいししゅういき）　鎌倉時代末期、橘寺の僧法空《ほうくう》が撰した『聖徳太子絵伝』（奈良時代に、大阪の四天王寺で制作されていたと思われるが、現存最古のものは平安時代中頃に法隆寺東院の壁画に描かれたもの）の解説書。

上宮寺《じょうぐうじ》（奈良県明日香村上《じょう》居《ご》）　現在は浄土宗だが、寺伝では聖徳太子の幼少のころの学問所跡とも伝える。境内には鎌倉時代の層塔や宝篋《ほうきょう》印塔《いんとう》が建つ。

とに関わる表現がないことから、坂田寺を上宮とする説は信じることはできない。

また、明日香村上居《じょうご》に上宮寺《じょうぐうじ》という寺院があり、仏生山上宮皇院《ぶっしょうざんじょうぐうこういん》と称し、寺伝ではここを聖徳太子の上宮と伝える。他にも、『飛鳥古跡考』などでは上宮を「浄御」の転と解して、天武天皇の飛鳥浄御原宮《あすかきよみはらのみや》跡に比定している。

しかし、その寺院名は疑わしい。現在の集落名「上居」に引き寄せられて聖徳太子に因んで、上宮寺という寺号をいつの時代かに付けられたのであろう。「上居」という地名が上宮に由来しないと思われるのは、その北東、桜井市上之宮近くに下居《おりい》と呼ばれる集落があって、それとの関わりを考えるべきで、上宮に由来するものではない。なおさら、飛鳥浄御原宮との関係はありえない。

以上のように、上宮が飛鳥に求められるという説は、十分な根拠がないとしなければならない。

■上宮は桜井の上之宮か？

喜田貞吉《きたさだきち》（歴史学者。一八七一～一九三九、102頁参照）は、上宮をこうした飛鳥の地に求める説に対して、批判している。喜田によれば、やはり推古紀の記事によって、用明天皇の宮の南に上宮を求めるべきであると論じている。

上之宮の春日神社（桜井市上之宮）
上之宮集落の南方に春日神社があり、隣接して上宮寺も建っている。神社境内には鎌倉時代の宝塔（国重要文化財）があり、寺の遺物となっている。

上之宮は、古くから多武峰《とうのみね》の談山《たんざん》神社に参詣する表参道にあたり、一《いち》の鳥居《とりい》も建っている（159頁）。すぐ近くには4世紀前半の巨大前方後円墳であるメスリ山古墳も築造されている。

家永三郎《いえながさぶろう》（歴史学者。一九一三～二〇〇二）も、桜井市上之宮こそ上宮の地として問題はないと述べる（『上宮聖徳法王帝説の研究』三省堂、一九五一年）。また、坂本太郎《さかもとたろう》（歴史学者。一九〇一～八七）は次のように述べている（『聖徳太子』吉川弘文館、一九七九年）。

父用明天皇が愛《め》でて住まわせたというのだから、よほどよい御殿であったという意味に解しなければ、この場合の文意は通らず、ただ地形上の高さだけの名であったか、どうか、疑いが残る。

また、用明天皇の宮は磐余池辺双槻宮《いわれいけのへのなみつきのみや》である。これはおそらく皇子時代からの宮を即位後も用いられたのであろうから、上殿のあったという宮は双槻宮と解してよい。双槻宮は奈良県桜井市の南あたりと思われるが、幸いにそこに上宮（上之宮）という村名が、少なくとも江戸時代から存在する。その地名を古いものと見ると、太子の宮がそこに営まれたので、その地名をとって上宮と呼ばれたと解するのが最も自然となる。

右にみたように桜井市上之宮に上宮を求める説は、多くの研究者によって推定されている。上宮なる名称の由来については、喜田貞吉は用明天皇の宮の南に高所が

磐余池の候補地の一つ池之内（桜井市池之内）　左側の森のあたりに磐余池があったという。右側の森は、履中天皇の磐余《いわれ》稚桜宮《わかざくらのみや》伝承地に建つ稚桜神社の森である。

あったので、上宮の名がつけられたと想定するが、坂本太郎は先に上之宮の地名があって、その地名によって上宮と呼ばれたという。しかし坂本説は認めがたく、太子の上宮があって、その後、上之宮という地名が遺称されたと考えてよいであろう。

■上宮は磐余池《いわれいけ》のほとりにある

ところが、上宮を右に述べた桜井市上之宮でないとする説が、和田萃《あつむ》氏（京都教育大名誉教授）によって提起された（『古墳の時代』体系日本の歴史二、小学館、一九八八年）。その後、加藤謙吉氏（日本古代史研究者）も和田説に従う見解を示した（「上之宮遺跡」黛弘道・武光誠編『聖徳太子事典』新人物往来社、一九九一年）。

先に記したように、上宮が用明天皇の宮、つまり磐余《いわれ》にあった池辺双槻宮《いけのへのなみつきのみや》の南に位置したとすれば、この用明の宮の所在地を考定することによって、上宮の所在地を比定することが可能となろう。用明天皇の宮の名は池辺双槻宮と称したが、「池辺」とは、おそらく磐余池のほとりであると推定してよいであろう。磐余池については、履中《りちゅう》紀二年十一月条に「磐余池を作る」、同じく履中紀三年十一月条には次のようにある。

天皇、両枝船《ふたまたぶね》を磐余の市磯池《いちしのいけ》に泛《うか》べたまふ。皇妃と各分《わか》ち乗りて遊宴《あそ》びたま

※7　『和名抄』（わみょうしょう）『和名類聚抄《わみょうるいじゅうしょう》』の略。平安時代の承平《しょうへい》年間（九三一～三七）の成立。源順《みなもとのしたごう》が編集したわが国最初の分類体百科辞典である。

ふ。膳臣余磯《かしはでのおみあれし》、酒献る。時に桜の花、御盞《おほみさかづき》に落れり。天皇、異《あや》びたまひて、則ち物部長真膽連《もののべのながまいのむらじ》を召して、詔《みことのり》して曰《のたま》はく、『是の花、非時《ときじく》にして来たれり、其れ何処《いずこ》の花ならむ。汝《いまし》、自ら求むべし』とのたまふ。是に、長真膽連、独《ひとり》花を尋ねて、掖上室山《わきのかみのむろのやま》に獲《え》て、献る。天皇、其の希有《めずら》しきことを歓びて、即ち宮の名としたまふ。故《かれ》、磐余稚桜宮《いはれのわかさくらのみや》と謂《まう》す。其れ此の縁《ことのもと》なり。

桜井市池之内の稚桜《わかざくら》神社　池之内集落に式内社の稚桜神社が鎮座しており（祭神・気息長足姫命《おきながたらしひめのみこと》ほか２神）、このあたりを履中《りちゅう》天皇の磐余稚桜宮《いわれわかざくらのみや》があったとする一説がある。池之内の西方に御厨子《みずし》山があり、御厨子観音や御厨子神社が建つ。同地を清寧《せいねい》天皇の甕栗宮《みかくりのみや》伝承地とする。

なお、同地から東方へ行った同市谷には若桜神社があり、筆者は谷の地を磐余稚桜宮とする（83頁参照）。

相楽ー　相楽　水泉　賀茂　大狛　蟹幡　祝園　下狛
大和國管十五　田百七千七百五十町九段八十歩
添上郡　山村　楢中　山邊　楊生　八嶋　春日
大宅
添下ー　村國　佐紀　矢田　鳥見
平群ー　那珂　飽波　平群　夜麻　坂門　額田
廣瀬ー　城戸　上倉　下倉　山守　散吉　下句
葛上ー　日置　高宮　牟婁　桑原　上鳥　下鳥　大坂
楢原　神戸　餘戸

『和名抄』（永禄９年：1566年写・名古屋市博物館蔵）
国郡部は諸国に次いで、郡名を記し、その下に所管の郷名を記載した。大和国では、添上《そえかみ》郡・添下《そえしも》郡（現奈良市・天理市）から始め、法隆寺が建てられた平群《へぐり》郡へと続く。

十市《とおち》御県《みあがた》坐《にいます》神社(橿原《かしはら》市十市《とおいち》町)
藤原京の北端、下ツ道《しもつみち》と中ツ道《なかつみち》のほぼ真ん中に耳成山《みみなしやま》がそびえているが、現在、その北方に十市の集落がある。同地に倭《やまと》の六《む》つの御県《みあがた》のひとつで、延喜式内社の十市御県坐神社が鎮座している。祭神は豊受大神。

■磐余池は池之内にあったか?

ここでは、磐余の池がどこにあったのかが、問題となる。その近くに用明天皇の宮があったというのである。古くより桜井市池之内の地名に従って、その丘陵の北端の入り組んだ谷を堰き止めてつくられた池をあてるのが通説として疑いもたれなかった。『大和志料』(大正三年)に、次のようにある。

池已《すで》ニ涸《か》レ其跡詳カナラサレトモ香具山《かぐやま》村ノ大字《おおあざ》ニ池尻《いけじり》アリ、安倍《あべ》村ノ大字ニ池ノ内アリ、池尻御厨子山《みずしやま》ノ東南ニ池田山、池尻ノ東ニ島井ノ小字《こあざ》ヲ存セリ、此等皆磐余池ノ故跡ナルヘシ

『大和志料』があげる地名の付近に池の痕跡は認められるが、これが磐余池に由来するかどうかについては、考証の余地がある。通説こそ、研究者の立ちどまって再考すべきものである。

和田氏は、『大和志料』にいう磐余池比定地に従って、史料との整合性を試みたものである。『和名抄《わみょうしょう》』※7によると、十市《とおち》郡には、飫富《おふ》・川辺《かわべ》・池上《いけがみ》・神戸《かんべ》の四郷が記載されているが、和田氏は前提として、池上郷が磐余池にちなむ地名であるとする。

※8 **「大和国十市荘券」**（やまとのくにとおちしょうけん）
十市郡司解　申立売買地券
事
合地弐区　並在十市郡池上郷
一区地参段　在板倉壱宇板
屋参宇　東限朱雀路南即広
小道口北車持　長口分田　西溝并
朝臣仲智地
右、左京七条二坊戸主息長
丹生真人広長貢地者
一区地肆段　在草葺屋壱宇
東限朱雀路　南息長真人広
長地　西溝小道并十市郡池
上郷忍海連力士家　北十市
充価銭陸仟文
郡池上郷小赤臣真人口分田
右、右京五条二拉戸主正八
位上車持朝臣若足戸口
従五位下車持朝臣仲智沽地
者、

しかし、実際のところ、池上郷が磐余池に由来するという保証はない。だが、和田氏は、右にみた前提のもとで磐余池の場所について試論する。

天平宝字《てんぴょうほうじ》五年十一月二十七日の日付のある「大和国十市荘券」※8（『寧楽遺文《ならいぶん》』）に十市郡池上郷が「朱雀道《すざくみち》」の近くにあることを記している。奈良盆地を南北に走る三古道（上ツ道《かみつみち》・中ツ道《なかつみち》・下ツ道《しもつみち》）のうち、下ツ道は、前掲の十市郡飫富・川辺・池上・神戸郷内を走るが、和田氏が磐余池の比定地と前提とする「池上郷」の想定域を通らない。

従って、右の史料にいう「朱雀道」は中ツ道であると考えられる。「朱雀道」を中ツ道にあてると、池上郷は香具山《かぐやま》の北域に求めることができる。

和田氏の試論は、あくまでも池上郷を磐余池に由来するという前提から導かれたもので、論証の方法に検討すべき問題を含んでいる。

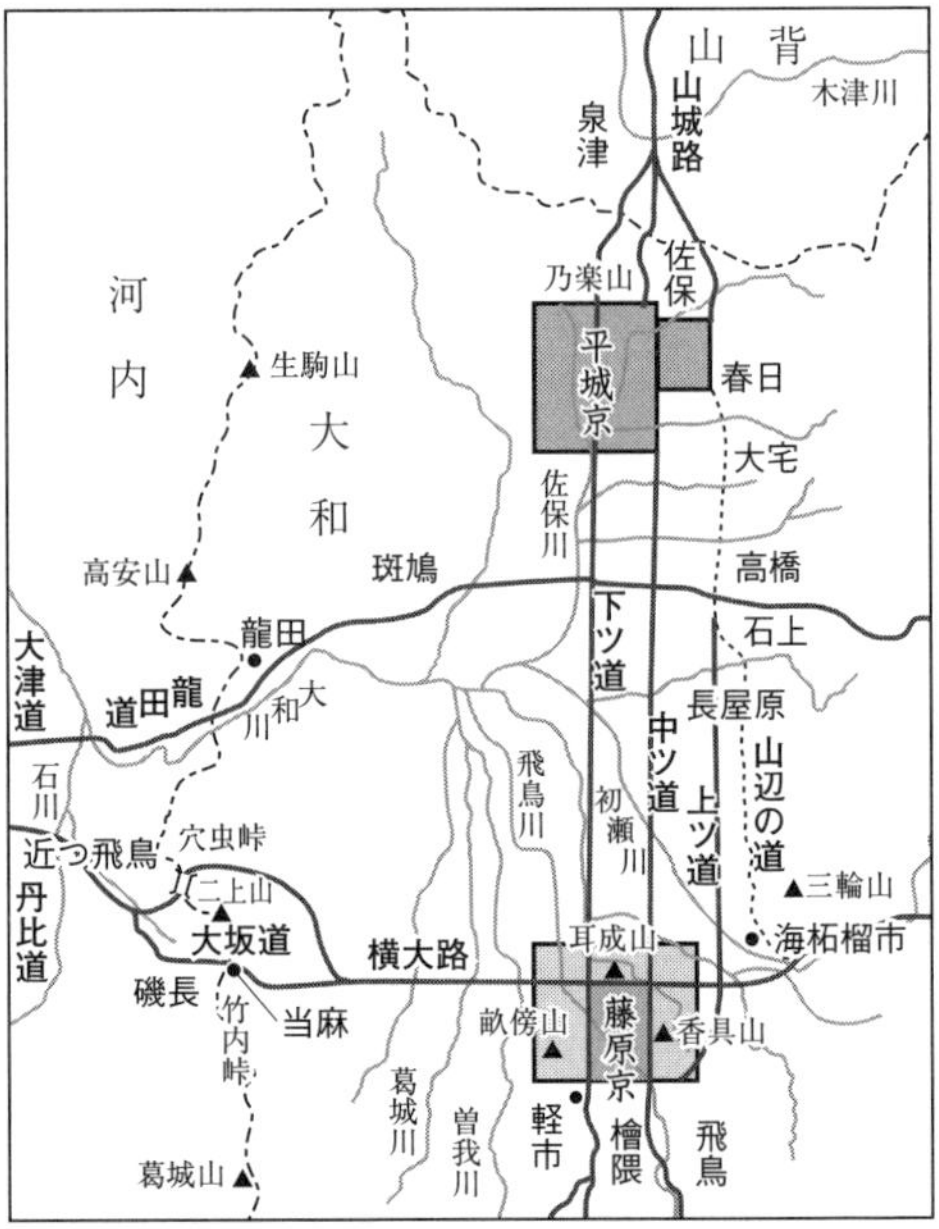

大和の古道

以前、得広長等辞状称、絶
上件地常根、沽与東大寺布施
屋地已訖、望請依式欲立券
文者、郡矣勘問得実　依勒估
買両人署名、立券如件、以
解、
天平宝字五年十一月廿七日
（署名　略）

■桜井市谷の若桜神社の地に磐余池があった

さらに、池之内あたりに磐余池を比定する通説の根拠とするところは、池之内にある稚桜《わかざくら》神社に関する解釈である。式内社として、若桜神社が、現在桜井市には論社[※9]として、二カ所に存在する。和田説は池之内の稚桜神社を式内社であるとするので、これが通説磐余池の近くにあるので、先にあげた履中《りちゅう》天皇の稚桜宮と磐余池が、この周辺に比定できるとみ、池之内の稚桜神社を稚桜宮の所在地付近にあるとする想定を試みるものである。しかし、式内社若桜神社は桜井市池之内の東北にある同市谷の若桜神社こそ式内社であると、私は考える。

式内社若桜神社の鎮座地をもって、磐余池の所在地も考定する必要があろう。そして、稚桜宮の所在地を桜井市谷のあたりとみ、また用明天皇の宮号も池辺双槻宮《いけのへのなみつきのみや》と呼ばれるように、磐余池の近くにあるとするならば、それとの地理的関係において、その南に太子の上宮を考え

桜井市谷の若桜神社　履中天皇が磐余稚桜宮をおいた地に、のち祀られたと伝える。祭神は伊波俄加利命《いはかかりのみこと》。延喜式内社。

※9　**論社**（ろんしゃ）　平安時代の十世紀初頭に朝廷から官社として認識されていた延喜式内社《えんぎしきないしゃ》が荒廃したり、社号や鎮座地が変更されたりして、現在どの神社であるか、複数になる場合がある。それで、候補となるそれぞれの神社を論社という。

高屋安倍神社（桜井市谷）　現在、若桜神社本殿と並んで高屋安倍神社の本殿が、祀られている。延喜式内社。祭神は大彦命《おおひこのみこと》。右が若桜神社本殿、左が合祀された高屋安倍神社。

石寸山口神社《いわれやまぐち》（桜井市谷）　大山祇命《おおやまずみのみこと》を祭神とする。石寸は磐余で、磐余地方の山の神を祀っている。延喜式内社。社前には菰池《こもいけ》があり、石寸《いわれ》川の水源となっている。

ざるをえないということになる。

式内社若桜神社の比定地については、その所在郡が手がかりとなる。式内社若桜神社は、『延喜式《えんぎしき》』には城上《しきのかみ》郡に鎮座するとある。延久《えんきゅう》二年（一〇七〇）の「興福寺雑役免坪付帳」によると、桜井市池之内から谷にかけては十市郡に属し、いずれも若桜神社が城上郡にあるという『延喜式』の記載には合致しない。

ということは、『延喜式』の成立した十世紀の初めと、坪付帳の書かれた十一世紀の後半の間に、城上郡と十市郡との郡境が移動した可能性がある。ところで、谷の若桜神社の西南約二百メートルのところにある石寸山口《いわれやまぐち》神社（元の社地は現位置よりもやや南）は『延喜式』には十市郡に、また若桜神社のほぼ南にあった高屋安倍《たかやあべ》神社（現在は若桜神社の西に鎮座）は城上郡に属するとあるので、若桜神社と石寸山口神社との間を南北に郡界が走っていたと推定できよう。このような推定に従えば、池之内の稚桜神社は十市郡に所在したことになり、『延喜式』の所属郡には合致しない。

とすれば、谷の若桜神社を本来の式内社とすべきであると考える。まして『延喜式』の用字は若桜神社とあって「若」の字を用いていることからも、谷の「若桜神社」をもって式内社とするのがよいと思われる。

土舞台《つちぶたい》の伝承地（桜井市谷）　谷の石寸山口神社のすぐ南側の高台に土舞台の伝承地がある。

土舞台は聖徳太子が推古天皇の摂政《せっしょう》の時、百済の味摩之《みまし》がわが国に渡来し、呉《くれ》（中国）で伎《ぎ》楽《がく》を学んだことを太子に伝えたことから、太子は子どもたちを桜井の土舞台で伎楽を習わせたと伝える。

桜《さくら》の井《い》の伝承（桜井市谷）　若桜神社のすぐ北側に桜の井の遺構が残る。伝承によると、履中天皇の磐余稚桜宮が同地にあり、ここで「桜の井」の水を飲み、賞美したことで「桜井」の地名がおこり、市名発祥になったといわれる。

以上のような想定によれば、磐余稚桜宮そして池辺双槻宮も、桜井市の谷周辺にその比定地を求めるのが妥当であろう。

さらに、谷の小字名に「君殿」があり、『大和志』には石寸山口神社について「今、双槻《なみつき》神社と称する」とあることも参考程度にあげておきたい。

谷の寺川をはさんで東側に桜井市河西《かわにし》という集落がある。もともと「こうざい」と称せられていたのであるが、この呼称から『上宮聖徳法王帝説』にいう崇峻《すしゅん》天皇の宮であったともされる「石寸神前宮《いわれかみさきのみや》」の所在地を想定させる。聖徳太子の母、穴穂部間人《あなほべのはしひと》皇女もこの宮にいたため、「神前皇后」ともいわれたと記す。このことについては『日本書紀』には記載はないが、『上宮聖徳法王帝説』の記事に従うならば、崇峻天皇は倉橋《くらはし》宮（桜井市倉橋が伝承地）以外に神前宮にも滞在していたことになる。

■用明天皇池辺双槻宮《いけのへのなみつきのみや》は桜井市谷の地

このようにみれば、桜井市谷に想定できる用明天皇の池辺双槻宮との位置も近く、谷周辺に当時の宮殿が営まれていたとみなすことができる。そして上宮はこの二つの宮、つまり聖徳太子の両親にゆかりのある宮の南に上宮を求めることは、地理的な位置関係からみても三つ

磐余山の地名（桜井市谷）　谷の若桜神社の東側、桜井市河西《かわにし》とは寺川《てらかわ》を挟んだ近接地に磐余山東光寺《とうこうじ》が建つ。同寺の裏山は磐余山とも呼ばれ、四国八十八か所霊場の石仏も祀られている。

磐余山からみた耳成山《みみなしやま》　磐余山東光寺《いわれさんとうこうじ》の裏山の磐余山から、大和三山の一つ耳成山《みみなしやま》をのぞむ。後方には、宮内庁が治定《じじょう》する大津皇子の墓がある二上山《にじょうざん》ものぞまれる。

の宮が比較的近距離に立地しているとみられ、このことからも、桜井市上之宮あたりに上宮のあった可能性は高いといえよう。

右のように、履中・用明天皇の宮の所在地を想定した場合、磐余池（磐余市磯池）もまた周辺に求めることができる。その付近に「池田」や泥質土壌を示す「ミドロ」という小学名もあって、かつて池のあったことを想定させる。

このように磐余池の所在地を想定すれば、この北西の他田《おさだ》庄の位置した桜井市戒重《かいじゅう》付近にあったと考えられる大津皇子の訳語田《おさだ》の家で、大津皇子が次の辞世の歌（『万葉集』巻三―四一六）をよんだ情景とよく合致する。

大津皇子、被死《みまか》らしめらゆる時、磐余の池の陂《つつみ》にして涕《なみだ》を流して作りまし御歌一首
ももづたふ磐余の池に鳴く鴨《かも》を今日のみ見てや雲隠《かく》りなむ

死を賜った大津皇子は訳語田の家で刑死するが、その眼前に磐余池の堤があったということで、地理的な位置関係が説明できよう。

磐余池の所在地については、清少納言《せいしょうなごん》の『枕草子《まくらのそうし》』（三五段）の次の文からも推定できる。

池は、かつまたの池、いはれの池、にゐの池、初瀬まうでしに、水鳥のひまなくゐてたちさはぎしがいとをかしう見えし也。

平安時代の初瀬詣《はせもうで》※10では、桜井市金屋《かなや》付近にあったされる海柘榴市《つばいち》で宿泊するか、あるいは参詣の仕度をするのが常であった。そこまでのルートは、奈良盆地の東よりに走る上ツ道を奈良あたりから南下したので、水鳥の鳴き声が聞こえるというならば、やはり谷付近に磐余の池を求めるのがよいと思われる。

以上に述べたように、上之宮遺跡の遺構をもって上宮とすることの説明が果たせたと考える。

※10　**初瀬詣**（はせもうで）　天平五年（七三三）創建と伝える長谷寺《はせでら》（桜井市初瀬）は西国三十三ヶ所観音霊場第八番札《ふだ》所《しょ》である。現在、新義真言宗豊山《ぶざん》派の総本山。平安時代以降、同寺の観音に参詣する初瀬詣が盛んとなった。紫式《むらさきしき》部《ぶ》や清少納言も「長谷の観音」を紹介している。

訳語田《おさだ》の地（桜井市戒重《かいじゅう》の春日神社）　大津皇子の訳語田（他田庄《おさだしょう》）の家や敏達天皇の訳語田幸玉宮《さきたまのみや》がこのあたりにあったと伝承する。春日神社は他田宮《おさだのみや》と呼ばれ、幸玉宮址の説明板が建つ。

海柘榴市《つばいち》の集落（桜井市金屋）　『日本書紀』『万葉集』『枕草子』にも登場する海柘榴市は、わが国最古の市といわれる。大陸からの船が難波津《なにわづ》（大阪市）から大和川（初瀬川）をさかのぼって到着する船着場がこの地にあったという。三輪山の麓、金屋に伝承され、古い町並みを残す。

■円珍《えんちん》の『山王院《さんのういん》蔵書目録』の記事

上之宮遺跡が太子の上宮である可能性について、私は以上のように考証してきた。

しかし、なおも阿倍氏の邸宅跡とする説をとる見方もある。そのことをふまえて、東野治之《とうのはるゆき》氏は、佐伯有清《さえきありきよ》氏が紹介した智証大師円珍《ちしょうだいしえんちん》※11（八一四～八九一）が晩年に著した『山王院《さんのういん》蔵書目録』にみる次の記事に着目し、上之宮遺跡はやはり上宮跡とみることのできるという視点を提示した（「朝日新聞」〈大阪本社版〉平成五年十月一日夕刊）。

維摩料簡一巻〈池律〉

四種相違記五巻〈池辺詮律〉

因明十四過類義問答一巻〈池辺律〉

以下、東野氏の記述をやや略して記すことにする。

この目録は、比叡山延暦寺《ひえいざんえんりゃくじ》（滋賀県）の山王院にあった仏教書を書き上げたものである。円珍が加えた注記は、右の史料の〈　〉内がそれにあたる。

これらの本は、奈良・元興寺《がんごうじ》の僧、明詮《みょうせん》（七八九～八六八）の著作で、佐伯氏は「池

※11　円珍（えんちん）　平安時代前期の僧で、天台宗寺門《じもん》派の祖。第五世天台座主《ざす》。延暦寺《りゃくじ》で修行後、入唐《にっとう》。帰国後、近江（滋賀県）の園城寺《おんじょうじ》（三井寺）を再興して、天台密教を発展させた。

上之宮遺跡発掘風景（1988年）
著者撮影提供

辺」とは、池上郷のことだとする。明詮は、晩年、桜井市の南方、多武峰《とうのみね》の音羽山《おとわ》に隠棲した。そこが十市郡池上郷に属していたので、その地名が冠せられたという（佐伯有清「円珍と山王院蔵書目録」『最澄とその門流』吉川弘文館、一九九三年）。

十市郡には、池上郷のほかに三つの郷があった。三郷は桜井の北、西ないしは西南の地域で、桜井の南部、寺川の流域あたりをカバーしない。その地域こそ池上郷ではなかったか。池上（池辺）の地域が多武峰あたりまで及ぶ広い範囲にわたっていたとみるべきであろう。

用明天皇の池辺宮は「磐余」を冠しているので、寺川をさほどさかのぼった所とは考えられないが、上之宮付近ならば、池上郷に含まれる。それならば、上之宮遺跡は池辺双槻宮や上宮との関わりを改めて見直す必要がある。

東野氏は、このように上之宮遺跡が上宮である可能性を示唆したのである。

■上之宮遺跡出土の木簡《もっかん》と金銀装大刀の保有

また、上之宮遺跡では木簡も出土した。この木簡の発見をめぐって、鬼頭清明《きとうきよあき》氏はこの遺跡の重要性に注目されるに十分なものがあったと、次のようにいう（「奈良新聞」平成二年六月十六日号）。

木簡の釈文は

上之宮遺跡出土の木簡の断片
「金（？）塗銀」の部分。桜井市教育委員会提供

別□塗銀□其項□頭刀十口

とある。第二文字は「金」と読めそうであり、第五文字は糸へんで線とか纏とかの文字が連想できるという。第二文字が「金」だとすると、この大刀は金銀装の大刀であったともいえる。

そのことで思いうかぶのは、光明《こうみょう》皇太后によって、東大寺に献納された百本の大刀のうち、二一本が金と銀とを用いて飾られていたことである。金銀装の大刀十本となると、光明皇太后が東大寺に献納した金銀装の大刀の半分の数になる。また、上之宮遺跡出土木簡の第一文字が「別に」と記されていることから、大刀十本以外にも財物の類を記した長文の木簡の一部を削りとったものとみられる。

木簡から、上之宮遺跡は金銀装の大刀を多数保有できる有力貴族層、大王家との関連が予想できる。とすれば、上之宮遺跡を太子の上宮という説は現実性をおびてくる。

■上之宮遺跡の保存問題

そして、鬼頭氏は遺跡の保存問題に言及する。遺跡の重要性からみて、当然遺構の保存措置が行われてしかるべきだという。

それればかりではなく、同遺跡を含めて桜井市安倍《あべ》から同市忍坂《おっさか》にかけての広域にわ

たる遺跡の保存構想や、そのための系統的な発掘調査が望まれるとした。だが、保存問題は区画整理による宅地造成のために、ただ庭園遺構を模したものを地上に作ることでしか実現されなかった。

三輪山の山麓から桜井市街地の南西部の磐余にかけての地域は、明日香村と同様、日本の国家形成史を探る上で、極めて重要な地域である。これまで以上の積極的な調査と保存とを一体化する方法が行政側にも強く望まれる。手をこまねいている間に歴史の実体を知る手がかりを失うことになろう。

案内板の建つ上之宮遺跡　現在、桜井市教育委員会による「歴史街道」の案内板が発掘調査跡に建つ。

遣隋使《けんずいし》と倭国《わこく》の「京」

■遣隋使の派遣

第一次の遣隋使は、『日本書紀』には記されてはいないが、『隋書』倭国伝によると、開皇《かいこう》二〇年、推古八年（六〇〇）になされた。隋の高祖文帝《ぶんてい》※12の時代である。「使を遣わして闕《みかど》に詣る」とある。「闕」は、隋の都長安《ちょうあん》のことであるから倭国からの初めての使者は壮大な都城を目の当たりにし、さらに高祖に謁見したのである。

※12　**文帝**（ぶんてい）　隋の建国者（在位五八一〜六〇四）。廟《びょう》号は高祖。名は楊堅《ようけん》。五八九年、陳《ちん》を滅ぼし南北朝時代を統一した。

推古天皇の豊浦宮《とゆらのみや》跡　明日香村豊浦《とようら》の向原寺《こうげんじ》から遺構が検出された。

一方、倭国の推古女帝はその元年（五九三）、つまり即位した年に豊浦《とゆら》（明日香村豊浦《とようら》）に宮をおいた。景観的に比較したとすれば、豊浦宮は長安城と全く比較にならないほどにその規模は小さかったはずである。史料の上で、軽々に聖徳太子の対等外交などと称されるが、長安城を実見してきた倭国の使節は、その規模の大きさと、壮麗な建築群に圧倒されて帰国したに違いない。おそらく、そのような衝撃が新しい宮を造営しなければならないという契機になったのであろう。

推古一一年（六〇三）に推古天皇が近くの小墾田宮《おはりだのみや》に遷り、倭国の首府としての体裁を整えようとしたと思われる。岸俊男《きしとしお》氏（元京都大学教授）の『日本書紀』の断片的な記述からの想定的復原によれば、宮門（南門）を入ると朝庭があり、そこには東西に官人たちの政務をとる庁（朝堂）があって、北に大門（閤門）があり、そこをくぐると天皇（大王）のいます大殿があった（97頁参照）。

また、推古一三年（六〇五）に太子は斑鳩宮《いかるがのみや》に遷るが、その遷居の意味は対隋との外交問題に直接関与するものではなかった、と私は想定している。大和川の北に斑鳩宮があることから、難波《なにわ》（大阪市）から船を利用した外国からの使節を迎えることもあったとする一説があるが、港津機能を示唆する史料が知られないことと、太子の斑

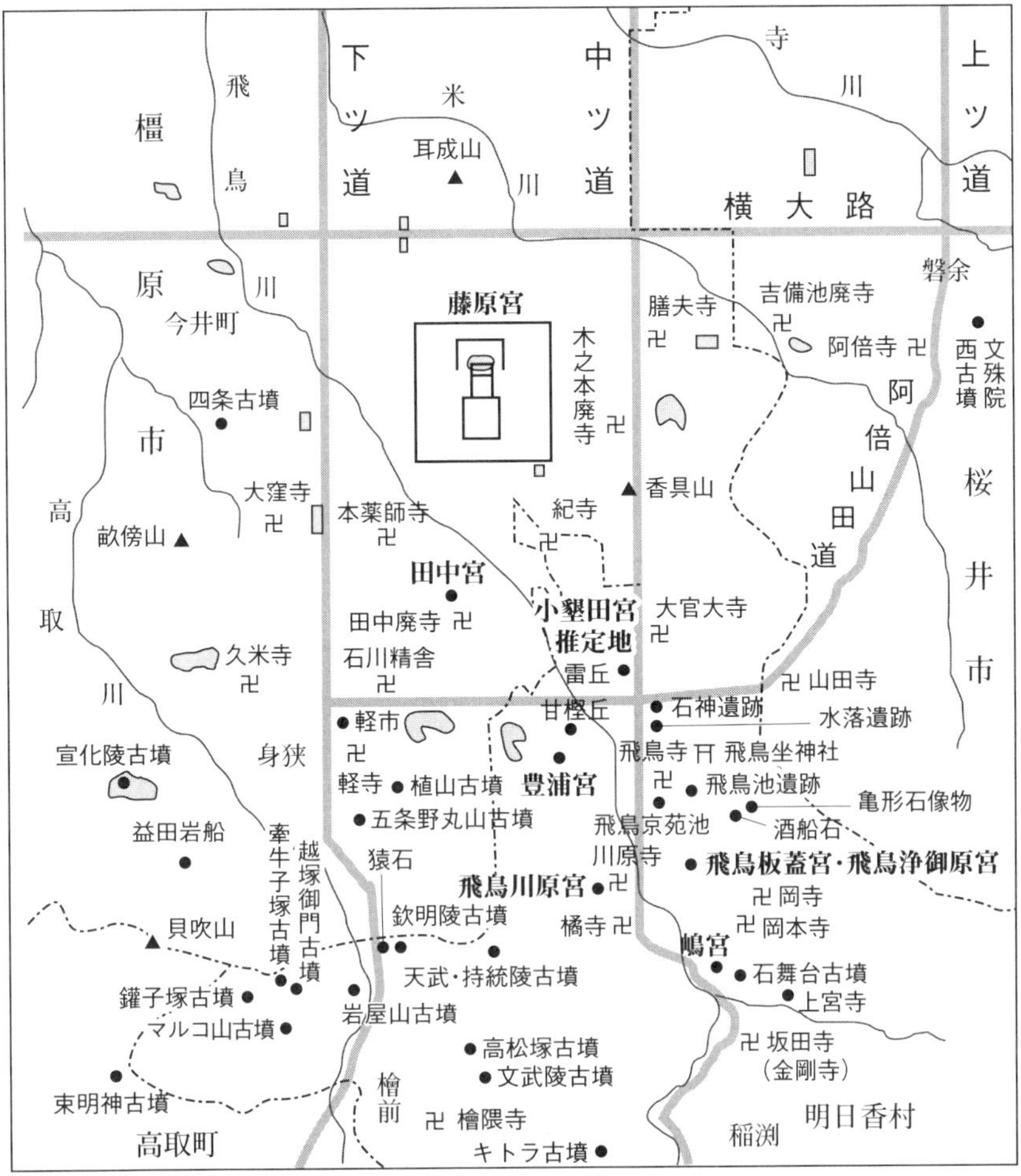

飛鳥地域図

鳩遷居は、政治的次元からの離脱的意味に重心があったと考えるべきだと思う。しかし、隋使が次にみるように大和川を船でゆくときは、斑鳩の地を望むことができたのであるから、倭国の先進的な都市計画がなされた場所として認識されたことはありえたであろう。

第一次の派遣から七年後、推古一五年（六〇七）の遣隋使について、初めて『日本書紀』は小野妹子《おののいもこ》・鞍作《くらつくりの》福利《ふくり》（通事）らを遣わしたことを記し、『隋書』倭国伝は、「日出《ひい》ずる処《ところ》の天子《てんし》、書を

年　代	主なできごと
600年（推古８年）	第１回遣隋使派遣。この頃、倭国は国書も持たず遣使した。（『隋書』倭国伝）
607年（推古15年）～608年（推古16年）	第２回遣隋使、小野妹子《おののいもこ》らを遣わす。「日出処の天子、書を日没する処の天子に致す」の国書を持参した。小野妹子、裴世清《はいせいせい》らとともに難波《なにわ》（大阪市）に着き、帰国する。（『日本書紀』、『隋書』倭国伝）
608年（推古16年）～609年（推古17年）	第３回遣隋使、小野妹子、吉士雄成《きしのおなり》など隋に遣わされる。この時、学生として和漢直福因《やまとのあやのあたいふくいん》・奈羅訳語恵明《ならのおさえみょう》・高向漢人玄理《たかむくのあやひとくろまろ》・新漢人大圀《いまきのあやひとだいこく》・学問僧として新漢人日文《にちもん》（僧旻《みん》）・南淵請安《みなぶちのしょうあん》ら８人、隋へ留学する。隋使裴世清帰国する。（『日本書紀』、『隋書』倭国伝）
610年（推古18年）～？	第４回遣隋使を派遣する。（『隋書』煬帝紀）
614年（推古22年）～615年（推古23年）	第５回遣隋使、犬上御田鍬《いぬがみのみたすき》・矢田部造《やたべのみやつこ》らを隋に遣わす。百済使《くだらし》、犬上御田鍬に従って来る。（『日本書紀』）
618年（推古26年）	隋滅ぶ。

遣隋使一覧

日没する処の天子に致《いた》す、恙《つつが》なきや、云云」という倭国が携えた国書をとりあげ、「帝、これを覧《み》て悦《よろこ》ばず。鴻臚卿《こうろけい》（外交担当者）にいっていわく、蛮夷《ばんい》の書、無礼《ぶれい》なる者あり、復《ま》た以《もっ》て聞《ぶん》するなかれ」という有名な一節を記録している。いずれにしても、遣隋使は第一次、第二次とも長《ちょう》安《あん》に滞在していることは間違いないであろう。

推古一六年（六〇八）の第三次は、『隋書』煬帝《ようだい》紀に「倭国使到り、方物を貢す」とあり、『日本書紀』には、同年四月に小野妹子が、隋からの使節 裴世清《はいせいせい》を伴って帰国したとある。

この時、隋からの国書を小野妹子が紛失するという事件があったが、その真相は不詳である。「唐《もろこし》の客の為に、更《また》新しき館を難波《なにわ》の高麗館《こまのむろつみ》の上に造る」とあり、隋使を迎える体制を整え、六月に、「客等、難波津に泊まれり。是の日に、飾船《かざりぶね》三十艘を以て、客等を江口《えぐち》に迎へて、新しき館に安置《はべ》らしむ」とあるように、難波に滞在させることにしている。

『日本書紀』の記事が事実とすれば、二カ月も経てから、八月に「唐の客、京に入る。是の日に飾騎《かざりうま》七十五匹を遣して、唐の客を海柘榴市《つばいち》のちまたに迎ふ」とある。おそらく、この二カ月の間に、小墾田宮周辺の整備がなされたのかもしれない。海柘榴市のチマタで、迎えているのは、難波から水路で大和川を遡ったと推定するのが通説であるが、ただ大和川は、途中に河内と大和国境の亀《かめ》の瀬《せ》という岩盤が露出している難所があり、近世でも、そこを境に船の乗り換えを要した場所である。果たして隋使が、難波から全行程を水路で至ったかは不明である。

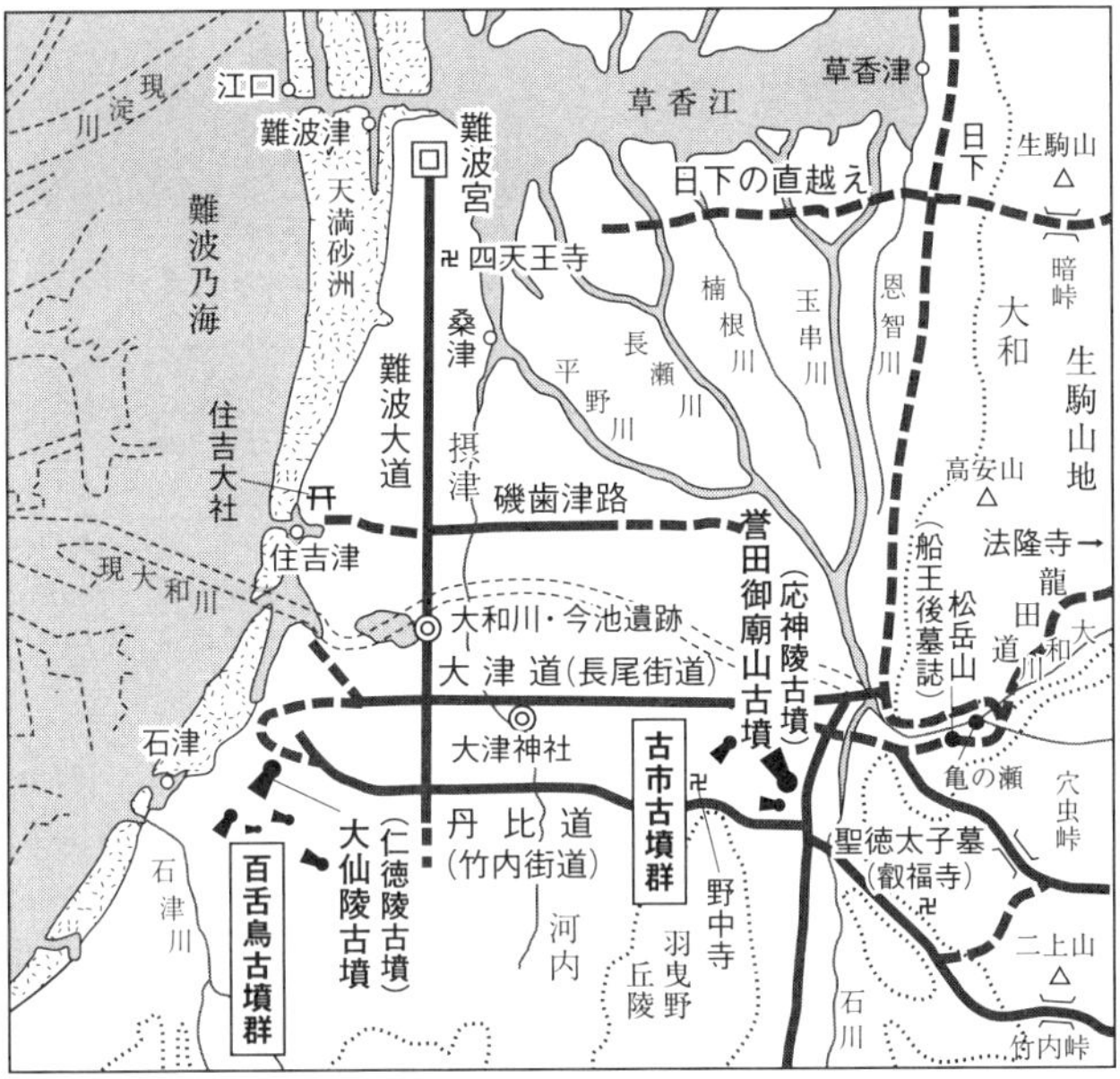

5～7世紀ごろの摂津と河内の古道

■倭国の「京」とはどこか

——上ツ道《かみつみち》・中ツ道《なかつみち》・下ツ道《しもつみち》の空間

私が注意するのは、右に引用した『日本書紀』の記事で、「唐の客、京に入る」とする部分である。ここにいう「京」については、この時代、倭国に「京」という行政区画がないとするのが通説であるから、「宮」と読み替えるのが妥当な解釈であると思われよう。しかし、この時、倭国は隋からの客を迎えるのに、飛鳥付近の小墾田宮に導くだけでよしとしたとは、想像しがたい。

先に触れたように、倭国から派遣された遣隋使たちは、長安城を体感しているのである。もし、対等外交という姿勢でもって隋に対して処していこうとすれば、女帝推

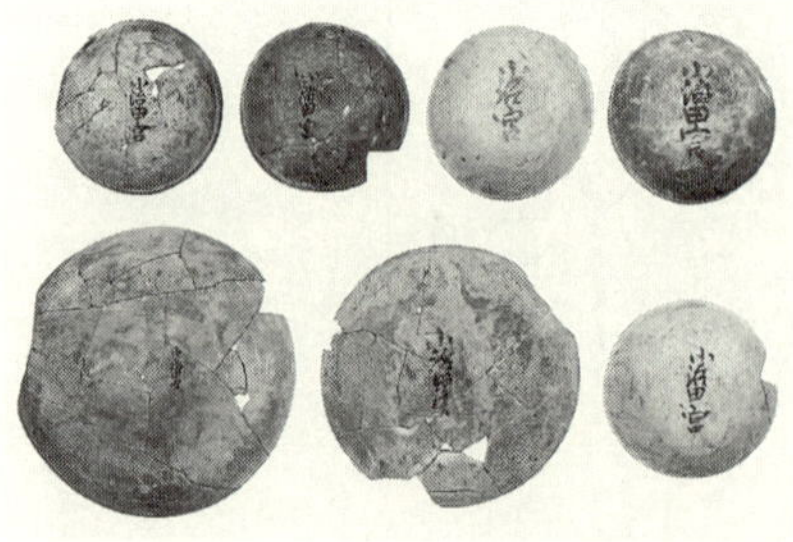

「小治田宮」と墨書された平安時代初期の土器類（明日香村教育委員会提供）　雷丘東方遺跡で検出した。

雷丘《いかづちのおか》東方遺跡（明日香村雷）　雷丘（写真）の東方から「小治田宮《おはりだのみや》」と墨書された土器が出土しており、同地を小墾田宮とする見方が強い。

古の小墾田宮だけをもって隋使に示すにはとまどいがあったことは否定できない。それならば、『日本書紀』にいう「京」の存在を想定する余地がある。

その「京」とは、私は、盆地の南北を走る、上ツ道・中ツ道・下ツ道（82頁参照）からなる空間が、それであったのではないかと考える。この三道の年代に関しては、下ツ道の北部、後の平城京の朱雀大路《すざくおおじ》の部分から七世紀初頭の須恵器《すえき》を検出していること、桜井市箸中《はしなか》の箸墓《はしはか》古墳近くで上ツ道と推定できる道路遺構が発掘され、六世紀末～七世紀初頭の土器片が混入していたことなど、推古朝に古代三道が施工された可能性がある。

これら三道は、その間隔が約二・一六キロの等間隔で高麗尺《こまじゃく》一〇〇〇歩であるから、尺度の上でも推古朝にさかのぼることができる。従来、盆地の南北道が等間隔で走ることに注目されていたが、物資の輸送や人々の往来に資する交通路という次元の認識にとどまっていた。

しかし、考え直してみると、盆地を等間隔で三本もの道路が作られたのは、単なる交通路以上の目的があったと、考えざるをえない。もし交通路としての機能のみにこれら三道を位置づけるならば、盆地にその必要性があるだろうかという疑問が拭《ぬぐ》いきれない。

そこで私は推古朝において、隋の長安城《ちょうあんじょう》に匹敵すべき都城の建設を手が

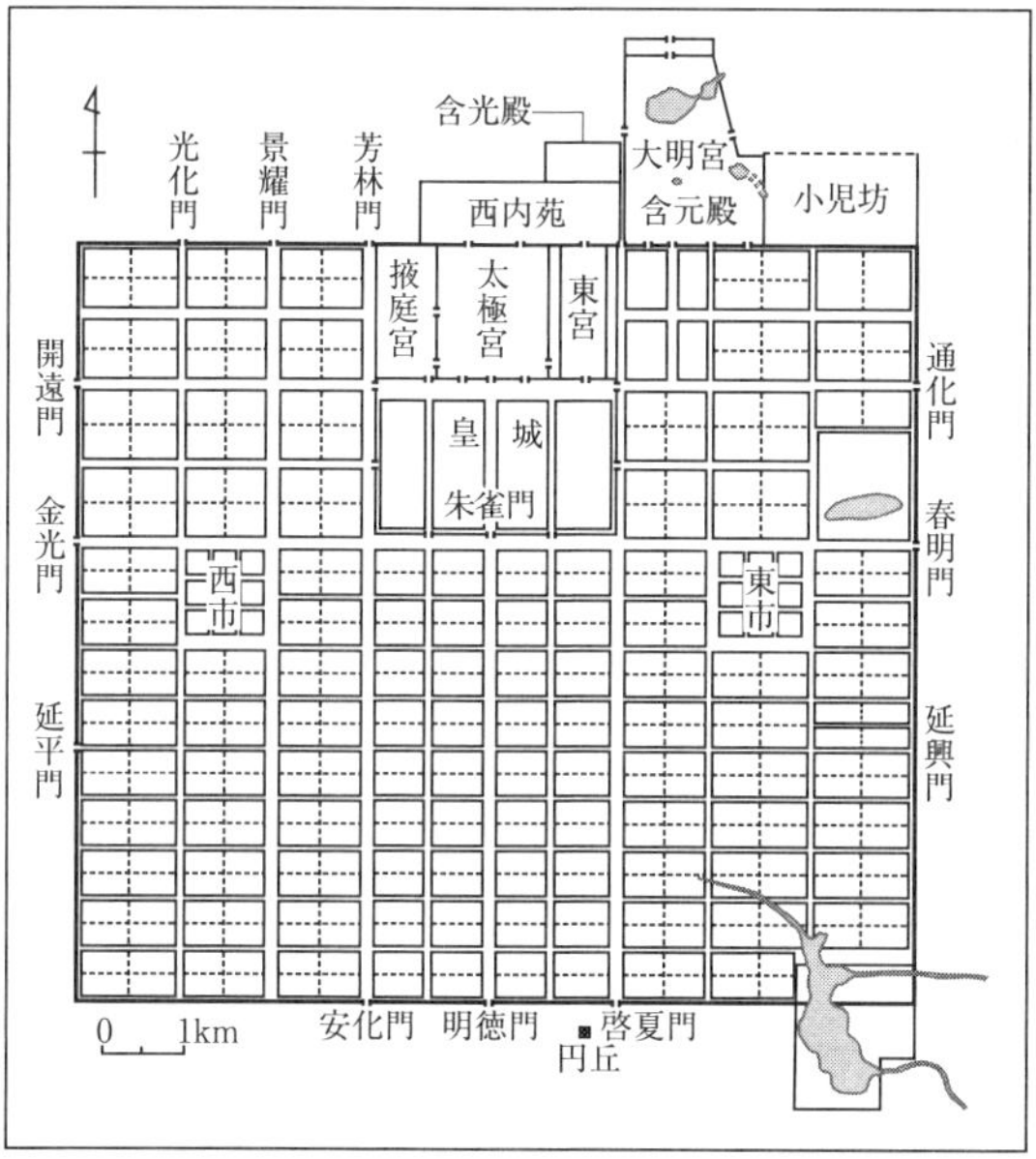

隋唐長安城の復原図　長安は紀元前 200年に前漢《ぜんかん》の首都となって以来、904年までたびたび首都となった。特に唐の都の時期に栄えた。現、西安《シーアン》。

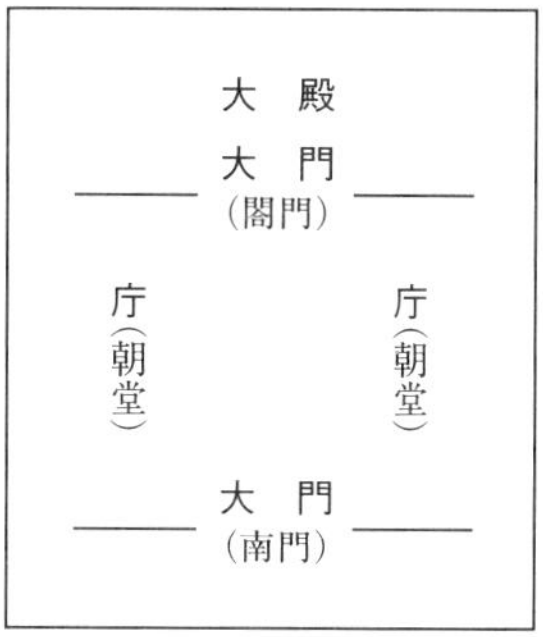

推古天皇の小墾田宮模式図
（603～655年）　遣隋使小野妹子が隋の裴世清を伴って帰国した小墾田宮は、このような宮だったのだろうか。

けようとされたのではないかと想定する。いうまでもなく、盆地部が都市的施設で充填《じゅうてん》することは不可能であったとしても、隋からの使節に建設途上の壮大な都を誇示することができたのではなかったか。対等外交を意図したとすれば、景観としての都城の実体、それが建設の中途であっても、国土的中枢を隋使に見せることによってしか保証されなかったと思われる。

『隋書』倭国伝に大業四年（六〇七）（推古天皇一六年）の記事として、「二百余騎を従え、郊労せしむ。既に彼の都に至る。……」とあり、さらに倭王の「……今故《ことさ》らに道を清め館を飾り、以て大使を待つ。……」という言葉を載せている。

『日本書紀』推古二一年（六一三）に「難波から京にいたる大道を開く」という記事は、盆地の南を東西走する横大路にあてる説が有力であるが、そうとすれば、隋使を迎えるにあたっての国土の整備の一貫であったといいうるであろう。

飛鳥時代の伽藍《がらん》配置　飛鳥の飛鳥寺(法興寺)・川原《かわら》寺(22頁参照)、摂津(大阪市)の四天王寺、法隆寺の伽藍配置を示す。

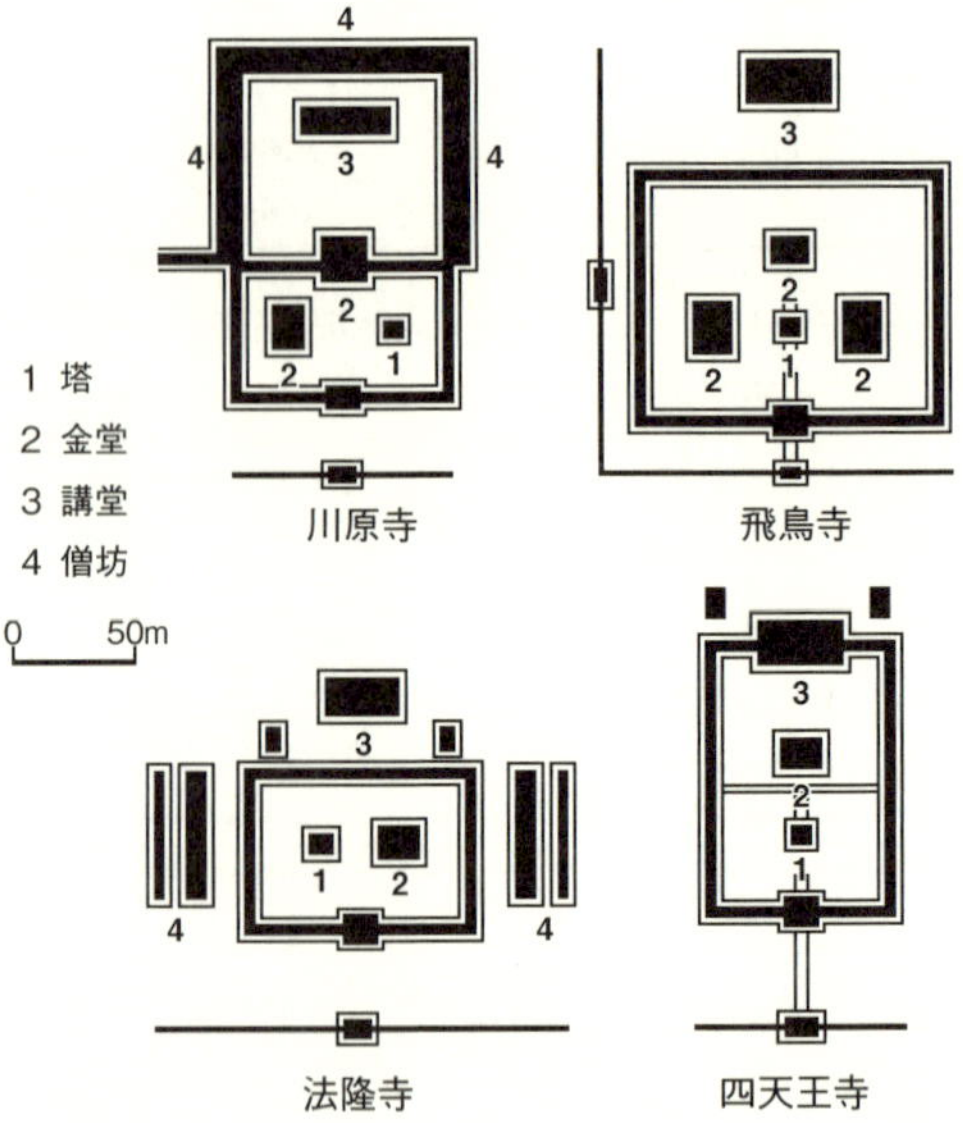

法隆寺再建　非再建論争

■論争の経緯

次に、法隆寺の再建・非再建論争について触れよう。

法隆寺再建・非再建論争とは、奈良県斑鳩《いかるが》町にある現法隆寺が、天智朝の斑鳩寺が火災にあったために、後に再建されたのか、それとも、火災とは関わることなく、建築されたものとするかをめぐって長年にわたってたたかわされた議論のことをいう。天智朝の火災について、『日本書紀』は次のように記す。

天智天皇八年（六六九）是冬条「時に、斑鳩寺《いかるがでら》に災《ひつ》けり」

同九年（庚午《こうご》）四月条「夜半之後《あかつき》に、法隆寺に災《ひつ》けり。一屋《ひとつのいえ》も余ること無し」

天智八年の記事が斑鳩寺で、九年においては法隆寺とあるが、同じ寺院をさすとみてよいであろう。斑鳩寺は地名であって、飛鳥寺に対応し、法隆寺は正式の寺院名で、飛鳥寺の正式名法興寺《ほうこうじ》に対応すると考えられるからである。

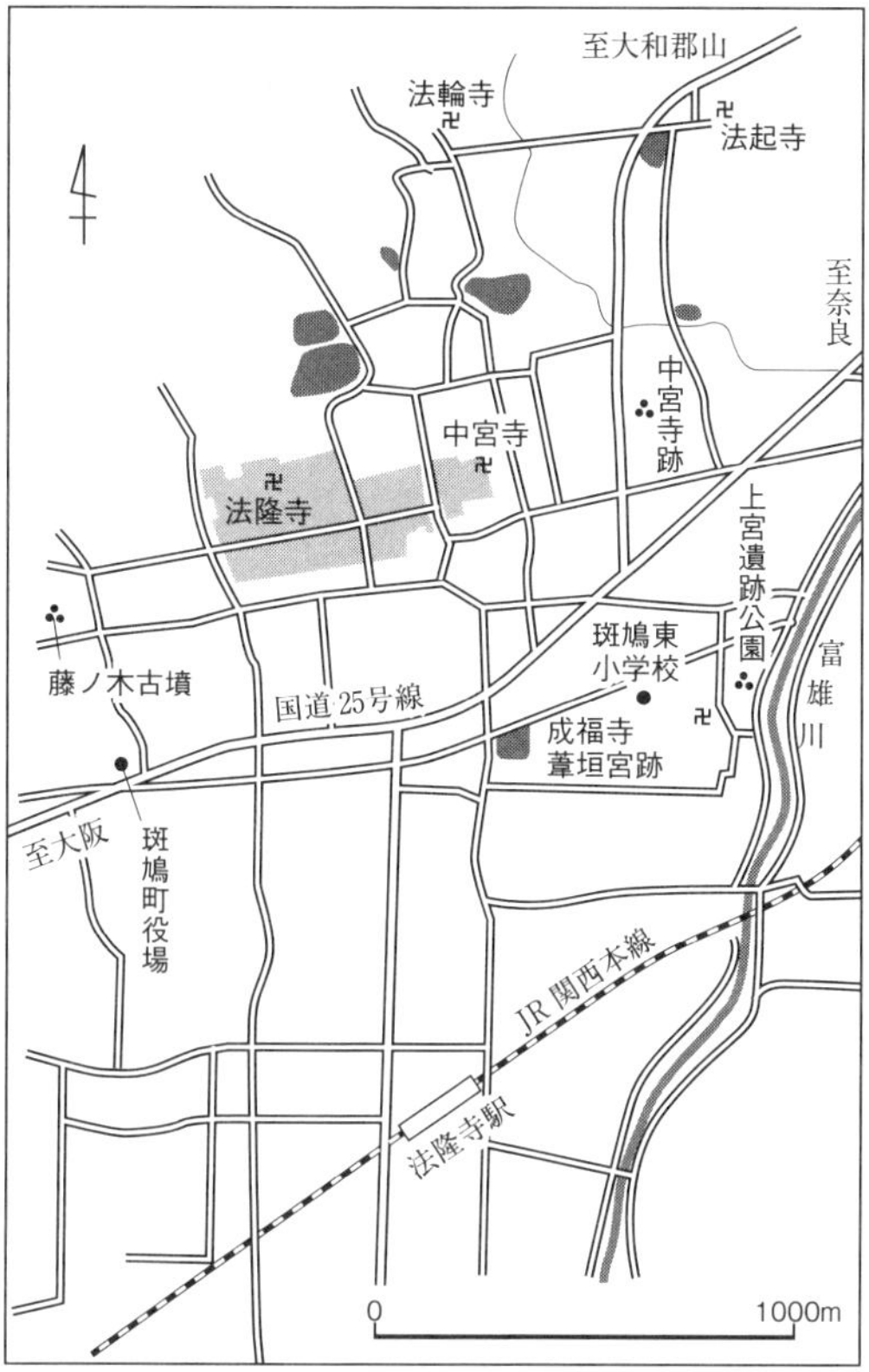

法隆寺付近図

法隆寺（斑鳩町法隆寺山内）　斑鳩寺ともいう。聖徳太子と推古天皇が用明天皇の病気平癒を祈願して発願し、推古15年（607）に完成したという。南大門を望む。聖徳宗総本山である。

まず、論争の経緯について、仏教考古学者で、法隆寺再建説を実証した石田茂作《もさく》氏（一八九四〜一九七七）の『法隆寺雑記帳』（学生社、一九六九年）によって、原文をたどりながら要点のみを記す。そして、同時に私のコメントも補足的に添えておきたい。石田氏は、論争史を四期に分ける。

① 第一期（明治二〇年～三七年）

最初に問題を提起したのは、奈良県天理市の元石上《いそのかみ》神宮宮司を勤め、後に、太政官修史局に出仕した菅政友《すがまさとも》※13である。菅は、天智紀の記事と平安時代の『七大寺年表』の「和銅《わどう》元年 詔《みことのり》に依て法隆寺を作る」とあることを論拠に、現在の法隆寺は推古朝の創建ではないと論じた。同じような見解は、黒川真頼《くろかわまより》※14や小杉榲邨《こすぎすぎむら》※15らも主張した。

これらに対して法隆寺の寺伝に従うかぎり、現法隆寺は聖徳太子の創建であることは疑う余地がなかった。『日本書紀』によると、推古天皇九年（六〇一）二月条に「皇太子、初めて宮室《みや》を斑鳩に興《た》てたまふ」、同一三年（六〇五）十月条に「皇太子、斑鳩宮に居《ま》す」とあり、斑鳩宮の創建年代については、見当がつくが、斑鳩寺（法隆寺）に関しては、同一四年（六〇六）是歳条に「是歳、皇太子、亦《また》法華経を岡本宮に講《と》く。天皇、大きに喜びて、播磨《はりま》国の水田百町を皇太子に施《おく》りたまふ。因りて斑鳩寺に納《い》れたまふ」とあるのが初出記事で創建年代は記されていない。ただし、第一章にも触れた金堂の薬師像光背銘《こうはいめい》（17頁参照）によると、用明天皇が発願し、推古天皇一五年に完成したとあるが、銘文についての疑義がある。

この時期、非再建論を唱えていた一人に、幕末、倒幕尊攘《とうばくそんじょう》をめざし、天誅組《てんちゅうぐみ》に加わり、維新《いしん》後は、司法官として活躍した男爵北畠治房《きたばたけはるふさ》（一八三三～一九二一）がいたが、大勢は再建論に傾いていた。

※13 菅政友（すがまさとも）　明治時代の歴史家。常陸《ひたち》（茨城県）生まれ（一八二四～九七）。水戸藩の勤皇志士と交わり、『大日本史』の編纂にも加わった。著書に『南山皇胤譜《なんざんこういんふ》』『古事記年紀考』などがある。

※14 黒川真頼（くろかわまより）　桐生《きりゅう》（群馬県）生まれ（一八二九～一九〇六）。幕末・明治時代の国学者・美術史家。東京大学教授。『古事類苑《こじるいえん》』の編纂に貢献した。

※15 小杉榲邨（こすぎすぎむら）　明治時代の国文学者。阿波《あわ》（徳島県）生まれ（一八三四～一九一〇）。幕末、尊攘《そんじょう》運動に加わった後、維新《いしん》後は文部省・帝室博物館・東京美術学校・東京大学につとめた。著書に『有職故実《ゆうそくこじつ》』などがある。

② 第二期（明治三八年～大正一四年）

明治三八年（一九〇五）、平子鐸嶺《ひらこたくれい》※16によって「法隆寺草創考」が、また関野貞《せきのただす》※17によって「法隆寺金堂塔婆及び中門非再建」の論文が発表され、非再建論が優勢な状況となった。

平子は、美術様式の立場から法隆寺建築は推古朝の遺構であるとし、『日本書紀』の天智朝の罹災については干支《かんし》一巡説を立てて非再建を擁護した。この干支一巡説とは、『聖徳太子伝補闕記《ほけつき》』※18に「四十七、庚午《こうご》四月卅日、夜半、法隆寺に災有り（四十七は三十七の誤りで聖徳太子の年齢、従ってこの庚午年は推古天皇一八年にあたる）という記事のあることを指摘し、『日本書紀』の天智九年（庚午）の法隆寺火災記事は、編纂にあたり、干支を一巡り間違えて挿入したと見るべきであると論じた。

しかし、『聖徳太子伝補闕記』の成立年代については詳細は不明であり、平安時代初期と想定されるにとどまり、太子の伝記異聞を記したもので、法隆寺再建・非再建を論じるにあたって、信頼度の高い史料とは言い難い。とはいえ、この時期、法隆寺非再建論は、容易に退けら

平子鐸嶺

関野貞

※16 平子鐸嶺（ひらこたくれい） 三重県生まれの明治時代の美術史家（一八七七～一九一一）。帝室博物館や内務省古社寺保存会嘱託として、業績を残した。著書に『仏教芸術の研究』がある。

※17 関野貞（せきのただす） 新潟県生まれの明治～昭和時代の東洋建築史・美術史家（一八六七～一九三五）。奈良県技師の後、東京大学教授となる。喜田貞吉《きたさだきち》と法隆寺論争を展開した。著書に『朝鮮古蹟図譜（全15巻）』や『日本の建築と芸術』などがある。

※18 『聖徳太子伝補闕記』（しょうとくたいしでんほけつき） 著者や成立年は不明だが、平安前期成立の『聖徳太子伝暦《でんりゃく》』（76頁参照）に影響を与えた。

『日本書紀』や古い太子伝などをもとに編集されている。

※19　**喜田貞吉**（きたさだきち）　徳島県生まれの明治～昭和時代の歴史学者（一八七一～一九三九）。明治三十二年（一八九九）、日本歴史地理学会を組織し、雑誌『歴史地理』を創刊。南北朝並立の記述で国定教科書編集官を辞し、のちに京大教授などを歴任。日本古代史研究に考古学、民俗学を導入した。

れない見解として、検討課題としての地位を確保するにいたった。

次に、関野貞の非再建についての論旨は、次のようであった。

(ア)法隆寺の金堂中門等の柱・柱間・組物・棰《たる》・貫《ぬき》等の長さを計測すると、推古時代使用の高麗尺《こまじゃく》（今の一尺一寸七分六厘）で完全に割り切れる。従ってそれらの建築は、高麗尺をもっぱら使用した大化以前のものであること。

(イ)境内の要所要所を発掘したが焼土は出なかったので、火災の形跡はない。

(ウ)金堂の屋根裏から飛鳥時代の忍冬唐草文《にんどうからくさもん》瓦を発見したこと。

右のような理由をあげて、非再建論を主張した。

このような非再建論に対して、喜田貞吉《きたさだきち》※19は真っ向から再建論を展開する。その論拠とするところを、『日本書紀』には誤ったことは書かれてないという点に求めた。

③第三期（大正一五年～昭和一三年）

こうした両論が対立しながら年月が推移したが、大正一五年（一九二六）四月に、現五重塔にある空洞の発見ということによって論戦は活気をおびた。

奈良県古社寺修理の技師岸熊吉《きしくまきち》（日本古代史研究者で、藤原京域などを研究した故・岸

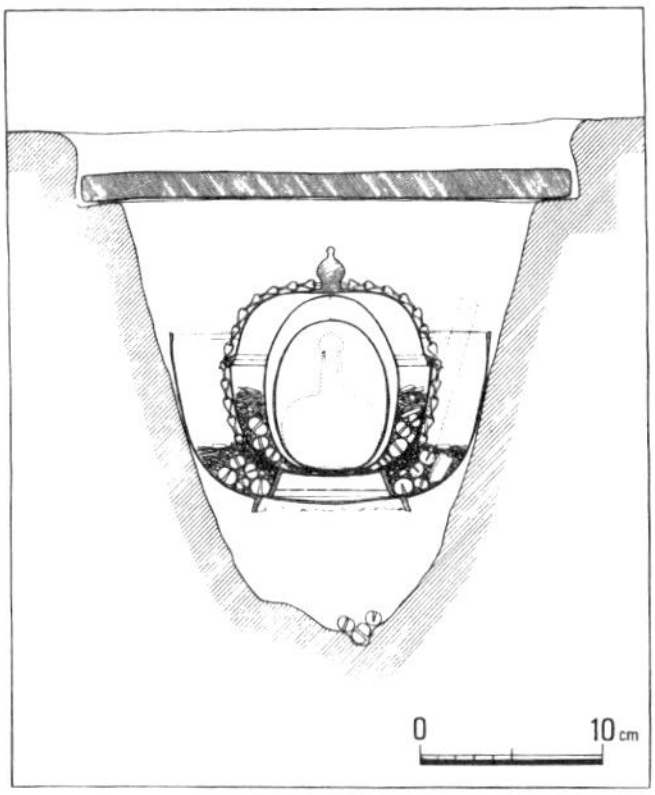

五重塔心礎の中の舎利《しゃり》容器出土状況
（『聖徳太子と斑鳩』奈良県立橿原考古学研究所附属博物館。平成10年度特別展示図録より）

俊男京都大学教授の父）が五重塔を実測中、塔内須弥山《しゅみせん》の間に隙があることを見つけ、大阪府の嘱託建築家技師の池田谷久吉が隙からもぐりこみ、内部の様子を実査した。その結果、心礎が現れ、中央に銅板がはまっていて、それをとると直径八寸、深さ四、五寸の円孔があった。

円孔中には、直径七寸の響銅鋺を置いて瑠璃瑪瑙《るりめのう》の珠玉を盛り、さらに鋺中銀製容器があり、銀容器中にまた純金容器があって、瑠璃製壺を蔵し、これとともを

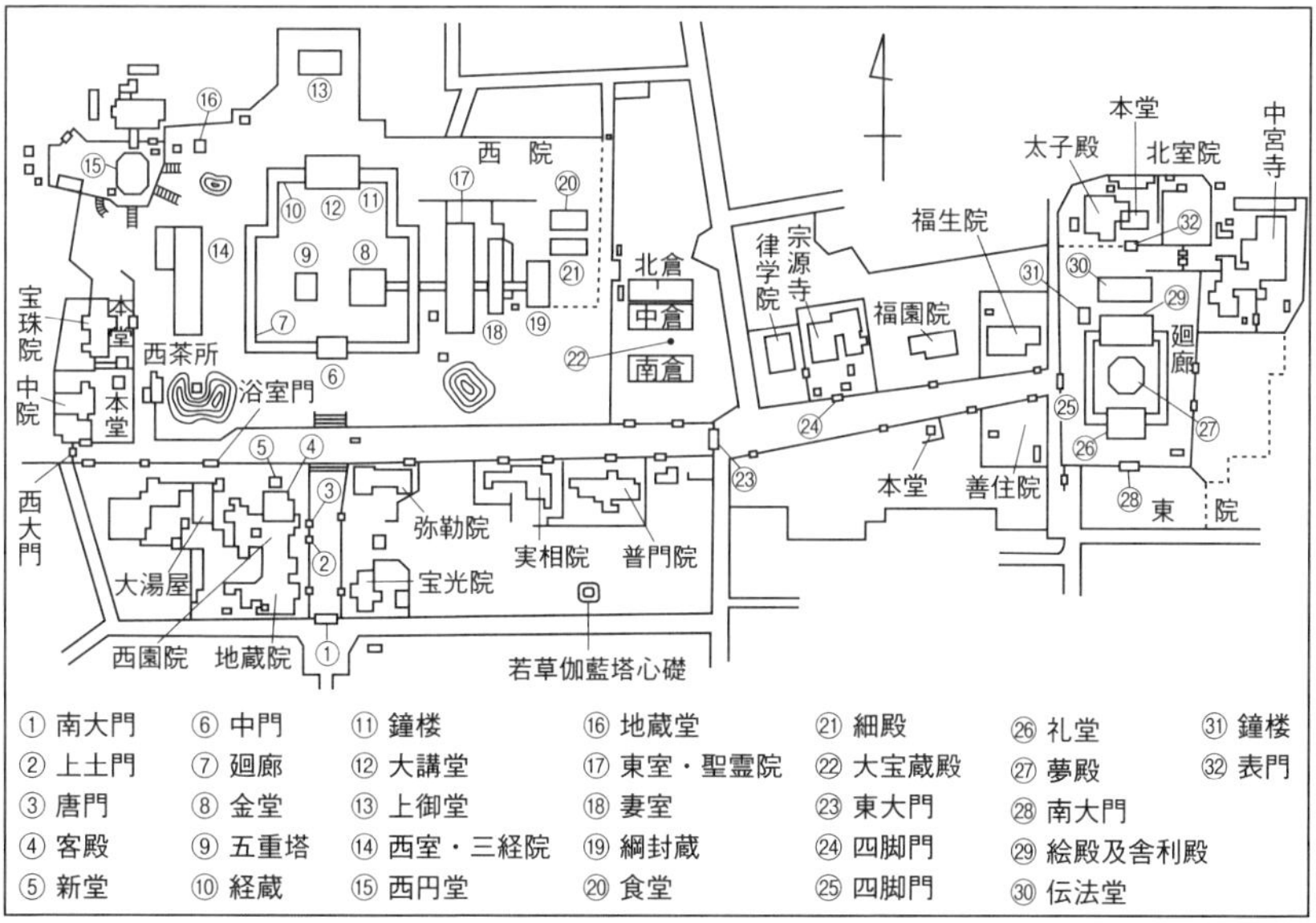

法隆寺境内図

に葡萄鏡《ぶどうきょう》一面をも伴出した。

この葡萄鏡は、唐代に流行したということで、五重塔の造営は天智朝以降と推定できるとして、再建論に有利に展開する契機となった。

さらに、この頃から、法隆寺食堂《じきどう》のあたりから塔頭《たっちゅう》の普門院《ふもんいん》の南にかけて素弁式《そべんしき》鐙瓦《あぶみかわら》の出土することが注目され、それは現法隆寺の伽藍地から出土する複弁鐙瓦ならびに忍冬唐草《にんどうからくさ》文宇瓦に先行すると解釈された。

こうした状況をうけて喜田貞吉は、考古学的証拠によって、法隆寺は、もともと今の普門院のあたりにあったが、天智朝の罹災後現地に移建されたという立場をとった。

これに対抗して関野貞は、従来の非再建論の一部を修正して、現法隆寺は前説通り推古時代の遺構に相違ないが、なお普門院のあたりに現法隆寺金堂安置の釈迦三尊を本尊とした、より大規模な寺院があったとする。ところが同寺は蘇我入鹿《そがのいるか》の乱[20]によって焼失し、本尊のみ現法隆寺金堂に移し置かれたこととして、暗に釈迦光背の損傷についての再建論者の攻撃をかわそうとした。ここに論じられた関野説では、天智紀の火災記事を史実として認めないという問題点を抱えている。

④ 第四期（昭和一四年以降）

さらに論争は決着することなく続けられ、足立康《あだちこう》[21]によって新非再建論が提示され

※20 **蘇我入鹿の乱**（そがのいるかのらん） 聖徳太子の子である山背大兄王《やましろおおえのおう》が、皇極二年（六四三）、田村皇子（のちの舒明天皇）と皇位を争ったが、蘇我入鹿に襲われ、斑鳩寺（宮）で自殺した事件をいう。

※21 **足立康**（あだちこう） 神奈川県出身の昭和時代の建築史家（一八九八～一九四一）。昭和十二年（一九三七）に建築史研究会を創立して『建築史』を刊行。法隆寺新非再建論者として、喜田貞吉と論争した。著書に『薬師寺伽藍の研究』など。

るに至る。この論においては、文献にある法隆寺の火災記事を全面的に認めながらも、現法隆寺は飛鳥時代のものと主張する。その内容は次の通りである。

すなわち現在の法隆寺の地には、もともと二か寺が併存した。一つは用明天皇のために作った薬師像を本尊とした寺で、これは今の普門院のあたりにあった。ところが、太子の没後に釈迦三尊を本尊とする一寺が現法隆寺の地に創建され、前者を用明寺と仮称するなら、これを太子寺と仮称する。天智天皇九年の火災は、用明寺の火災で、太子寺は無事であった。そこで用明寺の本尊薬師を太子寺に移し、同時にその堂塔の改造修補を行い、その面目を新たにしたのが、今の法隆寺[※22]である。

論争はますます激しくなり、両論についての立会演説会も開かれたが、結論を得ることなく終わる様相を呈した。以下に、喜田貞吉の回顧録によって、当時の論争の内部事情について耳を傾けてみよう。やがて決着がみえてくる。

■論争をめぐる人脈

喜田貞吉の「六十年の回顧」(『喜田貞吉集』一四、平凡社)によって、再建・非再建論争に関わる部分を拾うことにしたい。

「ところが明治三十八年に至って、図らずも全然予期しなかった方面の研究に、偶

※22 **法隆寺の伽藍**(ほうりゅうじのがらん) 法隆寺は金堂・五重塔を中心とする西院伽藍と、夢殿《ゆめどの》を中心とする東院伽藍に区画される。それらの周辺部に多くの子院《しいん》が存在する(103頁参照)。

創建当初の伽藍は、西院にあり、東院は天平十一年(七三九)、聖徳太子の斑鳩宮の故地に、僧行信《ぎょうしん》が、太子の冥福を祈って上宮王院《じょうぐうおういん》を創立したもの。

東院は、平安時代に法隆寺の管理下に入った。

然のことから自分を転換せしめた。それは法隆寺の建築に関する再建・非再建の問題と、引続き平城京の研究とである。」

法隆寺の再建・非再建論争とともに、喜田貞吉は関野貞と平城京の東北に北辺坊という区画の存否をめぐって論争している。関野は北辺坊がないとするのに対して、喜田は、北辺坊の存在を主張するものであった。結局は喜田のいう通り、今日では北辺坊の存在を認める復原図が通説となっている。

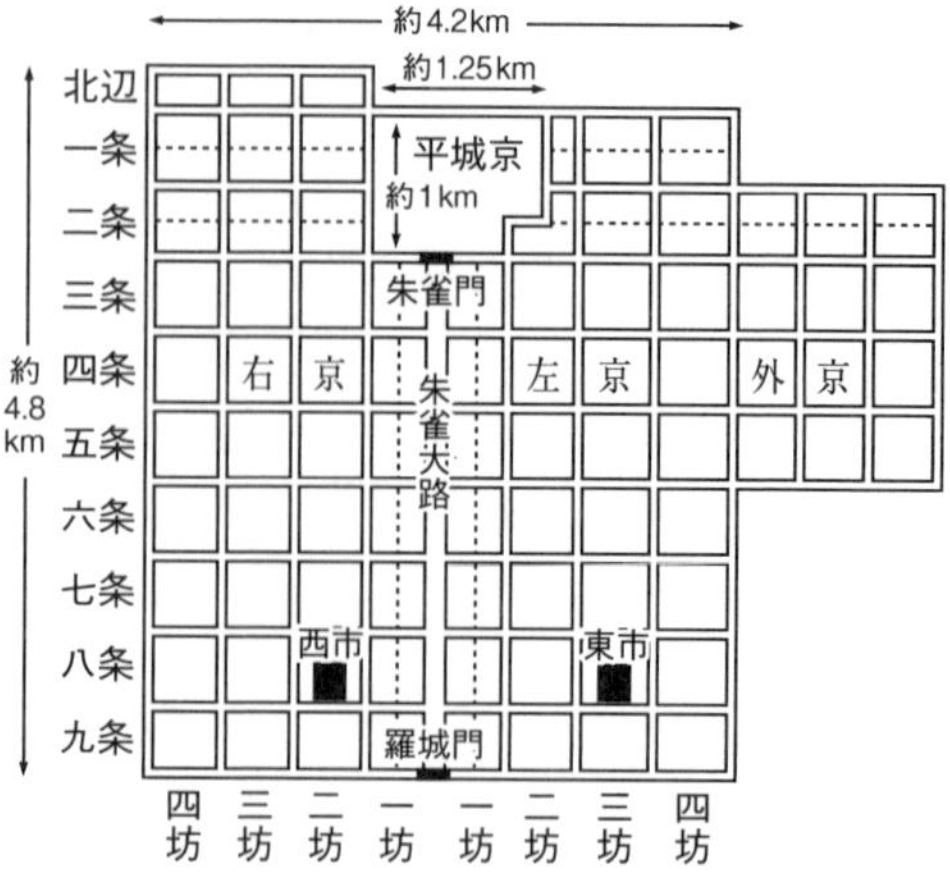

平城京の範囲　1坊は 16坪に区画された。2005年、九条大路の南側の大和《やまと》郡山《こおりやま》市下三橋《しもみつはし》遺跡で条坊遺構が見つかり、京域が九条大路よりも南へ延びていたことが明らかになった。ただし、この遺構は 730年ごろに廃絶している。

「されば問題の法隆寺のごときも、明治三十一年中に平城京址視察のため、奈良へ行ったさいに、ただ夕方に大急ぎで境内へ足を踏み入れたことがあるという程度で、仏像がどうの、壁画がどうのなど言うことは、自分の学問には全然関係のない物のごとくに考えていたのである。しかるに明治三十八年三月中旬のある日、たまたま小杉榲邨《こすぎすぎむら》先生を訪問したところが、先生悄然として『国華《こっか》』[※23]第百七十七号と、『史学雑誌』[※24]二、三月号とを取り出されて、これを見たかと言われる。

※23　国華（こっか）　明治二十二年（一八八九）十月に高橋健三と岡倉天心《てんしん》らが国華《こっか》社《しゃ》を創立し、創刊された大判（B４判）の美術雑誌。発刊の趣旨は、「国民とともに邦家の精華を発揮せんとする」であった。

※24 『史学雑誌』(しがくざっし) 明治二十二年(一八八九)、東京帝国大学で歴史編纂学を教授していたルートヴィヒ・リースの肝入りで創刊された。現在、㈶史学会が発行する歴史学の月間学術雑誌である。

『国華』には平子君の「法隆寺草創考」、また『史学雑誌』二月号には、関野貞君の「法隆寺堂塔非再建論」、また同三月号には、『史学雑誌』記者の筆になれる法隆寺非再建決定の批判文が出ているのである。」

小杉榲邨(100頁参照)は、東京美術学校の教授であったが、東京帝国大学文科大学の講師も歴任している。東京帝国大学の学生時代、喜田は小杉から学んだこともあって、恩師である。また、徳島出身という点では同郷でもある。さらに、喜田が中心として立ち上げた日本歴史地理学会(102頁参照)の顧問でもあった。その恩師の法隆寺再建論に対して、厳しい批判の刃が向けられている。その時、喜田は、法隆寺の再建・非再建について、ほとんど関心をもっていなかった。その時の喜田の思いは、ただひたすら萎《しお》れるばかりに落胆している恩師を窮地から救いあげることにあった。

「これはぜひなんとか先生のお顔の立つようにしてあげねばならぬと、その足で会の同人藤田明君を訪問して相談すると、ぜひそうして貰いたいという。」

藤田明(一八七七〜一九一五)は、専門が中世史で、東京帝国大学文科大学史料編纂掛史料編纂官で、日本歴史地理学会の前身の日本歴史地理研究会を喜田と共に組織し

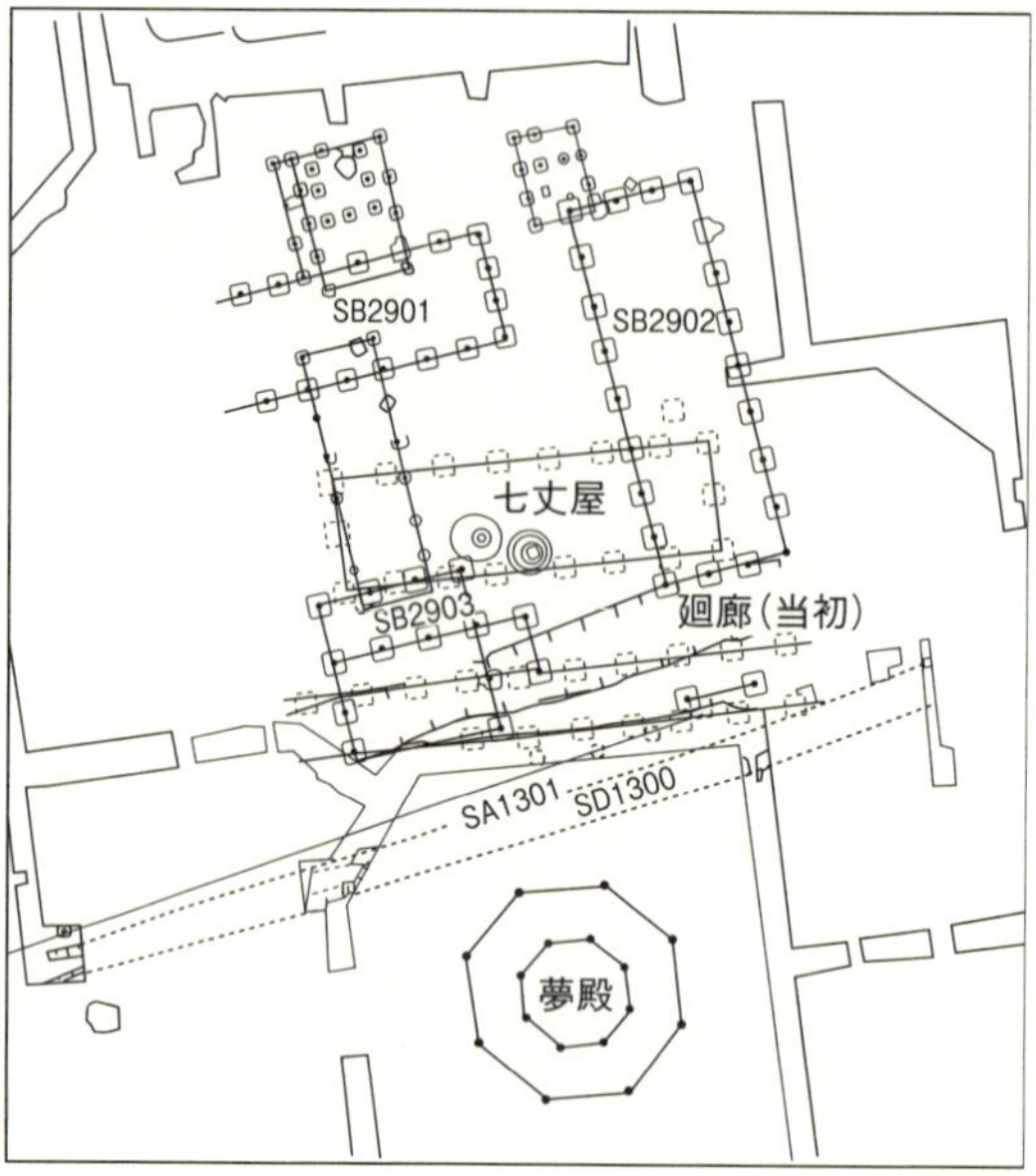

法隆寺東院伽藍下層遺構―斑鳩宮の復原―(『聖徳太子と斑鳩』奈良県立橿原考古学研究所附属博物館、1998年より)

聖徳太子の斑鳩宮は、現在の法隆寺東院付近と推定される。地下調査によって、東院の前身となる方位の振れた建物群が検出されている。この建物群には火災の痕跡がみられ、皇極2年(643)の焼失記事と一致する(98頁参照)。

たので、「会の同人」と書いたのである。喜田は、関野や平子の論文を熟読し、仮説の域をでないものであると理解し、水掛け論程度になら、引き戻せるであろうと、即日、筆を執って、『史学雑誌』と『歴史地理』(102頁参照)に反論を発表する。

この時の喜田は、自分は門外漢で、多年にわたって研究している関野や平子には歯がたつわけがないと、とにかく両者の結論を破棄することを試みようとしたに過ぎなかった。

「どうかして小杉先生のお顔が立てばよいくらいのことに過ぎなかった。従ってもちろん自身これを研究して、みずから再建論を建設せんとするがごとき野心は毛頭持っていなかったのである。」

その後、喜田は関連する著作や論文を渉猟し、数編の論文を執筆し、関野を当面の相手として論戦の火ぶたを切ったのである。

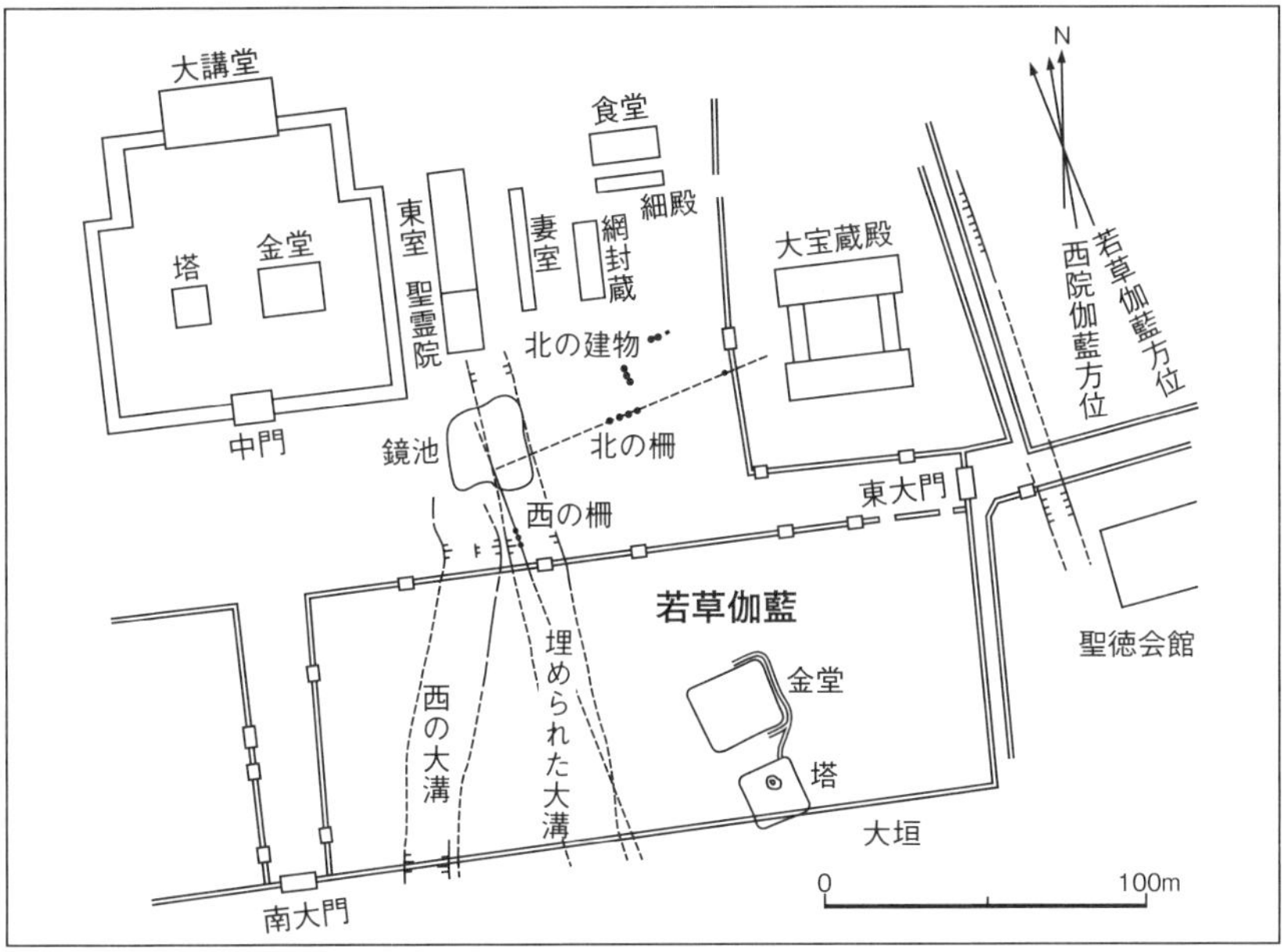

若草《わかくさ》伽《が》藍《らん》と西院伽藍の配置

「この時の自分の論鋒は、今から考えると、いささか常軌を逸したまでに猛烈野卑なものであった。それは当時自分はまだ年三十五歳という活気に満ちたさいではあり、ことに始めてこの方面のことに手を染めて、研究してみればみるほど近ごろの芸術史家の発表とは反対の結果が出て来るように思われて、いわゆる快刀乱麻を断つがごとき気持になり、多少調子に乗り過ぎた観があったうえに、今一つには、これほどまでに事理明白な問題であるにかかわらず、わが史学界が毫もこれを顧みず、関野・平子両氏の異説に雷同して、わが老先輩小杉先生の正しい学説を否定し、その顔を丸潰しにせんとするがごときの状態について、少からず公憤を感じたがためだった。」

喜田にとっては、恩師小杉の代理戦争から始まった論争が、みずから主題を背負うことになった、壮絶な意気込みで、非再建論を論破するのに全身全霊で立ち向かっ

斑鳩寺（若草伽藍礎石） 後方は法隆寺西院伽藍。梅原章一氏撮影。

たのであった。

それとともに、喜田は「当の関野君からなんらの弁明を聞くを得なかったのは物足りなかった」と述懐する。また、非再建論の側に立つ、北畠治房《きたばたけはるふさ》との出会いも生々しく語られているが、ここには、それを引用するのは不要であろう。

この論争史をふりかえって、喜田は、これまで文献史料にのみ依拠していた自分の研究が、考古学的研究にも目が開くようになったと述べている。

そして、結果として、次に述べるように若草伽藍の発掘調査によって再建論の方に有利な展開となっていく。

■若草伽藍の発掘

法隆寺の西院境内の東南隅にかけて「若草」という地名が伝承されていたが、この地にかねてより塔心礎があったが、明治になって、奈良県外の某邸に運びだされた。ところが、心礎は昭和一四年（一九三九）一〇月に返却され、石田茂作らが中心となって、元の位置と推定される普門院《ふもんいん》南築地のあたりの発掘

焼成を受けて土が付着した瓦片（斑鳩町教育委員会提供）

若草伽藍跡で見つかった焼け跡のある壁画片（斑鳩町教育委員会提供）

調査を実施し、原位置が確定し、そこに据えられた。そして塔址基壇が確認され、周辺の発掘作業がなされた結果、塔と金堂跡が南北に並ぶ位置関係であること、そして方位において主軸が西に約二〇度ふれていることも判明した。この方位は、現法隆寺が、西に約四度ふれているのと相違する。

出土した瓦も飛鳥時代の古式のもので、塔の基壇は一辺五一尺、金堂のそれは七二尺×六四尺で、塔と金堂の配置関係から四天王寺式伽藍と認められ、一般的に若草伽藍と称されるようになった。

昭和四三年度、四四年度に西院の大垣の修理工事にともなう発掘調査で、金堂が塔に先行して建立されたことも明らかになった。昭和五七年（一九八二）には西院防災工事に際して、発掘調査がなされ、心礎の北方および西方から柵列跡が確認された。

出土した瓦は、創建時の単弁九弁蓮華文の鐙瓦《あぶみがわら》、五葉七葉のパルメットを表現した唐草文《からくさもん》の宇瓦で、蓮華文《れんげもん》の鬼瓦も出土した。

以上のような、同地の発掘調査の結果から、そこは現法隆寺よりも先に若草伽藍が建立されたとみなされ、再建論にきわめて有力な状況となった。

平成一六年（二〇〇四）に斑鳩町教育委員会によって、若草伽藍跡の発掘調査が行われ、天智朝に焼失した金堂や塔の彩色された壁画片が約六〇点出土した。

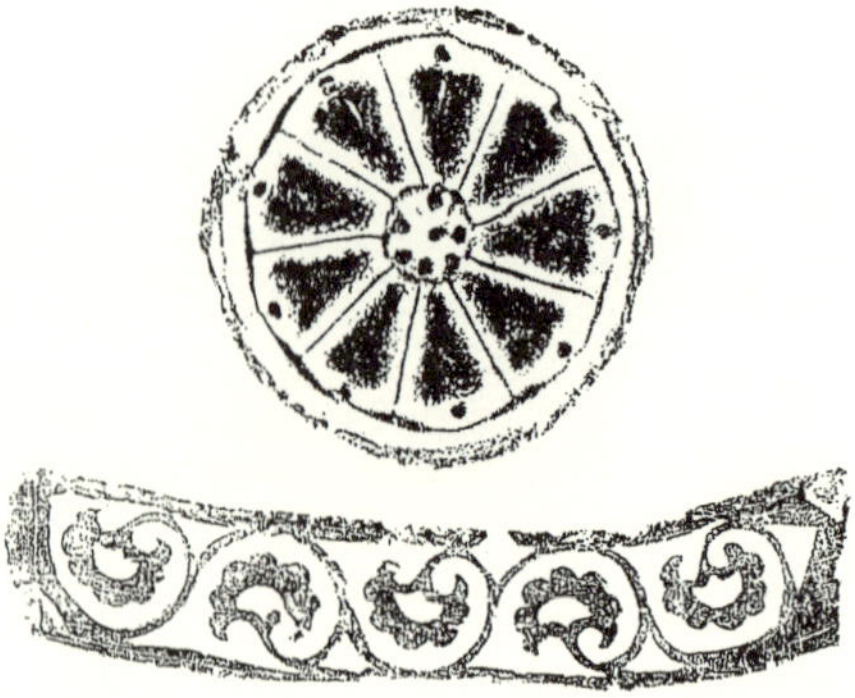

軒丸瓦《のきまるがわら》・手彫《てぼり》忍冬文《にんどうもん》軒平瓦《のきひらがわら》（斑鳩町・若草伽藍）　若草伽藍の軒平瓦は文様面に忍冬文を直接彫刻したもので、手彫忍冬文軒平瓦と呼んでいる。

壁画片は一〇〇〇度以上の高温にさらされていたということから、明らかに火災があったことも証明された。同時に検出された七世紀初頭の瓦にも、火災の痕跡があった。

さらに、この調査によって塔・金堂を結ぶ南北の中軸線が、伽藍の中心線であることも推定され、これまでの若草伽藍の面積よりも大きいとみられるようになった。

このような経緯によって、法隆寺再建論は確実になったが、これまでの考古学的証拠とともに、方位が西に約二〇度かたむく若草伽藍と、現法隆寺の方位の相違も、建立年代の違いを示すものとして確認できた。

■新再建論の立場

一方、鈴木嘉吉《すずきかきち》氏（奈良文化財研究所元所長）は、再建論を認めながらも、独自の見解で新再建論を提示した（鈴木嘉吉「創建法隆寺と再建法隆寺」（上田正昭・千田稔編『聖徳太子の歴史を読む』文英堂、二〇〇八年）。その要旨は、次の通りである。

若草伽藍は、創建法隆寺であるが、火災にあう前から、今の金堂が造り始められた。その理由として、推古三〇年（六二二）厩戸王《うまやとおう》が死去し、その後、山背大兄王《やましろおおえのおう》が斑鳩宮を邸宅とするが、皇極二年（六四三）に蘇我入鹿《そがのいるか》の焼き討ちにあう。その時点で釈迦三尊像は斑鳩宮にあったと想定する。

なぜならば、斑鳩宮跡（現東院伽藍、夢殿《ゆめどの》のあたり）の発掘から瓦が出土し、宮は一般的に瓦で屋根をふかなかったとすれば、仏像をまつる施設ではなかったかと考えられる。そこで、釈迦三尊像を斑鳩宮の火災から救いだして、一時かりに置いたのが、今の金堂の造り始めではないか。つまり、孝徳朝の六五〇年ぐらいに金堂建設が開始され、天智朝の六七〇年に創建法隆寺（若草伽藍）の火災にあい、金堂建設の後、塔・中門・回廊を整備した。

鈴木説は興味深い論理で構成されているが、最も核心的な問題は、斑鳩宮が寺院的な施設を併用していたことを仮説の領域にとどめている点である。また、斑鳩宮が入鹿の襲撃をうけて焼失したとしても、その時点で創建斑鳩寺は、存在しているのであるから、現金堂を建立しなければならない積極的な動機が見出し難いという点である。なお、今後の検討に注目したい。

■ 年輪年代法の登場

再建・非再建の論議に、奈良文化財研究所の光谷拓実《みつたにたくみ》氏による年輪年代法が新しい

五重塔心柱の側面と断面
（NHK『聖徳太子展』2001年より）

法隆寺五重塔　２重基壇の上にそびえる。塔の各重の平面と屋根の大きさの逓《てい》減率《げんりつ》が大きく、5番目は初重の半分の柱間になっている。初重のみ裳階《もこし》がつく。

視点を提示した。ここでは、報告されたデータのみをあげて、法隆寺の建立年代にどのように関与するかについて述べておきたい。

多くの人の関心をひいたのは、現五重塔の心柱の伐採年代が五九四年という年代が測定されたことであった。創建法隆寺の建立年代は、正確には知られないが、銘文に疑義があるとして、金堂薬師光背銘の推古一五年（六〇七）をもってそれにあてるとすれば、現五重塔の心柱の伐採年代の方が、創建法隆寺の建立年代よりも早いことになる。

しかし、伐採年代が五九四年であっても、五重塔の建立にあたってそれが建築材として使用された年代は明らかではない。一般的に伐採してすぐに建築材として使われることはなく、乾燥させておかねばならない。従って、長い年月を備蓄しておくことになるので、伐採年代が五九四年であったとしても、五重塔の建築に用いられた年代は不明である。

さらに、別のデータをあげてみよう。

現金堂外陣天井板については、ヒノキは、六六八年晩秋〜六六九年初春、スギは六六七年晩秋〜六六八初春というデータが報告されている。

つまり、六六七年〜六六九年に、ということは、六七〇年の創建法隆寺の火災より前に伐採されたことになる。二、三年のうちに絵をかいて天井にのせることになるが、創建法隆寺の火災の前から現金堂を建設したか、どうかは不明であって、将来の寺院建設のために備蓄されていた可能性は否定できない。

金堂内の天蓋《てんがい》に用いられた木材については六〇六、六五四、六六三年頃の伐採という年代が得られ、いずれも創建法隆寺の火災前にあたるが、いずれにしても、建築材として使用された年代はわからない。

従って、再建論を否定できるデータにはならない。

「聖徳太子はいなかった」論の虚実

近年、聖徳太子をめぐる問題は、聖徳太子が実在したかどうかということに関わる議論である。このことは、昨今起こったのではなく、聖徳太子についての『日本書紀』の記事についての史料批判が主たるテーマとして今日まで続いている。それを受けて

聖徳太子二王子像（宮内庁蔵）
中央の太子をはさんで右は山背大兄王、左は殖《え》栗《ぐり》王といわれる。

大山誠一《おおやませいいち》氏がこの積年の課題を包括的に展開され、「聖徳太子はいなかった」というラディカルな表現で話題を呼んだ。

大山誠一氏の著書『〈聖徳太子〉の誕生』（吉川弘文館、一九九九年）によりながら、氏の説くところを原文に添って箇条書きによって紹介することから始めてみよう。

■「聖徳太子はいなかった」との問題提起について

①

王族の一人として厩戸王《うまやとおう》という人物が実在したことは確かであるが、その人物がはたして〈聖徳太子〉という聖人であったかというと、古来、憲法十七条や『三《さん》経《ぎょうの》義疏《ぎしょ》』などが、太子のものではないという疑問をはじめ、その事蹟のすべてが事実ではなかったのではないかという疑問にさらされている。つまり、伝説や信仰の世界の話ならともかく、歴史上の人物としての聖徳太子の実像は、ほとんどすべてが謎につつまれているのである。

②

聖徳太子を論じる場合の基本史料は、『日本書紀』と法隆寺系の二系統である。前

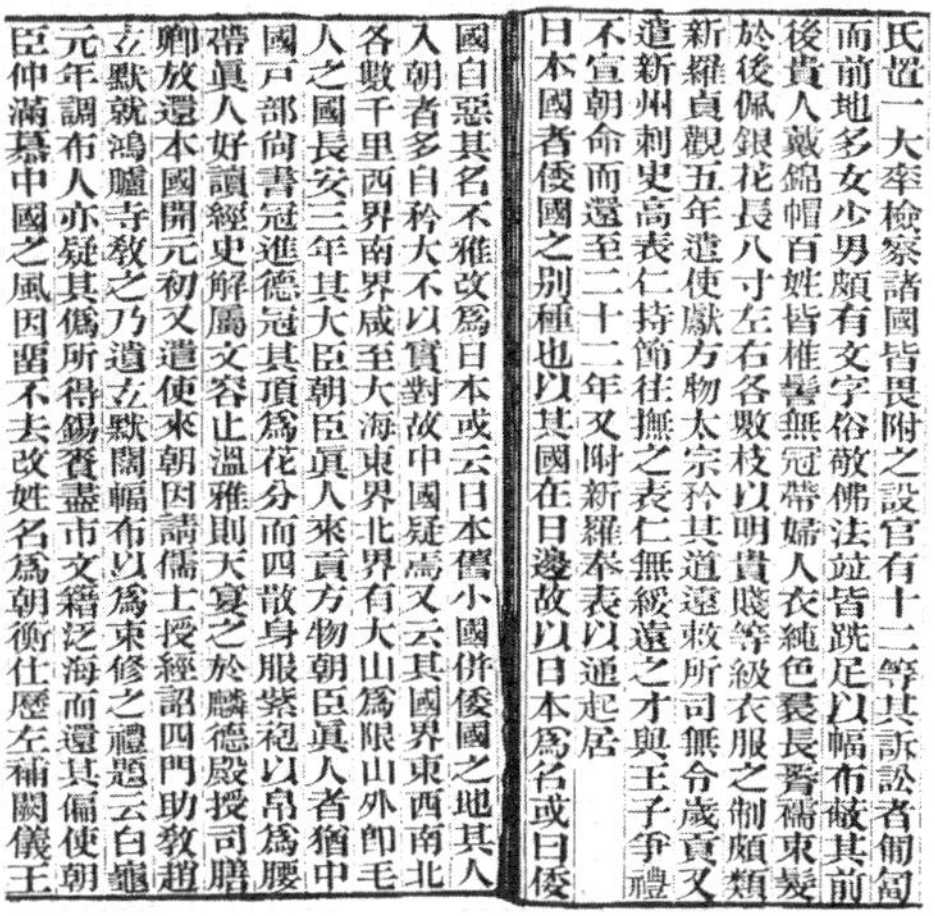
氏置一大率檢察諸國皆畏附之設官有十二等其訴訟者匍匐
而前地多女少男頗有文字俗敬佛法並皆跣足以幅布蔽其前
後貴人戴錦帽百姓皆椎髻無冠帶婦人衣純色裙長腰襦束髮
於後佩銀花長八寸左右各數枝以明貴賤等級衣服之制頗類
新羅貞觀五年遣使獻方物太宗矜其道遠敕所司無令歲貢又
遣新州刺史高表仁持節往撫之表仁無綏遠之才與王子爭禮
不宣朝命而還至二十二年又附新羅奉表以通起居
日本國者倭國之別種也以其國在日邊故以日本爲名或曰倭
國自惡其名不雅改爲日本或云日本舊小國併倭國之地其人
入朝者多自矜大不以實對故中國疑焉又云其國界東西南北
各數千里西界南界咸至大海東界北界有大山爲限山外即毛
人之國長安三年其大臣朝臣眞人來貢方物朝臣眞人者猶中
國戸部尚書冠進德冠其頂爲花分而四散身服紫袍以帛爲腰
帶眞人好讀經史解屬文容止溫雅則天宴之於麟德殿授司膳
卿放還本國開元初又遣使來朝因請儒士授經詔四門助教趙
玄默就鴻臚寺教之乃遺玄默闊幅布以爲束修之禮題云白龜
元年調布人亦疑其僞所得錫賚盡市文籍泛海而還其偏使朝
臣仲滿慕中國之風因留不去改姓名爲朝衡仕歷左補闕儀王

国号「日本」の使用（『旧唐書《くとうじょ》』東夷《とうい》伝倭国《でんわこく》の条）　「天皇」号の称号の時期に関連して、国号「日本」はいつから使われたかも問題となる。中国・唐の歴史書で、945年に完成した『旧唐書《くとうじょ》』東夷伝倭国《とういでんわこく》の条に、「日本国は倭国の別種なり、その国日辺に在るを以て、故に日本を以て名と為す。或ひは曰く、倭国自らその名雅《みや》びならざるを悪《にく》み、改めて日本と為す」とある。8・9行目に「日本」の文字が見える。

「日本」の使用の上限は670年、その下限は700年ごろと考えられている。

者の『日本書紀』には、聖徳太子の出生から死に至るまでの詳しい事蹟が叙述されているが、『日本書紀』の聖徳太子関係記事の中に歴史的事実はない。

③

次にあげる法隆寺史料は、すでに疑問である。その一つは、金堂の薬師像の銘文である（17頁参照）。

池辺大宮治天下天皇《いけのへのおおみやにあめのしたしろしめしすめらみこと》（用明天皇）、大御身労《おおみみいたつ》き賜《たま》いし時、歳《ほし》は丙午《ひのえうし》に次《やど》りし年、大王天皇（推古天皇）と太子（聖徳太子）を召して誓願し賜わく、我が大御病太平《おおみやまいたいら》きならんと欲《おもほ》し坐《ま》す。故《かれ》、まさに寺を造り薬師像を作り仕奉《つかえまつ》らんとすと詔《の》りたもう。然《しか》れども、時に当たりて崩《ほう》じ賜いて造り堪《た》えざれば、小治田大宮《おはりだのおおみや》治天下大王天皇（推古天皇）および東宮聖王（聖徳太子）、大命《おおみこと》を受け賜いて、歳《ほし》は丁卯《ひのとう》に次《やど》りし年に仕奉《つかえまつ》りき。

銘文の内容は、池辺大宮治天下天皇（用明）が病気になり、丙午年（五八六）に大王天皇（推古）と太子を召し、病気平癒のために薬師像造立を誓願したが、そのまま亡くなってしまった。そこで、大王天皇と東宮聖王（聖徳太子）が丁卯年（六〇七）になってこれを完成した、

法隆寺金堂の釈迦三尊像（法隆寺蔵）

というものである。

この銘文の中で問題となるのは、第一章ですでに触れた「天皇」号である。中国で唐の高宗《こうそう》の上元《じょうげん》元年（六七四）に君主の称号が「皇帝」から「天皇」に代わったが（58頁参照）、その情報が天武朝（六七二〜六八六）に日本に伝わり、持統三年（六八九）に編纂された飛鳥浄《あすかきよ》御原令《みはらりょう》において正式に採用され、天武天皇に対して最初の「天皇」号が捧げられるというのが定説となっている。

従って、三度も天皇号を使用した薬師像の銘文は、天武・持統朝以後の成立で、六〇七年のものとしては偽物ということにならざるを得ない。

次に、銘文の東宮という語も問題である。皇太子を意味する東宮は、皇帝ないし国王の在世中に後継者に指名された人物のことである。日本で皇太子が成立するのは、飛鳥浄御原宮で、実際の皇太子の最初は、持統女帝の孫の軽皇子《かるのみこ》（即位して文武天皇《もんむ》）で、持統十一年（六九七）のことである。この点からみても、銘文の成立は持統朝以後でなければならない。

今一つ疑問とするのは、聖徳太子を「聖王」と称している点である。六〇七年に三十四歳となったばかりの廐戸王を「聖王」と称するのは不自然である。その他、病気の用明天皇が大后《おおきさき》の穴《あな》穂《ほ》部間人王《べのはしひとおう》ではなく、妹の推古を召したのも不自然だ。加えて、技術的な問題として銘文の書き付けが新しく、彫刻様式が後から作られるはずの釈迦像より新しく、むしろ釈迦像を模倣して作られた説もある。

従って、この薬師像が六〇七年に聖徳太子らによって作られた可能性はない。銘文の成立時期は上限が飛鳥浄御原令が編纂された持統三年（六八九）ごろ、下限は『法隆寺資財帳』（132頁参照）にみえる天平十九年（七四七）となる。

④ 金堂釈迦像の、次の光背銘文にも問題がある。

法隆寺金堂の釈迦三尊像光背銘文
（法隆寺蔵、奈良国立博物館提供）

［読み下し文］

法興《ほうこう》元卅一年、歳《ほし》は辛巳《かのとみ》（推古二十九年、六二一）に次《やど》る十二月鬼《き》（暦の二十八宿の一つ）前太后《さきのおおきさき》（穴穂部間人王）崩《かむあがり》たまふ。明年の正月廿二日、上宮法王（聖徳太子）病に枕《ちん》し弗悆《こころよ》からず。干食王后《かしわでのみこのきさき》（膳夫人）も仍《ま》た労疾《いたつき》たまひ、並《とも》に床に著《つ》きたまふ時に、王后王子等と諸臣と深く懐《おも》ひ愁《うれ》へ毒《いた》み、共《とも》に相に発願《ほつがん》す。「仰《あおぎ》て三宝により、当《まさ》に釈像の尺寸王身なるを造るべし。此《こ》の願力を蒙《こうむ》り、病を転《うつ》し寿《よわい》を延ばし、世間に安住したまはんことを。若《も》し是《こ》れ定業《じょうぎょう》にして以《もち》

中宮寺跡《ちゅうぐうじ》（斑鳩町法隆寺東）　現在、天寿国繍帳を蔵する中宮寺は、法隆寺東院をすぐ東に行ったところに建っている。法隆寺と同じく聖徳宗であるが、もともとはここから東方約500メートルの地に創建時の中宮寺があった。

　鵤尼寺《いかるがにじ》、法興尼寺《ほうこうにじ》ともいわれ、聖徳太子が母の穴穂部間人《あなほべのはしひと》皇女のために、その宮があったところに中宮寺を建てたという。

　今は、基壇が残るのみである。

て世を背《そむ》きたまはば、往《い》きて浄土に登り、早く妙果に昇りたまはむことを。」二月廿一日癸酉《みずのととり》に、王后即世《そくせい》したまひ、翌日に法皇登遐《とうか》したまふ。癸未《みずのとひつじ》の年の三月中、願の如く敬ひて釈迦の尊像并《あわせ》て侠侍《きょうじ》及び荘厳具《しょうごんぐ》とを造り竟《おわ》りぬ。斯の微福に乗《の》り、信道の知識、現在安穏にして、生を出て死に入らば、三主（前太后・上宮法皇・干食王后）に随《したが》ひ奉《たてまつ》り、三宝を紹隆《しょうりゅう》して、遂に彼岸を共にし、普遍《あまねく》、六道法界《りくどうほっかい》の含《がん》識《しき》も、苦縁を脱《のが》れることを得て、同じく菩提《ぼだい》に趣《おもむ》かんことを。司馬鞍首《しばのくらつくりの》止利仏《とりぶっ》師《し》[※25]をして造らしむ。

　右の銘文の趣旨は、「法興《ほうこう》元卅一年歳次辛巳《かのとみ》（推古二十九年、六二一）十二月に、前太后（穴穂部間人王《あなほべのはしひとおう》）が崩じ、明年（推古三十年、六二二）正月廿二日上宮法皇と干食王后《かしわでのみこのきさき》が病気となった。そこで、王后・王子と諸臣らが病気回復を祈って釈迦像尺寸王身を発願したが、二月廿一日に王后が亡くなり、翌日（二月廿二日）法皇も亡くなった。像は癸未年（推古三十一年、六二三）三月に、司馬鞍首止利仏師が完成した」ということである。

　この銘文については、福山敏男氏によって検討されている。まず法興という年号は存在しないから、後世に書かれたもの。法皇は天皇号の影響を受けたもので、後世に天皇が成立して以降のもの。文体も新しいとして推古朝の銘文ではない。

※25　**司馬鞍首止利仏師**（しばのくらつくりのとりぶっし）　鞍作止利。飛鳥時代の仏師。渡来人《とらいじん》司馬達等《しばたっと》の孫（75頁参照）。推古十四年（六〇六）、飛鳥寺（元興寺）金堂の丈六釈《じょうろくしゃ》迦如来《かにょらい》像をつくったことで有名。

⑤

中宮寺《ちゅうぐうじ》に断片が伝わる「天寿国繍帳《てんじゅこくしゅうちょう》」銘についても、従来、比較的信用できるものとして、聖徳太子の実在性を証明する重要な史料とされてきたが、やはり問題がある。銘文は百個の亀甲形に文字が縫いとられていたが、今日では繍帳の断片しか残っていない。ただ、平安時代の『上宮聖徳法王帝説』には全文を載せているので、銘文の全容を知ることができる。

この銘文については従来、比較的信用できるものとされていたが、天皇号が使われているから持統朝以後と考えねばならないし、他にも次のような疑問がある。つまり、和風諡号《わふうしごう》が欽明・敏達・用明・推古などに使われているが、天寿国繍帳が聖徳太子が亡くなってすぐに作られたとすれば、和風諡号が使われたのは、天武朝以降と考えられる点と合致しない。

法華経義疏《ほけきょうぎしょ》　三経義疏（勝鬘《しょうまん》経義疏・維摩《ゆいま》経義疏・法華経義疏）のひとつ。聖徳太子の撰と伝え、推古23年（615）までに成立したと伝えている。

⑥ 以上の法隆寺等の三つの銘文は、どれもが推古朝のものではなく、少なくとも天武・持統朝以後、おそらくは養老四年（七二〇）に『日本書紀』が編纂された以後の知識を利用して作られたものらしい。つまり、法隆寺系史料は、いずれも聖徳太子の実在性を直接証明するものではない。

⑦ 天平十九年（七四七）二月十一日付の『法隆寺資財帳』に法華経など三経の疏《しょ》（注釈書）が「上宮聖徳王御製」とあり、それをうけて同年六月四日の正倉院文書の法華経《ほけきょう》と勝鬘経《しょうまんきょう》の義疏に「上宮皇子撰」、六月七日の同文書にも「上宮聖徳皇子撰」と記されている。また、宮内庁所蔵の『法華経義疏』の張り紙に「比れは是れ大委国上宮王の私集にして、海彼の本に非ず」と記されるが、張り付けされた年代は不明である。『勝鬘経義疏』に関して藤枝晃《ふじえだあきら》氏の研究によれば、敦煌《とんこう》出土の『勝鬘経義疏本義』と称されるものと聖徳太子撰と称する『勝鬘経義疏』が七割同文で、同系統の注釈書であることを示し、結果として、聖徳太子撰のものは六世紀後半の中国北朝段階の成立とする。

⑧ 推古朝の遣隋使と冠位《かんい》十二階[※26]について、『日本書紀』の記事は

○推古十一年（六〇三）十二月壬申《じんしん》（五日）条

　始めて冠位を行ふ。大徳《だいとく》・小徳《せうとく》・大仁《だいにん》・小仁《せうにん》……。

○推古十五年（六〇七）秋七月庚戌《こうじゅつ》（三日）条

※26 冠位十二階（かんいじゅうにかい） 聖徳太子が推古十一年（六〇三）に制定したとする。徳・仁・礼・信・義・智をそれぞれ大小に分けて十二階とした。冠の種類によって位階を示し、朝廷での席次を示したものである。冠の色は、順に紫・青・赤・黄・白・黒である。

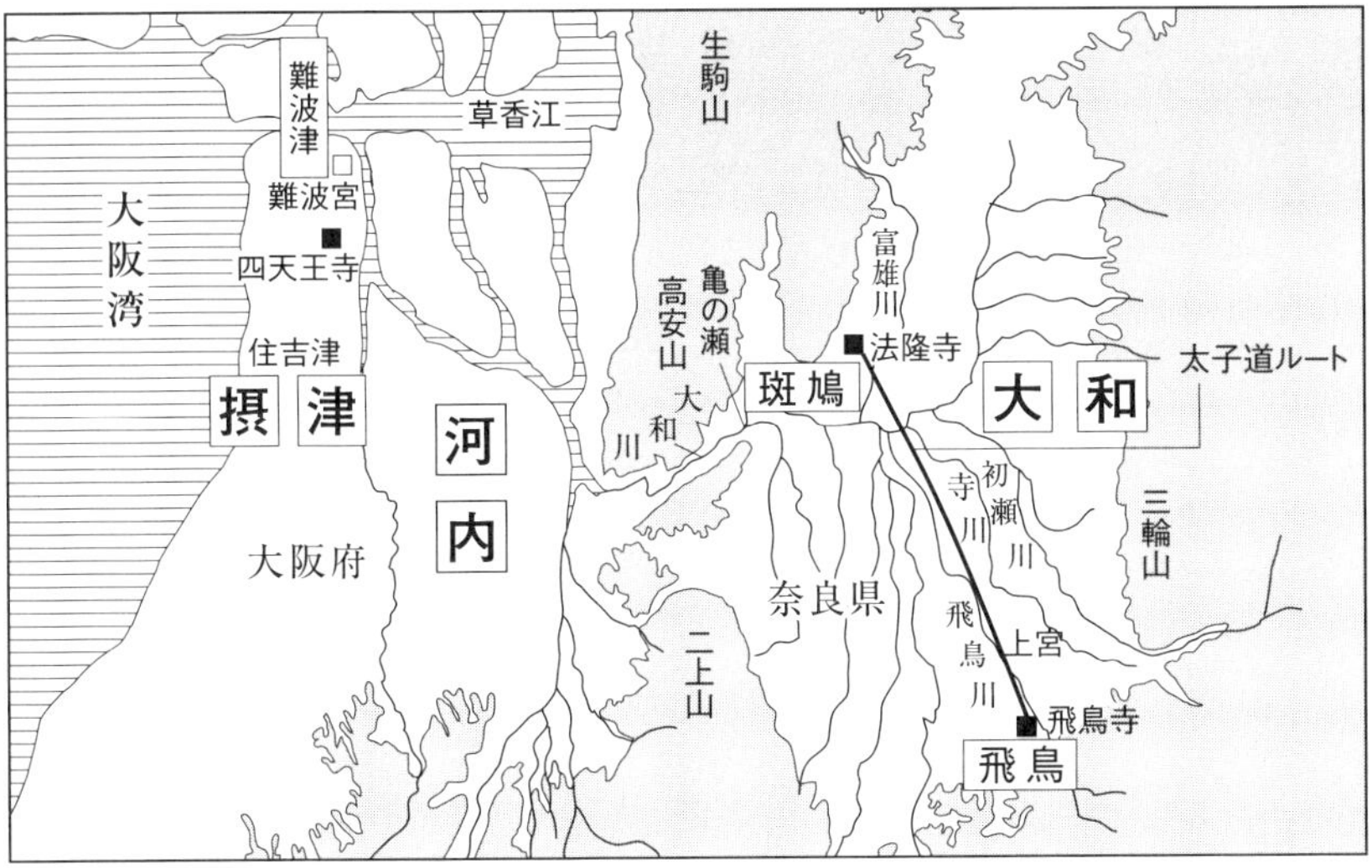

斑鳩と飛鳥地域

大礼《だいらい》小野妹子《おののいもこ》を大唐《もろこし》に遣《つかわ》す。鞍作福利《くらつくりふくり》を以て通事《おさ》となす。

とあって、『日本書紀』では、皇太子とされる聖徳太子が右にあげた二件に関与していることを記していない。ところが、不確かか、あるいは事実ではない場合に限って皇太子（聖徳太子）が次のように登場する。

○推古二年（五九四）春二月朔（一日）条…皇太子及び大臣に詔して、三宝《さんぽう》を興隆《こうりゅう》せしむ。即ち是を寺と謂ふ。

○推古十二年（六〇四）春正月朔（一日）条…皇太子、親《みずか》ら肇《はじ》めて憲法十七条を作りたまふ。一に曰はく、和を以て貴しとし、忤《さから》ふること無きを宗《むね》とせよ。

⑨
次の記事も問題がある。

○推古元年（五九三）四月己卯《きぼう》（十日）条…廐戸豊聡耳皇子《うまやととよとみみのみこ》を立てて皇太子とす。仍《よ》りて録摂《まつりごとふさね》政《つかさど》らしむ。万機を以て悉《ことごと》く委《ゆだ》ね。

聖徳太子を皇太子とするが、皇太子制は中国の制度に由来し、制度的には持統三年（六八九）に編纂された飛鳥浄御原令において定まり、最初の立太子は持統十一年（六九七）の軽皇《かるのみ》

太子道《たいしみち》（奈良県磯城《しき》郡三宅《みやけ》町屏風《びょうぶ》）　聖徳太子が飛鳥と斑鳩との間を往復した道を太子道と呼び、今もそのルートと考えられる道路が残っている。写真の右は斑鳩から大和川を越え、飛鳥川と寺川にはさまれた三宅町屏風の地。太子道をはさんで、飛鳥方面の南に向かって左に杵築《きつき》神社、右に白山《はくさん》神社がある。写真左の白山神社境内には、聖徳太子腰掛石《こしかけいし》も伝承されている。

子《こ》であった。とすると、推古紀において聖徳太子が一貫して皇太子として描かれることは奇妙である。三宝興隆《さんぽうこうりゅう》の詔《みことのり》※27も、憲法十七条も皇太子という地位なればこそ意味があったのであり、これを単純に実名の厩《うま》戸王《やとおう》に置き換えればよいというものではない。

結局、皇太子という地位に即して聖徳太子が登場するなら、皇太子という地位そのものがなかったとしたら聖徳太子もいなかった、ということにならないだろうか。

⑩ 厩戸皇子が有力な皇子であったとしても、推古九年（六〇一）に斑鳩宮を造り、同十三年（六〇五）にそこに移ったことになっているから、少なくともその時点で政治の中枢からはずれたと考えねばならないはずである。斑鳩の地は、都の飛鳥から約二〇キロも離れており、大和川が河内平野へ流れる交通の要衝である。しかるべき意図をもって、居所を移したと考えるべきであろう。

⑪ 憲法十七条が聖徳太子の時代のものとして不自然であることは、戦前に津田左右吉氏が指摘している。その要旨は次の通りである。

その第一は、第十二条に「国司・国造、百姓に斂《おさめと》らざれ……とあり、そこに国司の語が見えるが、国司は国を単位に行政的支配を行う官人のことで、大化以前にはありえない。第二は憲法の全体が、君・臣・民の三階級に基づく中央集権的官僚制の精神で書かれているが、推古朝はまだ氏族制度の時代でありふさわしくない。第三に、中国の古典から多くの語を引用しているが、これらは奈良時代の『続《しょく》日本紀』や『日本書紀』の文章と似ている。従って、「律令の制定や国史の編纂などを企てつつあった時代の政府の何人かが儒臣に命じ、名を太子にかりて、かかる訓戒を作らしめ、官僚として帰向することを知らしめようとしたのであろう」（津田左右吉『日本古典の研究』下）というものである。

⑫

聖徳太子の実在を示す根拠とされるものへの疑問に、次の歴史書の編纂がある。

○推古二十八年（六二〇）是歳条

皇太子・嶋《しま》大臣、共に議《はか》りて、天皇記《すめらみことのふみ》及び国記《くにのふみ》、臣《おみの》連《むらじ》伴《ともの》造《みやつこ》国《くにの》造《みやつこ》百八十部《ももあまりやそとものを》并《あわせ》て公民《おほみたからども》等の本記《もとつふみ》を録《しる》す。

聖徳太子と嶋大臣（蘇我馬子）が共同で天皇記以下の歴史書を編纂したというのだが、これについても津田左右吉氏は公民の語に疑問を投げかけている。大化改新以前に、国家の民である公民という存在はないはずだというものである。また、右の修史事業は蘇我氏を中心としてなされたもので、聖人としての聖徳太子の実在とは無関係である。せいぜい廐戸王が、蘇我一族として活躍していたことを示すに過ぎないと言えよう。

※27　**三宝興隆の詔**（さんぽうこうりゅうのみことのり）　三宝とは仏・法・僧をいう。いわゆる仏教のこと。
推古天皇二年二月、仏教を盛んにする詔を発したと『日本書紀』にある。

法起寺三重塔（斑鳩町岡本）
塔は１重の基壇の上に建ち、高さ 23.09メートル。三重塔としては最古最大で、飛鳥時代の様式を伝えている。

▣「聖徳太子の実在性」について

以上が、大山氏が聖徳太子を架空の人物とする論拠である。氏はさらに架空の人物とするなら、そういう人物像をいつ誰が何のために作ったのかについても論及するが、ここでは右の諸点について検討してみよう。

まず、①と②の聖徳太子においては廐戸王の実在を認めるが、聖徳太子という人物が聖人であったかという疑問があるという。このことに関わる疑問は、大山氏以前から歴史家たちによって問い続けられてきた。廐戸王という一人の王が「聖《ひじり》」と呼ばれるほどの人物として、『日本書紀』に書かれているが、それが歴史的事実として認めがたい点があることは今さら取り上げるまでもない。

そのような虚像的な聖徳太子のイメージは、聖徳太子信仰とともにできあがったのは、これまでの研究の中で指摘されてきた。

ただ、『日本書紀』がそのような太子像をつくりあげたわけではない。このことに関して、すでに上田正昭氏が次の点をあげている。第一に霊亀《れいき》元年（七一五）三月までに完成したとみられる『播磨国風土記《はりまのくにふどき》』の印南《いなみ》郡の条に、「聖徳王の御世」と記されている。第二に法隆寺近くの法起寺《ほうきじ》の塔の露盤銘《ろばんめい》（慶雲《けいうん》三年〈七〇六〉）に、「聖徳皇」と刻まれている。

『日本書紀』の成立が、養老四年（七二〇）であるので、聖徳太子のイメージは『日本書紀』によって作られたわけではない。

右のことに加えて、私は用明紀元年正月条の次の記事を取り上げていきたい。

穴穂部間人皇女《あなほべのはしひとのひめみこ》を立てて皇后《きさき》とす……。更《また》は名付けて豊耳聡聖徳《とよみみとしやうとく》といふ。或いは豊聡耳法大王《とよとみみののりのおほきみ》と号く。或いは法主王《のりのりしのおほきみ》と云す。

用明紀が編纂されたとき、厩戸皇子の別名の一つとして豊耳聡聖徳の名をあげている。「聖徳」という名をもって呼ばれる人物が、厩戸太子と同一人物であるというのであるから、聖徳太子信仰が広まる源流に、生前の厩戸太子の人格と行為がなければならない。信仰という宗教的現象はある時、唐突

※28　**聖徳太子伝私記**（しょうとくたいしでんしき）　法隆寺の寺誌・聖徳太子伝の秘伝の集大成。上下二巻。上巻は鎌倉時代の暦仁《れきにん》元年（一二三八）完成。下巻は延応《えんおう》元年（一二三九）に完成したといわれる。

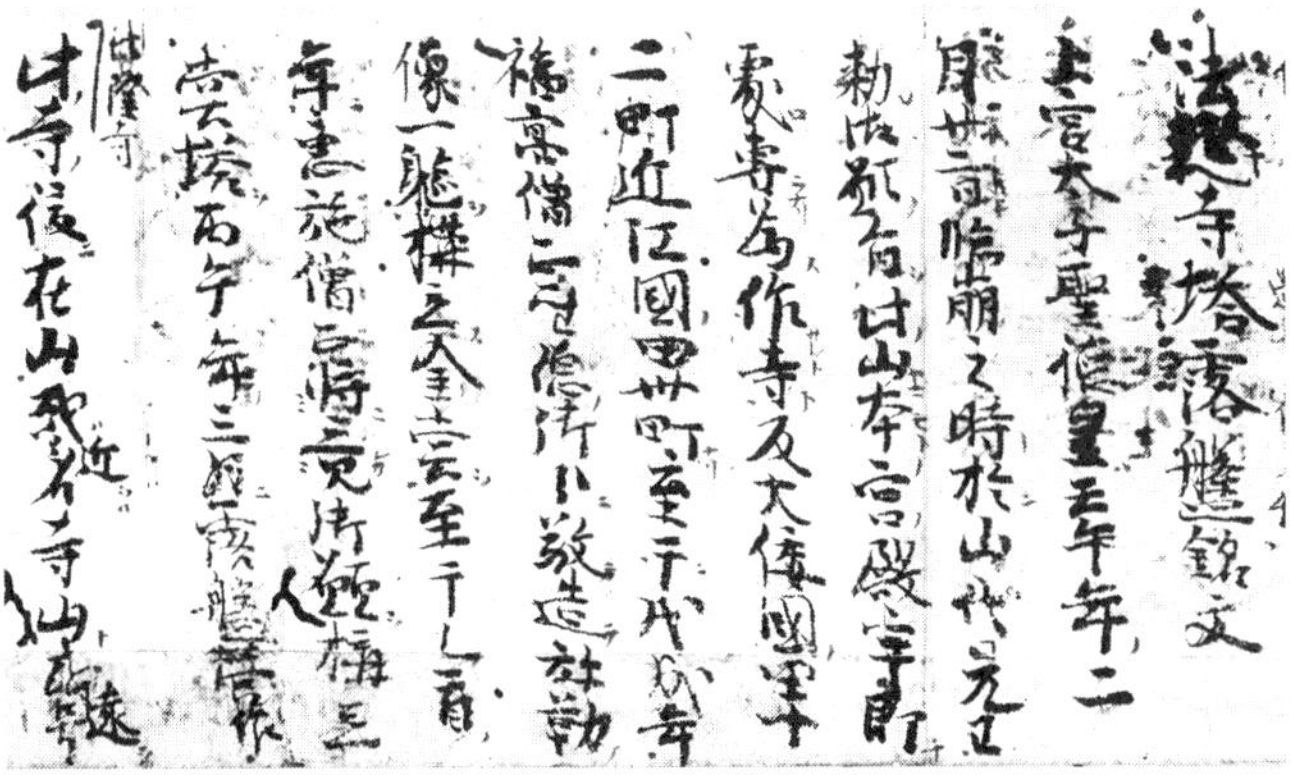

法起寺《ほうきじ》（斑鳩町岡本）の塔の露盤銘文　実物は失われているが、『聖徳太子伝私記』（※28）に同銘文が引用されている。銘文によると、山背大兄王《やましろおおえのおう》が、推古天皇30年（622）に聖徳太子の遺命によって、太子の宮であった岡本宮を寺にしたという。2行目に「上宮太子聖徳皇」とある。法起寺は池尻《いけじり》尼寺・岡本寺とも呼ばれ、現在、聖徳宗。

に生まれるものではない。

従って、『日本書紀』の編者たちがまったく白紙の状態で、聖徳太子信仰に関わる記述を創作したことはありえない。

今一つ、注意しておくべきことは、先に見た用明紀の「聖徳」のほかに、「聖徳太子」という名が一切出てこない点である。

であるから、「聖徳太子」という人物像は『日本書紀』が作ったとはいえない。ただ後に、「聖徳太子」と呼ばれる人物に相当するものとして、『日本書紀』には、「皇太子」という名が用いられている。

だが、推古朝に後の時代の「ひつぎのみこ」に当たる「皇太子」が存在したとは言い難い。仮に推古朝の「皇太子」が「ひつぎのみこ」ならば、推古女帝を補佐した廐戸王に譲位される機会があってもよい。しかし、そのような状況は『日本書紀』の記述から見いだすことはできない。

まして、前の章で見たように推古朝に「天皇」という称号が使われていたとは考えられないので、「皇太子」の「皇」という文字を持つ地位は存在しえないと解するのが妥当であろう。しかし、「太子」という地位はあったと思われる。そこで、聖徳太子という名に収束していく過程において呼ばれた幾種類の名を、次にあげて整理してみよう。

・東宮聖徳《ひつぎのみこしゃうとく》（敏達紀五年三月）
・廐戸皇子《うまやとのみこ》（用明紀元年正月）
・豊聰耳聖徳《とよみみとしやうとく》（　〃　）
・豊聰耳法大王《とよとみみののりのおほきみ》（　〃　）
・法王主王《のりのりしのおほきみ》（　〃　）
・廐戸豊聰耳尊《うまやとのとよとみみのみこ》（崇峻即位前紀・推古紀元年四月など）
・上宮豊聰耳皇子《かみつみやのとよとみみのみこ》・廐戸豊聰耳皇子命《うまやとのとよとみみのみこのみこと》・上宮太子《かみつみやのひつぎのみこと》（推古紀二九年二月）

「聖徳」という名は文字通り「大変すぐれて徳」という意味であるが、すでに指摘されているように、信仰によって称せられた名前であって生前のそれではない。『令集解』※29（公式令）の天皇諡《おくりな》の条に「一云、上宮太子聖徳王と称するの類」とある。つまり、「聖徳」は死後に与えられた贈《おく》り名である。右にあげた名称の中で史実性を欠くのは「廐戸皇子」である。なぜならば、推古朝に「天皇」という称号がないとすれば、「皇子」という「皇」の漢字は用いられないからである。

②についてはどうか。大山氏は〝『日本書紀』の聖徳太子関係記事には、歴史的事実がない〟という。そこまで言い切れるだろうか。『日本書紀』推古天皇十一年に冠

※29　**令集解**（りょうのしゅうげ）　養老令の私撰注釈書である。惟宗直本《これむねのなおもと》の著で、全三〇巻。平安時代前半の貞観《じょうがん》年間（八五九〜八七六）ごろに成立したと考えられている。
　これに対して、養老令の官撰注釈書を令義解《りょうのぎげ》といい、清《きよ》原夏《はらのなつ》野《の》らが撰し、天長《てんちょう》十年（八三三）に成立した。全十巻。

階と成立年	位階の名称							
十二階（六〇三）		大小 徳《とく》	大小 仁《にん》	大小 礼《らい》	大小 信《しん》	大小 義《ぎ》	大小 智《ち》	
十三階（六四七）	大小 織《しき》 大小 繍《しゅう》 大小 紫《し》	大 錦《きん》	小 錦	大 青《せい》	小 青	大 黒《こく》	小 黒	建武《けんむ》
二十六階（六六四）	大小 織《しき》 大小 縫《ふう》 大小 紫《し》	大錦 上中下	小錦 上中下	大山《せん》 上中下	小山 上中下	大乙《おつ》 上中下	小乙 上中下	大小 建《こん》
四十八階（六八五）	明《めい》／正《しょう》（8階級）	浄《じょう》／直《じき》（8階級）		勤《ごん》（8階級）	務《む》（8階級）	追《つい》（8階級）	進《しん》（8階級）	

冠位の変遷　冠位12階の制定の後、７世紀半ばから後半にかけて、13階・26階・48階へと変遷していった。とくに天武天皇14年（685）の冠位48階でこれまでの儒教的徳目から、日本的な位階名に変わっていった。

位十二階の制を定めたとある。大徳《だいとく》・小徳・大仁《だいにん》・小仁・大礼《だいらい》・小礼・大信《だいしん》・小信・大義《だいぎ》・小義・大智《だいち》・小智と合わせて十二階である。

一方、『隋書』倭国伝に「内宮に十二等あり、一を大徳といい、次は小徳、次は大仁、次は大義、次は小義、次は大礼、次は小礼、次は大智、次は大信、次は小信、員に定数」とある。

『日本書紀』にいう冠位十二階は、聖徳太子が制定したとは書かれていないし、近年の研究では倭の独創ではなく百済の影響とする説があるが、そのような状況下にあっても、推古女帝の補佐的地位にあった廐戸王が関与していたと想定してよい。

とすれば、この冠位の制度が『隋書』倭国伝にも記載されている点と重複すれば、冠位の制は廐戸王の関与の想定よりも、より史実として認めてよいと思われる。このため、『日本書紀』にいう聖徳太子の記事を安易に退けるわけにはいかないのであろう。

■「金堂薬師像・釈迦像銘文と天寿国繍帳の真偽」について

③の法隆寺金堂の薬師像の銘文について検討されているが、確かに天皇号が成立するのは飛鳥朝と見るべきとすれば、薬師像の銘文は推古朝に印刻したとすることはできない。宮号（天皇の宮）をもって天皇を表現する形式は当該天皇の死後になされると仮定すれば、薬師像銘文の信憑性《しんぴょうせい》はなく、大山氏の指摘は通説に背くことはない。

④の金堂釈迦像の光背銘についての大山氏の解釈も異議はない。⑤の天寿国繍帳に関しても、すでに述べたように銘文そのものが推古朝遺文とは考えられないので、その点に関しては大山氏の見解は支持できる。つまり、大山氏の論点は、⑥にいうように聖徳太子の実在性を直接証明するものではないと一応言えよう。

■「三経義疏《さんぎょうぎしょ》」の信憑性について

⑦はこれまで諸説が出されてきた「三経義疏」に関わる指摘である。とりわけ、大山氏は「勝鬘《しょうまん》義疏」を問題とする。「義疏」とは経典などの注釈書のことをいうが、今日まで聖徳太子撰による法華《ほけ》経※30・勝鬘経※31・維摩《ゆいま》経※32の三経について義疏がなされたとされてきた。ただし、これについては『日本書紀』にもまったく触れられていない。『上宮聖徳法王帝説』に「上宮御製疏」として伝えられている。また、天平一九年（七四七）

※30　**法華経**（ほけきょう）
「妙法蓮華経《みょうほうれんげきょう》」の略。「金光《こんこう》明最勝王経《みょうさいしょうおうきょう》」と「仁王経《におうきょう》」と合わせて護国三経のひとつとされた。

※31　**勝鬘経**（しょうまんきょう）　勝鬘夫人が、仏の威神力を承けてこの経を説き、釈尊《しゃくそん》がそれを承認する形をとる。一乗《いちじょう》真実の道理と如来像法身が中心テーマになっている。
聖徳太子がこの経を講説註解したことは有名である。

※32　**維摩経**（ゆいまきょう）　大乗《だいじょう》仏教の般若《はんにゃ》・空《くう》の思想を基本に、大乗菩薩の実践道をめざした経典。

の「法隆寺伽藍縁起《がらんえんぎ》并《ならびに》流記資財帳《るきしざいちょう》」※33にも「上宮聖徳法王御製」と記されている。

つまり、「三経義疏」が太子の真撰なのか、それとも「偽撰」なのかが問われてきたのであった。これについては、東京大学の井上光貞氏の「三経義疏成立史の研究」（『日本古代思想史研究』、岩波書店、一九八二年）と、明治大学の吉村武彦氏の『聖徳太子』（岩波書店、二〇〇二年）、さらに奈良大学の東野治之氏の「ほんとうの聖徳太子」（『ものがたり日本列島に生きた人たち』三、岩波書店、二〇〇〇年）に依拠して、要点のみを記すにとどめておくことにしたい。

まず「法華経義疏」を取り上げたい。本義疏は今日、御物《ぎょぶつ》※34として宮内庁に所蔵されているが東野氏に従うと、廐戸王の自筆本とする。この見解は、廐戸王の「三経義疏」にまつわる研究に影響を及ぼすが、吉村氏は古代における撰述とは「今日の著述の意味とは異なり、著者のオリジナルな述作だけではなく、著者の独自の観点から新たに集成・加筆・補訂されたような著作であってもさしつかえない。おそらく『上宮御製疏』も、こうした程度の意味と思われる」という。

「維摩経義疏」がはじめて刊行されたのは宝治《ほうじ》元年（一二四七年）であるが、井上光貞氏は廐戸王の撰ではないというが、なお検討の余地があろう。

そこで、大山氏がとりあげた『勝鬘経義疏』である。現行本も宝治本であるが、諸経の引用とともに「本義に云く」という記述がある。この本義の原本が長年不明であっ

※33 「法隆寺伽藍縁起并流記資材帳」（ほうりゅうじがらんえんぎならびにるきしざいちょう）法隆寺の創建・縁起を記し、財産目録を載せた文書。天平十八年（七四六）、官に提出された。一巻。

※34 御物（ぎょぶつ） 皇室の所有物。法隆寺では明治維新《いしん》後、寺の経営が苦しくなり、堂宇などの破損の修理のため、明治十一年（一八七八）、法隆寺に伝えられていた宝物を皇室に献納して、酬金《しゅうきん》一万円を得た。

聖徳太子の勝鬘経講讃像
（兵庫県太子町・斑鳩寺蔵）
鎌倉時代に描かれたといわれる。
聖徳太子は推古天皇 14年7月（『日本書紀』）に、推古天皇のために勝鬘経を講説したという。

た。ところが近年、藤枝晃《ふじえだあきら》氏が中国・敦煌《とんこう》で発見された『勝鬘義疏本義』との関係がとりあげられた。藤枝氏によると、敦煌本と伝来本（宝治刊行）とは三分の二以上がほぼ同じ文からなっているという。両者の関係についての近親性はうかがえるのだが、すべて同一の文によって構成されていない。その点については、藤枝氏は敦煌本はすでに中国で六世紀半ばすぎに廐戸王撰と見られている「勝鬘経義疏」に改修されたとみて、遣唐使が持ち帰ったという。

このように理解すると、「勝鬘経義疏」は、廐戸王撰とするオリジナリティはすべてなくなることになる。だが、大野達之助氏による『聖徳太子の研究』（吉川弘文館、一九七〇年）や王勇氏の「東アジアにおける『三経義疏』の流位」（『中国の日本研究』第二号、二〇〇〇年）によると、「勝鬘経義疏」は奈良時代末期の遣唐使らによって中国にもたらされ、明空《みょうくう》の「勝鬘経義疏私鈔《ししょう》※35」なるものを生み出したという。この事実に注目すると、「勝鬘経義疏」は敦煌本などの影響を受けながらも、廐戸王撰として成立した可能性は高い。そして、井上光貞氏が言うように廐戸王の個人作として、義疏が制作されたのではなく、推古朝に渡来した朝鮮半島の僧たちの協力のもとによって成立したとすることも想定しておいてよいであろうという。

右のように義疏についての問題を仮定しておくならば、『日本書紀』推古天皇一四年（六〇六）七月条に「天皇、皇太子を請《ま》せて、勝鬘経を講《と》かしめたまふ。三日に説き竟《お》へつ。是歳、皇太子、亦《また》法華経を岡本宮に講く」という記事についても、正確な年代は決めがたいとしても、史実から大きく離れるとは言い難い。とすれば、『日本書紀』によって聖徳太子像が創作されたという、いわゆる虚構説は、私にあってはにわかに与《くみ》するわけにはいかない。

■「皇太子の地位はあったか」について

⑧および⑨においては、『日本書紀』に従って皇太子という地位にあるべき人物の記事がふさわしくない場面において登場することが指摘されている。それは、「皇太子という地位に即して聖徳太子が登場するならば、皇太子という地位そのものがなかったとしたら聖徳太子もいなかった、ということにならないだろうか」という問いかけである。

いうまでもなく、『日本書紀』の記事には潤飾がある。先に述べたように「皇太子」という称号は「天皇」という称号が使われていないから『日本書紀』の記述は史実を反映していないし、「皇子」という用字もない。しかし、「太子」という称号はあったと推定できる。なぜならば、贈り名として「聖徳」と組み合わせて「聖徳太子」と呼ばれたからである。上田正昭氏は百済や高句麗に兵事、軍事の権限をもって、ツギノミコ

※35 明空と『勝鬘経義疏私鈔』（みょうくうとしょうまんきょうぎしょししょう）　聖徳太子の『勝鬘経義疏』は、のち奈良時代の宝亀《ほうき》三年（七七二）、入唐《にっとう》した誡明《かいみょう》・得清《とくせい》が本書を中国に伝えたところ、唐僧の明空が本疏にさらに注釈を作って、『勝鬘経義疏私鈔』をつくった。

平安時代の初めになって、入唐した円仁《えんにん》（天台宗の僧。最《さい》澄《ちょう》の弟子で、延暦寺三世座主。主著『入唐求法巡礼行記《にっとうぐほうじゅんれいこうき》』）が、これを写して日本に持ち帰った。

を太子と呼んでいた事例をあげている（「歴史からみた太子像の虚実」『聖徳太子の実像と現像』、大和書房、二〇〇二年）。

『三国史記』についてみると「太子」という称号は、原則的に王位を継承する者に与えられている。仮に推古朝に「太子」という称号を朝鮮半島の諸国にならったとすれば、後世の皇太子に類似するといってよいであろう。従って『日本書紀』が太子であった厩戸王を皇太子と記したのは、後世の称号にならったと解してよい。

■「厩戸王はなぜ飛鳥に宮を置かなかったか」について

⑩について述べよう。

繰り返して言うが、推古朝には「天皇」位はない。そのことはともかくも厩戸王が斑鳩に宮を置き、また、斑鳩寺も建立したのは大山氏が説くように、政権の中枢である飛鳥から遠ざかったとみることには私も同意する。

厩戸王が飛鳥に自らの宮を営なまかった理由は、仏教的世界に己の身を置こうとしたためであろうと考えられる。仏教というそのことに修行を積むならば、飛鳥寺は格好の場所であったはずである。しかし、権勢を誇る蘇我氏からの影響を避けるために、斑鳩に都城のような碁盤目状の計画都市を建設し仏都を企画したのであろう。

【憲法十七条】

（推古《すいこ》天皇十二年）夏四月の丙寅《ひのえとら》の朔《ついたち》戊辰《つちのえたつのひ》に皇太子、親《みずか》ら肇《はじ》めて憲法《いつくしきのり》十七条を作りたまう。

一に曰《いわ》く、和《やわら》かなるを以《もっ》て貴《とうと》しとし、忤《さから》ふること無きを宗《むね》とせよ。人皆党《ひとみなたむら》有り。亦達《またさと》る者少《ひとすくな》し。是《ここ》を以《もっ》て、或《ある》いは君父《きみかぞ》に順《したが》わず。乍隣里《またさととなり》に違《たが》う。然《しか》れども、上和《かみやわら》ぎ下睦《しもむつ》みて、事を論《あげつら》うに諧《かな》うときは、事理《こと》自《おの》ずからに通《かよ》う。何事《なにごと》か成《な》らざらん。

二に曰く、篤《あつ》く三宝《さんぽう》を敬《うやま》え。三宝とは仏《ほとけ》・法《のり》・僧《ほうし》なり。則《すなわ》ち四生《よつのうまれ》の終帰《おわりのよりどころ》、万《よろず》の国の極宗《きわめのむね》なり。何《いずれ》の世、何《いずれ》の人か、是《こ》の法《のり》を貴《とうと》びずあらん。……

三に曰く、詔《みことのり》を承《うけたまわ》りては必ず謹《つつ》しめ。君をば天《あめ》とす。臣《やつこらま》をば地《つち》とす。天は覆《おお》い地は載《の》す。四時《よつのとき》順《したが》い行《おこな》いて、万気《よろずのしるし》通《かよ》うこと得《う》。地、天を覆わんとするときは、壊《やぶ》れることを致《いた》さん。是《ここ》を以て、君言《のたま》うことをば臣《やつこらま》承《うけたまわ》る。上《かみ》行うときは下《しも》靡《なび》く。……

四に曰く、群卿《まえつきみたち》百寮《つかさつかさ》、礼《うやび》を以て本《もと》とせよ。是《そ》れ民《おおみたから》を治むるの本《もと》は、要《かなら》ず礼に在り。……

五に曰く、餮《あじわいのむさぼり》を絶《た》ち、欲《たからのほしみ》することを棄《す》てて、明《あきらか》に訴訟《うったえ》を辨《さだ》めよ。……

六に曰く、悪《あしきこと》を懲《こら》し善《ほまれ》を勧《すす》むるは、古《いにしえ》の良き典《のり》なり。是《これ》を以て人の善《ほまれ》を匿《かく》すこと无《な》く、悪《あしきこと》を見ては必ず匡《ただ》せ。……

十二に曰く、国司《くにのみこともち》・国造《くにのみやつこ》、百姓《おおみたから》に斂《おさめと》らざれ。国に二《ふたり》の君非《あら》ず。民《おおみたから》に両《ふたりの》

■「憲法十七条は後世の作か」について

さて、⑪の憲法十七条である。大山氏が述べるように、後世の律令制における地方官人の「国司」などといった用語などが使用されている点などからみても、推古朝の実態を反映していないという。

しかし、憲法の骨子（原型）に、後世の用語が付け加わった可能性も念頭にいれておくべきとすれば、憲法十七条を推古朝に成立したものではないと断定できない要素を含んでいる。それは第一条である。よく知られている「和《やわら》かなるを以《もっ》て貴《とうと》しとし、忤《さから》ふること無きを宗《むね》とせよ」という条文は、太子の政治理念を示すものとして伝えられてきた。基本的にはそのような解釈は、後の条文との構成からも認めてよいであろう。しかし、私はこの第一条の根底には、飛鳥における蘇我氏の天皇（当時は大王）にむけられた専横な振る舞いがあったと憶測している。

そして、そのことが先に述べたように斑鳩に宮を求めたことに関連すると思う。そのような憶測だけをもって、憲法十七条の原型を推古朝に位置づけるのは極めて印象的にすぎないことはよく承知している。しかし、憲法十七条は弘仁《こうにん》一一年（八二〇）ごろ成立の『弘仁格式《きゃくしき》』（大宝《たいほう》元年から弘仁十年までの詔・勅・官符を編集したもの。格は十巻。式は四十巻）の序によると、「上宮太子、親しく憲法十七条を作る」とあるよ

主《あるじ》無し。率土《くにのうち》の兆民《おおみたから》は王《きみ》を以て主《あるじ》とす。所任《よさせ》る官《つかさみ》司《こともち》は、皆是王《これきみ》の臣《やつこらま》なり。何《いか》にぞ敢《あ》えて公《おおやけ》と、百姓《おおみたから》に賦斂《おさめと》らん。……

十五に曰く、私《わたくし》を背《そむ》きて公《おおやけ》に向《ゆ》くは、是臣《これやつこらま》が道なり。凡《すべ》て人私《わたくし》有るときは、必ず恨《うらみ》有り。……

十六に曰く、民《おおみたから》を使うに時《とき》を以てするは、古《いにしえ》の良き典《のり》なり。故《かれ》、冬の月に間《いとま》有らば、以て民《おおみたから》を使うべし。春より秋に至るまでに、農《なりわい》桑《こかい》の節《とき》なり。民《おみたから》を使うべからず。其《そ》れ農《なりわい》せずは何をか食《くら》わん。桑《こかい》せずは何をか服《き》ん。

十七に曰く、夫《そ》れ事《ことひと》独り断《さだ》むべからず。必ず衆《もろもろ》と論《あげつら》うべし。

（『日本書紀』）

うに法治主義以前の法として認識されていたと考えるのが妥当としてよいであろう。とすれば、憲法十七条とする『日本書紀』の原型に廐戸王が関与していたと想定できる。

■「公民」をどうとらえるか

⑫においては、大化以前に公民という概念がなかったのではないかという問いかけである。ここでいう「公民」と、律令制の「公地公民」とを関連づけなければならない

聖徳太子墓（大阪府南河内郡太子町太子）　聖徳太子の墓は磯長《しなが》墓と呼ばれ、現在、叡福寺《えいふくじ》境内に祀られている。古墳名は叡福寺北古墳と呼ばれる。叡福寺は、推古天皇が聖徳太子の墓を守護する目的で建立したと伝えられている。

聖徳太子墓のある地域は磯長（太子町）と称し、近接して敏達天皇・用明天皇・推古天皇・孝徳天皇陵がつくられ、小野妹子墓も伝承されている。

推古天皇陵（太子町山田）　磯長山田陵と呼ばれ、山田高塚古墳が宮内庁によって治定されている。

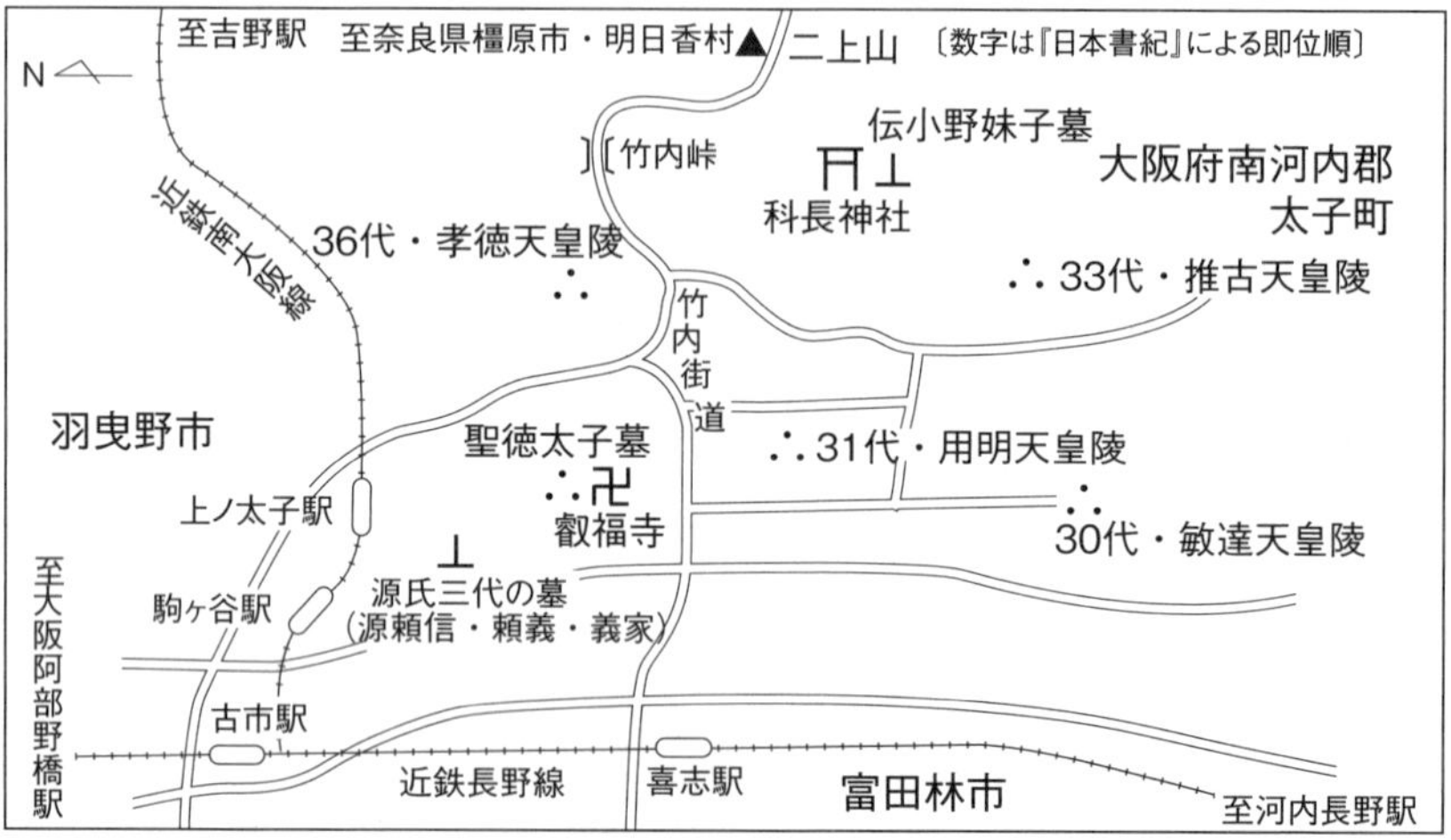

聖徳太子墓周辺図

必然的な理由はない。

より一般的な意味として、「君子之民」（『漢語大詞典』）という意味で理解しておいて文脈上誤解をまねくものではないだろう。従って「公民」という用語に歴史的意味を託することはないと考える。

以上、大山誠一氏の聖徳太子論について、おおよそ諸氏の説も引用しながら私見を述べた。最も注目すべきは、死後「聖徳」という贈り名を与えられた生前の人物、つまり、厩戸王の秀でた才能と業績が語り継がれ、やがて信仰の次元へと人々の視線が変化していったという、これまでの通説的理解にとどまる以外の道筋を私もまたたどることになった。

上宮寺《じょうぐうじ》**（奈良県明日香村上居**《じょうご》**）から石舞台古墳**《いしぶたい》**（手前）や飛鳥京方面をのぞむ** 左後方に大和三山のひとつ畝傍山《うねびやま》（199m）が、またその右後方に二つの嶺（雄岳《おだけ》〈517m〉・雌岳《めだけ》〈474m〉）をもち、河内（大阪府）との国境となる二上山《にじょうざん》がのぞまれる。雄岳山頂には、天武天皇の第３皇子で、非業の最期をとげた大津皇子の墓が伝えられ、宮内庁が管理している。

第三章　画期としての飛鳥王朝

飛鳥という土地

■飛鳥寺《あすかでら》の建立と真神原《まかみのはら》

舒明《じょめい》朝から文武《もんむ》朝までを「飛鳥王朝」として、一つの画期とみなすのが、私の仮説である（『飛鳥—水の王朝—』、中央公論新社、二〇〇一年）。これまでから、概説的に推古女帝が飛鳥に最初に宮をおいたと説かれてきた。

しかし、推古の宮は豊浦宮《とゆらのみや》、小墾田宮《おはりだのみや》と呼ばれたが、飛鳥という名を冠していない。それは、後にあげる諸宮が飛鳥を冠した宮号であるのと異なる。つまり、推古の宮は飛鳥に営まれたのではない。推古の宮は飛鳥の周辺にあり、飛鳥には飛鳥寺が位置していた。

なぜ、推古の宮が飛鳥と呼ばれる空間の中枢部につくられなかったのであろ

飛鳥寺（明日香村飛鳥）
飛鳥集落の南側に真言宗の安居院《あんごいん》があり、この地が飛鳥寺の跡である。安居院には、本尊として飛鳥大仏と呼ばれる銅造釈迦如来《しゃかにょらい》坐像が祀られている。

うか。飛鳥寺が建立された場所について、『日本書紀』崇峻《すしゅん》天皇元年是歳条（五八六）は、次のように記している。

「飛鳥衣縫造《あすかのきぬぬひのみやつこ》が祖樹葉《おやこのは》の家を壊《こほ》ちて始めて法興寺《ほうこうじ》を作る。此の地を飛鳥の真神原《まかみのはら》と名《なづ》く。亦《また》は飛鳥の苫田《とまた》と名《なづ》く」

やや文意がとりにくいのだが、飛鳥寺（法興寺）を建立するにあたって、その地を真神原あるいは苫田と名づけたというが、真神原という地名は、すでに雄略記に出ているので、元々あった地名ではないかとも思われる。飛鳥寺をつくる前に飛鳥衣縫造の祖にあたる樹葉の家があったが、その家を壊して、改めて真神原という地名を名付けたか、それとも旧来の地名を復活させたか、どちらかであろう。

とにかく真神原という地名が飛鳥寺辺りの地名であった。『大和国風土記』逸文（『枕詞燭明抄』中）に「大口真神原」「むかし明日香の地に老狼《おいおほかみ》在て、おほくの人を食ふ。土民畏《おそ》れて大口の神といふ」とあり、狼に由来する神伝承を記している。狼の由来譚《たん》は土地に伝わっていたのであろうが、飛鳥寺周辺は神のまします土地であったと考えてよいであろう。おそらく、そのために飛鳥寺という聖なる寺院建築は可能であったが、宮殿は、その地に踏み入るのは、ためらわれたとみられる。

乙巳《いっし》の変で中大兄皇子に討たれる蘇我入鹿《いるか》（『多武峰《とうのみね》縁起絵巻』〈江戸時代〉より。桜井市多武峰・談山《たんざん》神社蔵）

645年、舒明天皇と皇極天皇の子である中大兄皇子《なかのおおえのおうじ》が中臣鎌足《なかとみのかまたり》とともに、当時、朝廷の実権を握っていた蘇我入鹿を、朝鮮からの使者を迎えていた皇極天皇の飛鳥板蓋宮《いたぶきのみや》で討ったことを描いたもの。入鹿の首が斬られるという血なまぐさい場面が描かれている。

■「アスカ」の地名の由来

今一つの地名、苫田《とまた》はどのように解釈してよいのだろうか。苫は茅《かや》ふきの屋根をもった家屋を指す。ただこの場合、「苫田」という漢字表記がされていることからみて、茅が生育する湿地状の土地をいったのであろう。とすれば、飛鳥と呼ばれたところは、湿地状の土地条件であったと想定できる。

このような想定は「アスカ」という地名の由来にまで推考を促す。「アスカ」については、古代朝鮮語の「安宿《アンスク》」説がある。『和名抄《わみょうしょう》』に河内国安宿郡を、「安須加部《あすかべ》」と読ませているので「アスカ」そのものではない。つまり「飛鳥戸」のことで、「『安宿』は『飛鳥戸』を好字二字化したものであろう」と楠原佑介ほか編著『古代地名語源辞典』（東京堂出版、一九八一年）は解説し、「ア（発語）・スカの形か」とする。スカは、州処の意とする解釈に私はひかれる。

とすれば、右にあげた苫田という地名にも関連するといえよう。このように考えを及ぼしていくと、飛鳥と呼ばれた土地は、湿地状を呈していて、その湿地性のゆえに聖性をおびていたと考えられはしないだろうか。ここでは単に地名から飛鳥の景観を想定していたにすぎず、今後は地形学的調査を詳細にする必要がある。「飛ぶ鳥のアスカ」といわれるのは、察するに湿地

飛鳥寺西方遺跡の遺物とパネル（奈良県立橿原考古学研究所附属博物館での速報展：2011年2月11日～3月6日）

蘇我入鹿首塚（明日香村飛鳥）　中臣鎌足と中大兄皇子が謀議をしたとされる飛鳥寺の西の槻《つき》の樹《き》の伝承地近くには、蘇我入鹿の首塚が祀られている。後ろの丘陵は甘樫丘《あまかしのおか》。

状の土地の上を鳥が飛び交う風景にちなんで成立した用語であろう。四神を風水とみたてる場合に朱鳥を池沼にあてることに類似する。そして、中《なか》臣鎌足《とみのかまたり》と中大兄《なかのおおえ》皇子が乙巳《いっし》の変（大化改新のクーデタ）の謀議をした飛鳥寺の西の槻《つき》の樹《き》は、『日本書紀』に数回出てくるが、飛鳥という土地の聖性を表現するシンボリックな存在であったとみることができる。

二〇一一年二月、飛鳥寺西方遺跡で、飛鳥時代の石敷き遺構が検出された。石敷きは道路（飛鳥寺西門への参道？）のようであり、一〇～二〇センチの川原石が敷かれていた。以前にも飛鳥寺の旧伽藍西門と今回出土した石敷きとの間で南北約七〇メートルの石敷きの広場が見出されているので、槻の樹のあった聖なる広場の遺構と想定された。

■舒明《じょめい》以後、飛鳥に宮が置かれる

聖なる飛鳥に宮をもつことは、前にも述べたように蘇我《そが》氏の血につながる推古女帝ですら実現できなかった。ところが、舒明によって実現したことの意味は、飛鳥の時代において大きい。

まず、考えねばならないのは、なぜ舒明がそのようなことができたのかということである。先に天皇号の成立時期について触れたが、その際に舒

舒明天皇の飛鳥岡本宮の名を伝える岡本寺

（明日香村岡本）　飛鳥浄御原宮の下層（Ⅰ期）にあると考えられる遺構（61頁参照）は検出されていない。しかし、その地名を引き継いで、同宮跡の東の岡寺近くに高市山岡本寺（真言宗）が建っている。

飛鳥寺西方遺跡の石敷き発見を報じる新聞

（「読売新聞」2011年2月10日付）

平成23年2月10日　（第3種郵便物認可）

飛鳥寺西方遺跡で石敷き

大化改新ゆかり槻樹の広場

蘇我氏邸方面からの参道か

橿考研

飛鳥の重要な歴史の舞台の一つ、「飛鳥寺西の槻樹の広場」があったとされる明日香村飛鳥の飛鳥寺西方遺跡で石敷きが出土し、9日、県立橿原考古学研究所が発表した。大豪族・蘇我氏が滅ぼされた大化改新前夜、〝クーデター〟を主導した中大兄皇子（後の天智天皇）と中臣（藤原）鎌足の出会いの場。石敷きは遺跡の西端付近にあたり、寺の参道だった可能性もあり、遺跡の全容解明に近づく成果となる。　（関口和哉）

飛鳥寺西方遺跡で出土した参道とみられる石敷き。奥は飛鳥寺（明日香村飛鳥で）

「吉野川分水」の支線水路の改修工事に伴い、発掘。飛鳥寺の西門跡の西約100㍍で、20〜30㌢大の石が南北2・4㍍、東西0・8㍍に敷き詰められているのを確認した。北側に50〜60㌢大の縁石3個があり、通路とみられる。また、その北55㍍でも石組み溝の底部とみられる石敷きが東西2・6㍍、南北0・9㍍分、出土した。

調査担当の大西貴夫・主任研究員は「南側の石敷きは、蘇我蝦夷、入鹿父子の邸宅があった甘樫丘方面から飛鳥寺に向かう参道の可能性がある」とみている。

同遺跡では、村教委が2008年度から5年計画で範囲確認調査を進めている。

良文化財研究所、村教委の調査で、石敷きや石組み溝は見つかっているが、調査面積が狭いことなどから全容はわかっていない。

飛鳥寺の西限と飛鳥川までの距離は180〜220㍍あり、同遺跡の北側は中大兄皇子の作った国内最初の水時計跡とされる水落遺跡が広がる。このため、村教委は「飛鳥寺西方遺跡は東西100㍍、南北300㍍の範囲に収まるのではないか」と想定している。

槻はケヤキの古名で、古代では聖樹として尊ばれた。飛鳥寺の西に生えた樹齢数百年とみられるケヤキの大樹の周囲に広場があり、「日本書紀」には644年、蹴鞠が催された際、中大兄皇子の靴が飛び、拾った中臣鎌足と出会い、蘇我氏打倒の謀議を始めたとされる。古代史最大の内乱、壬申の乱では672年、天智天皇の息子、大友皇子の軍勢が軍営を設けたほか、儀礼の場として度々使われた。

現地説明会は行わない。

明の時代に天皇号が初めて使われた可能性を否定できないと述べた（64頁参照）。これも先に述べたように、天皇は道教《どうきょう》の最高神、天皇大帝に由来する神である（62頁参照）。それ故にこそ、舒明天皇は非公式であったとしても神なる資格において、聖なる飛鳥に宮を営むことができたと私は考える。

舒明天皇の宮は、飛鳥岡本宮と称した。おそらく、舒明天皇の飛鳥という聖なる土地への進出の動機は蘇我氏の追討にあったと思われるが、この時点において蘇我氏の権力はなお健在であった。舒明天皇後、宮は次のように変遷する。

皇極…飛鳥板蓋《いたぶき》宮
（孝徳…難波長柄豊碕《なにわのながらとよさき》宮）
斉明…後飛鳥岡本宮
（天智…大津宮）
天武…飛鳥浄《きよ》御《み》原《はら》宮
持統・文武…藤原宮

牧野《ばくや》古墳（奈良県広陵《こうりょう》町、広陵町教育委員会撮影許可済）　押坂彦人大兄皇子の墓の可能性があるとされる。直径60m、高さ13mの円墳。馬見《うまみ》丘陵の一角にあり、６世紀後半の巨大な横穴式石室を持ち、家形石棺がおさめられている。

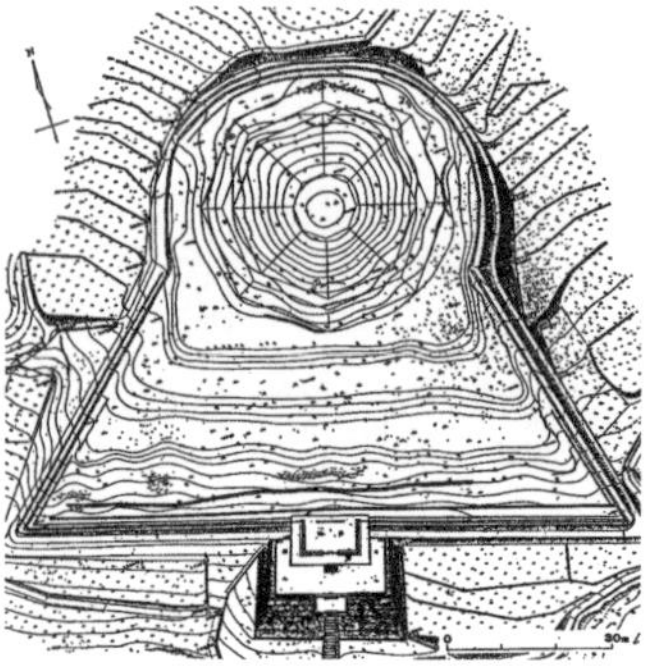

舒明天皇陵（段ノ塚古墳）の墳丘復原図（白石太一郎「畿内における古墳の終末」『国立歴史民俗博物館研究報告』第１集、1982年より）　後円部が八角形となっている。

右にあげた諸宮を営んだ天皇で、陵墓の平面が八角形であるのは、舒明～文武までである。この墳形についてもすでに触れたように、中国の道教において世界を（あるいは宇宙を）象徴するもので、天皇大帝という天上界の最高神の支配する大地を指す。そのことが、天皇号の成立と密接に対応するというのが私見である。

■舒明の即位と息長《おきなが》氏との連がり

舒明天皇の即位は、おそらくその出自である息長氏が蘇我氏と対立する状況のもとでなされたとみられよう。それに関しては、次の二点をあげることができる。

①舒明天皇の和風諡号《しごう》（38頁参照）を「息長足日広額天皇《おきながたらしひひろぬかのすめらみこと》」と称することによって、息長氏とのつながりが強いことが示されている。それは、舒明の父、押坂彦人大兄《おしさかひこひとおおえ》皇子は、敏達天皇と息《おき》長《なが》真手《まて》王《おう》の女、広姫《ひろひめ》との間に生まれた皇子であることに関係する。

②また、舒明の皇后であった皇極（斉明）（天皇）の祖父も、押坂彦人大兄皇子であることも、息長氏に連なる出自であって、舒明朝以後、息長氏とのつながりを無視できないと考えられる。

※1　香具山と大和三山（かぐやまとやまとさんざん）　大和三山のうち、東が香具山（一五二m）、西が畝傍山《うねびやま》（一九九m）、北が耳成山《みみなしやま》（一四〇m）である。香具山は、国土地理院発行の地形図上では天香久山と表記される。大和三山は、平成十七年（二〇〇五）に国の名勝に指定された。

香具山　耳成山の南、藤原宮跡の西方にあたる橿原市南浦《みなみうら》町から南をのぞむ。前の道は、古代の中ツ道《なかつみち》を引きついだ古道である。

舒明朝が政治史上一つの画期であるとして、飛鳥に宮を営んだことをあげたが、さらに『万葉集』巻一の二に舒明天皇の香具山《かぐやま》※1における国見《くにみ》の歌をあげている点を注目してよい。

巻一の冒頭は、雄略の菜摘《なつ》みの歌である。もとより御製というのではなく、民謡調の歌を編著が選んだのであろう。だが一応、雄略の歌としたのは、新しい時代の幕開けとして雄略朝を位置づけたからに他ならない。具体的には、部民制の成立、政治組織の体系的確立、朝廷財政の充実、また、『日本書紀』が雄略紀以降の紀年に元嘉《げんか》暦（44頁参照）を用いていることなどをあげることができる。

そして、次にあげる巻一－二の国見の歌は、国家の領域を把握せんとする支配者の抱負が十分に伝わる。

天皇、香具山に登りて望国《くにみ》したまふ時の御製歌

大和には　群山《むらやま》あれど　とりよろふ　天《あま》の香具山　登立ち　国見をすれば
国原は煙立ち立つ　海原は　鴎《かもめ》立ち立つ　うまし国そ　蜻蛉《あきづ》島　大和の
国は

しかし、この万葉歌が作られた状況、つまり舒明天皇が実際に国見をし

談山《かたりやま》での中大兄皇子と中臣鎌足の密談の場所伝承地（桜井市多武《とうの》峰《みね》・談山《たんざん》神社の裏山） 多武峰の談山神社本殿から20分ばかり山を登った談山の平坦地が蘇我氏を倒す密談をした所と伝えられている。

たときの御製歌であるかどうかは不明である。むしろ、即位に関わる儀礼歌の印象が強い。にもかかわらず、私が画期を示す歌としたのは、この歌の作者が誰であろうと、『万葉集』の編者は新しい国家像が成立する画期とする認識を持ったからであろう。

難波長柄豊碕宮《なにわのながらとよさきのみや》からみた「京師《みさと》」の姿

■改新《かいしん》の詔《みことのり》の発布

舒明朝をもって政治史上の画期とみなすのは、宮が飛鳥の地におかれたことが一つの理由である。それは、右に述べた通りであるが、実質的な国家の統治のあり方について大きな転換をはかることでもあり、その根幹は、法治主義をもって国家の構造をシステム化することにあった。その前提のもとに設定された目標の第一段階が、蘇我氏本宗家を国家の中枢から駆逐することであった。それは乙巳《いっし》の変で達成された。クーデタという方法でもってなされたのであるが、その事件の結果として、右にみたような国家構築に関わる方向性が即時になされたのかという問題がある。

その問題をめぐって、これまで議論されていたのが、大化改新《たいかのかいしん》という名で呼ばれる政治上の改新が実際になされたのかという問いかけである。

『日本書紀』には、大化二年（六四六）正月条に改新の詔《みことのり》が四ケ条にわたって記されている。第一条は皇族所有の子代《こしろ》の民や屯倉《みやけ》、豪族所有の部曲《かきべ》、田荘《たどころ》といった私地私民の廃止、第二条は京師《みさと》・畿内などの行政制度の整備、第三条は戸籍・計帳《けいちょう》による土地・人民の管理と班田収授法《はんでんしゅうじゅほう》、第四条は税制に関して定めるべきことを示している。

この詔をめぐって、後年の浄御原令《きよみはらりょう》または大宝令《たいほうりょう》の条文による潤色あるいは転記とする説がとなえられていたが、詔そのものは潤色されている可能性があるとしても、内容によっては当時の実態を反映していると解釈することもできる。

■畿内制の成立

改新の詔が後の律令の条文との類似性があるとされるなかで、そのような関連性が直接的に指摘できないのは、第二条の畿内についての表現である。それは次のようにある。

凡《おほよ》そ畿内《うちつくに》※2は、東は名墾《なばり》の横河《よこかは》より以来《このかた》、南は紀伊《き》の兄山《せのやま》より以来、西は赤石《あかし》の櫛淵《くしふち》より以来、北は近江の狭狭波《さざなみ》の合坂山《あふさかやま》より以来を畿内国とす。

※2　改新の詔での畿内（かいしんのみことのりでのうちつくに）

①名墾《なばり》の横河…伊賀国名張《なばり》郡の名張川（三重県）

②紀伊の兄山《せのやま》…紀伊国紀ノ川中流の北岸。和歌山県伊都《いと》郡かつらぎ町に背山《せやま》妹山がある。

③赤石《あかし》の櫛淵《くしふち》…兵庫県神戸市西区の明石川住吉橋の下の奇《くし》淵《ぶち》付近か。

④近江の狭狭波《さざなみ》の合坂山《あふさかやま》…合坂山は逢坂山。山城（京都府）との国境（京都市山科《やましな》区）にあたり、今の滋賀県大津市。

右の文において畿内を四至《しいし》[※3]、つまり四地点をもって定めるとするのは、大宝・養老令にはみられないので、それもさかのぼる年代に設定された畿内の範囲であると推定できる。この畿内についての条文に関して、長山泰孝氏の論考（「畿内制の成立」坪井清足・岸俊男編『古代の日本5畿内』角川書店、一九七〇年）がある。その要旨は、次のようである。

第二条の主文は「初修京師《はじめてみさとををさめ》、置畿内国司《うちつくにのみこともち》 郡司《こほりのみやつこ》」とある。この読みについて

- 「畿内と国司と郡司」
- 「畿内の国司と郡司」
- 「畿内国の司と郡司」

の三通りの読み方ができる。その中で、詔において「畿内国」という単一の国のよう

※3 畿内の四至（きないのしいし） もともと、畿内とは皇居周辺の国号をさす。古代中国で王城を中心に畿内あるいは畿内道と呼ぶ特別行政区画があった。

六四六年の「改新の詔《みことのり》」で畿内の範囲、つまり四至（①名墾《なばり》の横河《よこかわ》、②紀伊の兄山《せのやま》、③赤石《あかし》の櫛淵《くしふち》、④近江の狭狭《ささ》波《なみ》の合坂山《あふさかやま》）を定めた。

のち、畿内は大和（奈良県）・河内（大阪府）・山城（京都府）・摂津（大阪府・兵庫県）の四国に分けられた。

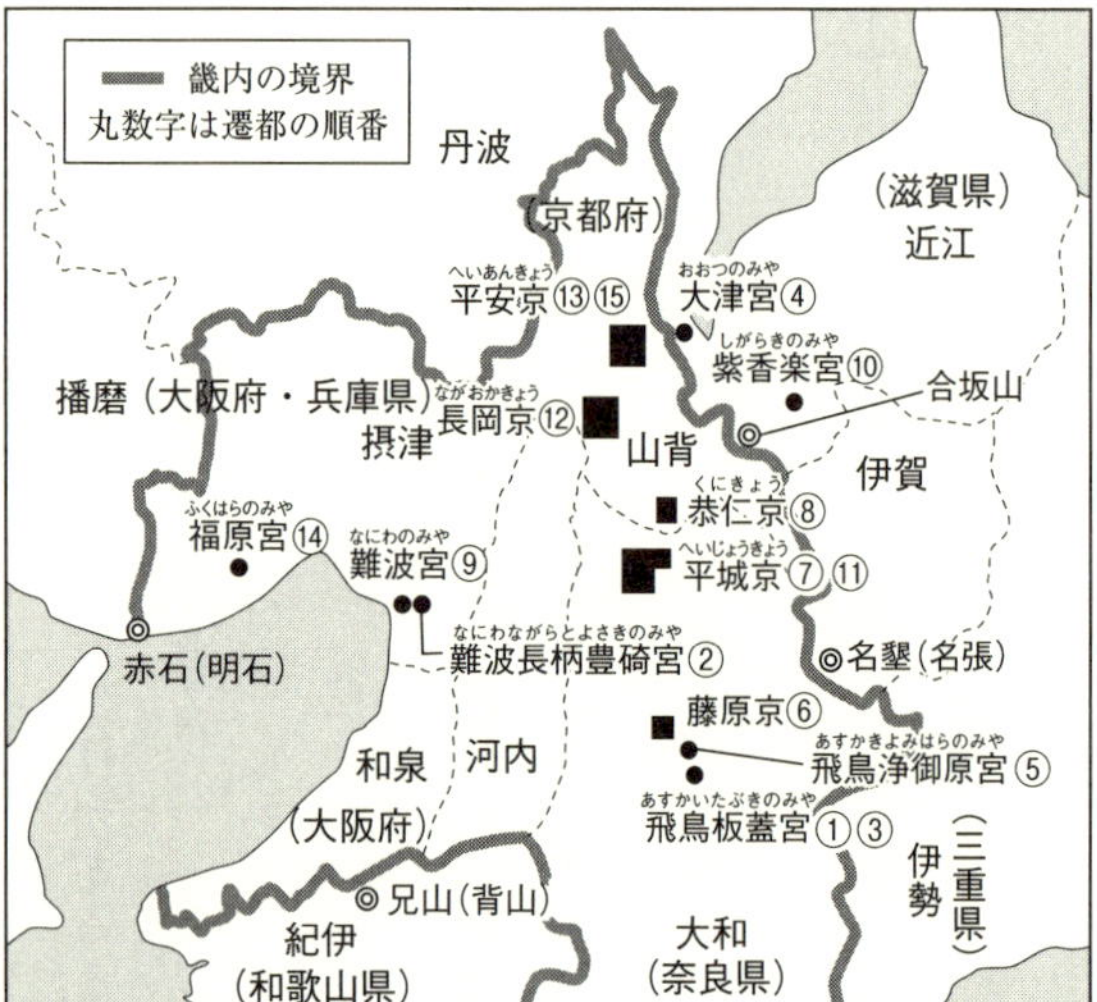

古代の畿内 畿内は、大和・河内（のち和泉がわかれる）・山背・摂津の4か国をいう。

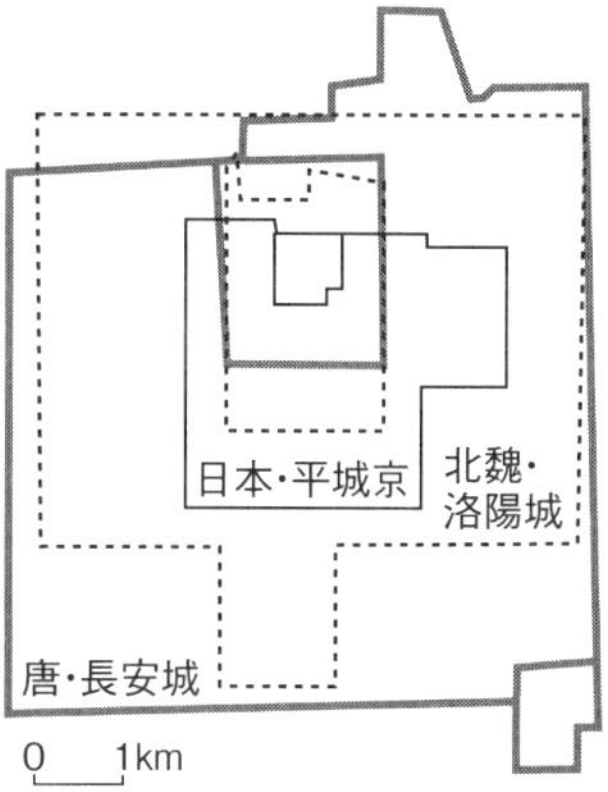

日本と中国の都城比較図
北魏・洛陽城や唐・長安城を参考に、
奈良の平城京がつくられた。

な表現をとっていることを考え合わせると、三番目の「畿内国の司と郡司」という読み方が自然である。

中国の場合、首都を平城とした北魏の場合、畿内制は首都を中心として一辺千里の方形の地域で、東西南北の四つの地点によって範囲を示すものであった。北魏から分かれた東魏における畿内制は、首都鄴《ぎょう》付近の十郡をもって構成された。

右の中国の畿内制の令に照らすと、改新の詔にみる畿内制は北魏の平城型である。国郡制がまだ成立していなかった大化のはじめには、平城型の畿内制がふさわしいように思えるが、そこにはいろいろな疑問が生じる。

① 四至をもって畿内制の範囲を示す方法は、地方行政区画の基礎をもたない場合には、はたしてどれほどの意味を持つであろうか。畿内国の司という行政官を置く、一つの地方行政区画をして考えられているのだから、その範囲は具体的に明らかにされていなければならない。四つの地点をもって範囲を示すことができるのは、地方行政区画が暗黙の前提になっていればこそではなかろうか。そうであると、国郡制が成立していなかった大化のはじめに詔に示されたような畿内制がはたしてありえたであろうか。

② 改新の詔が出された後、『日本書紀』には畿内ということばが大化二年（六四六）三月に一度しか出てくるだけで、その後、天武天皇の五年（六七六）

にいたるまで、まったくみられない。大化二年三月条にいう畿内は「薄葬令《はくそうれい》※4」を含む長い詔の中に出てくるが、単行法的な禁令であるのに、「凡《おほよ》そ…」という令文のような形式をとっているのは不自然である。畿内ということばは、形を整えるためにあとから挿入されたものではないかと疑われる。

③大化二年において、畿内という地域を特別に他と区別して把握するという積極的な関心が為政者のあいだにあったとは思われない。畿内の範囲を示す四つの地点がなにゆえに選ばれたのかということも、考えてみなければならない問題である。

④畿内制は、中心となるべき京師の制度と不可分の関係にあるが、大化当時、詔の副文に示されるような条坊《じょうぼう》※5を備えた都城《とじょう》が営まれなかったことも、疑問点である。

右にあげた理由によって長山泰孝氏は、改新の詔にいう四至からなる畿内の設定について、大化二年段階で実施されたとは考え難いとみる。

そこで、『日本書紀』の天武紀の記述などを検討するに、畿内制が天武朝の初年に施行されたと、同氏は想定する。

改新の詔の各条については、すでに指摘されているように、後年の律令の条文を挿入されたものとする説がある。しかし、改新の詔にそのような改新の大綱が、それぞれの条文によってあるべき方向性を示されたのではないかという可能性もまた検討す

※4 **薄葬令**（はくそうれい） 大化二年（六四六）、大化改新に際して定められた葬制。墳丘規模や動員できる役民の人数や築造日数などを定めたもの。

※5 **条坊**（じょうぼう） 古代の都市計画。東西・南北に走る道路で碁盤の目のように区画する都城制をいう。わが国では、唐の都である長安の制を模倣してしかれた。

べき余地として残しておかねばならない。その余地ともいうべき論点が、右にみた畿内制の問題である。

長山氏は四至をもって畿内の範囲を定める前提として、京師と国郡制の成立を説き、そして改新の詔の畿内制は天武の実態を反映するという。だが、この説明に論理性があるだろうか。

もし、国郡制によって天武朝に畿内の範囲が画定されるとすれば、天武紀にみる「四畿内」という表現で、その領域の実態は十分理解できるはずである。にもかかわらずわざわざ四至で畿内という空間を指示するのは、改新の大綱が示された当時において、他の条文とは異なり、具体的に定められていた、あるいは想定されていたとみなければならない。

畿内制の本質は、国郡制と連関することを必須とするものではなく、むしろ、京師がおかれる位置に直接関係する。つまり、畿内は王都がおかれる空間として成立するのである。

〈史料〉〔改新の詔〕

大化二年①正月

其の一に曰く、昔在《むかし》の天皇等の立つる所の子代《こしろ》の民②、処々《ところどころ》の屯倉《みやけ》③、及び別《こと》には臣《おみ》・連《むらじ》・伴造《とものみやつこ》・国造《くにのみやつこ》・村首《むらのおびと》の所有《たもて》る部曲《かきべ》の民④、処々の田荘《たどころ》⑤を罷《や》めよ。仍《よ》りて食封《じきふ》⑥を大夫《まえつきみ》以上に賜《たま》うこと各差《しな》あらむ。

其の二に曰く、初めて京師《みさと》を修め、畿内《きない》・国司《こくし》・郡司《ぐんじ》・関塞《せきそこ》⑦・斥候《うかみ》⑧・防人《さきもり》⑨・駅馬《はゆま》・伝馬《つたわりうま》を置き、及び鈴契《すずしるし》を造り、山河⑩を定めよ。

其の三に曰く、初めて戸籍・計帳《けいちょう》・班田収授《はんでんしゅうじゅ》の法を造れ。

其の四に曰く、旧《もと》の賦役《えつき》をやめて田の調《みつき》を行へ。…別に戸別の調を収《と》れ。

『日本書紀』孝徳天皇大化二年正月条

※注……①六四六年　②天皇家の支配民　③天皇家の支配地　④豪族の支配民　⑤豪族の支配地　⑥一定数の戸を指定し、そこから租税の大部分を与える制度　⑦関所　⑧⑨辺境警備の兵　⑩国境

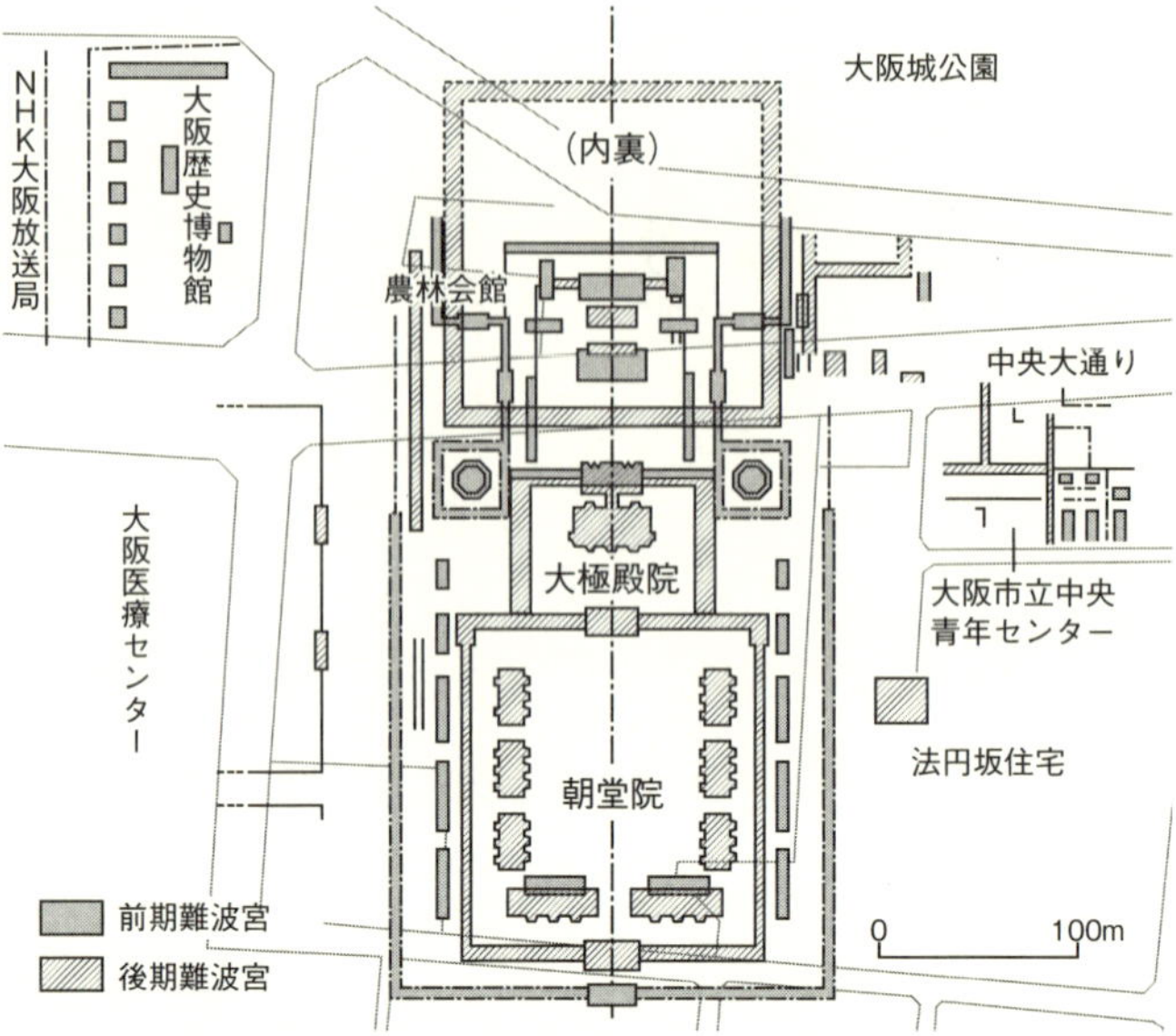

難波宮跡位置図（大阪市中央区法円坂《ほうえんざか》１丁目）　前期・後期難波宮が重なりあっていることがわかる。

■孝徳《こうとく》の難波長柄《なにわのながら》豊碕宮《とよさきのみや》の造営

京師《みさと》は、長山氏がいうように条坊《じょうぼう》からなる方格都市でなければならないということはない。国家の政治は中心地であればよいのである。

大化二年当時、まだ造営に着手されていなかった可能性があるが、やがて完成する現、大阪市中央区につくられた難波長柄豊碕宮とその周辺を京師と称することはできるであろう。おそらく四至からなる畿内制は、何よりも早く難波長柄豊碕宮と関連して具体案が提案されたと思われる。

以下この問題については、中尾芳治「難波長柄豊碕宮」（中尾ほか編『古代日本と朝鮮の都城』、ミネルヴァ書房、二〇〇七年）による。

孝徳朝の長柄豊碕宮が、前期難波宮跡の遺構とみてよいかどうかは長く確定しがたい課題としてあった。出土層位などから、明らかに奈良時代の後期難波宮跡より年代的にさかのぼることは明らかであった。火災の痕跡が

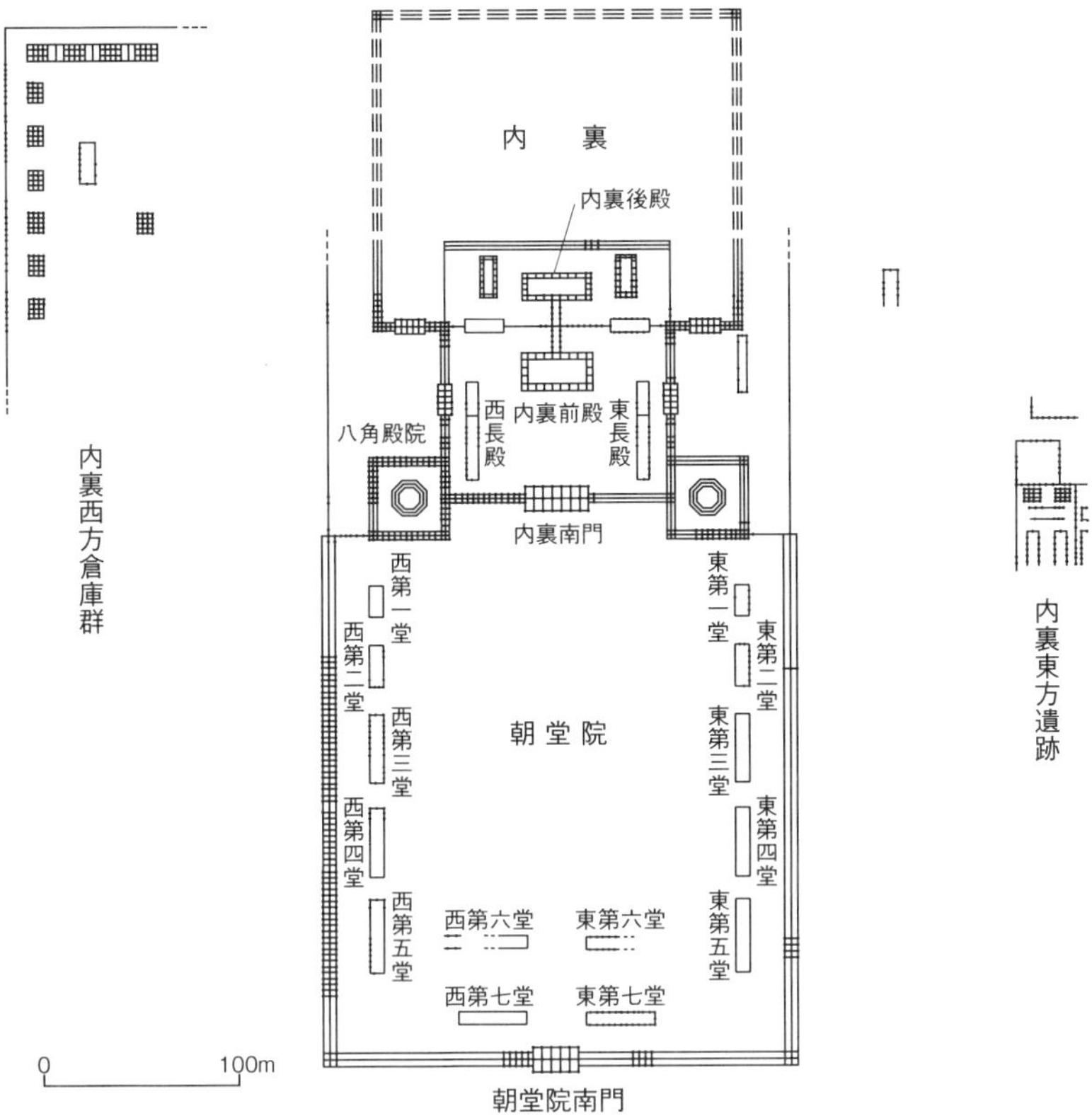

前期難波宮　前期難波宮は、孝徳《こうとく》天皇の難波長柄《ながら》豊碕宮《とよさきのみや》の建物を引き継いだ天武《てんむ》天皇の時代のもの。その建物は、すべて掘立柱式で屋根には瓦を葺《ふ》いていない。

あるため、天武天皇の朱鳥《あかみとり》元年（六八六）に火災があったとする『日本書紀』の記事に照合することは、認められるところであるとしても、孝徳朝の宮とみなすことに異論があった。

かつて、発掘調査によって前期難波宮の内裏《だいり》西方倉庫群が発見されていた。一九九七年にも、内裏西方倉庫群と一体的に作られた湧き水を汲むための泉施設と、そこから北西にのびる石組みの暗渠が発見されるとともに、多数の七世紀中ごろの土器群が出土した。さらに、泉施設の水溜め木枠に使われていた木材の原木の伐採年が年輪年代法によると、紀元後六三四

「戊申年」と書かれた木簡（大阪府文化財調査研究センター『難波宮跡北西の発掘調査』2002年より）

年という数値がえられた。

一九九九年の難波宮北辺部の発掘調査では、谷部の下層から「戊《ぼ》申《しん》年」と墨書された木簡《もっかん》が出土し、同所で出土した土器などから大化四年（六四六）という年代を確定することができた。これらの年代に関する資料から、前期難波宮跡は孝徳朝の難波長柄豊碕宮とする説が支持されることになった。

前期難波宮の構造は、発掘で検出された遺構によると、左右対称で南北にのびる回廊があり、内部は、日本の宮都の中でも最大規模の内裏南門によって北の内裏と朝《ちょう》堂院《どういん》によって二分される。内裏についてみると、前殿地区と後殿地区に分化している。また、朝堂院の規模が極めて大きく、広大な朝庭と一四堂を配置していることなど、皇極期の飛鳥板蓋宮《いたぶきのみや》について想定される宮城構成とは大きく異なる。ともに、難波長柄豊碕宮の後に造られた飛鳥浄御原宮との共通点も見出しがたい。

■難波長柄豊碕宮の都城プラン

前期難波長柄豊碕宮の都城プランの位置づけについては、小澤毅氏は次のように述べる（『日本古代宮都構造の研究』、青木書店、二〇〇二年）。以下、藤原京との比較もふまえて要約する。

① 大極殿《だいごくでん》そのものは、天武朝の飛鳥浄御原《あすかきよみはら》で新設されたが、天皇の独占的空間としての大極殿とそれを取り囲む一郭は、藤原宮ではじめて成立したものである。天皇に対する臣下の座である朝堂《ちょうどう》は、その前面に広大な区画として設けられた。朝堂の数は十二で、平城宮や平安宮に共通する。

② 多数の朝堂を配置した区画は、掘立柱構造ではあるが、前期難波宮ですでに成立している。しかし、前期難波宮と藤原宮は、朝堂区画の設計に、共通点は認められるが、掘立柱と礎石という違い以外にも、朝堂の数やその正殿にあたる部分の構造など、相違点が目立つ。

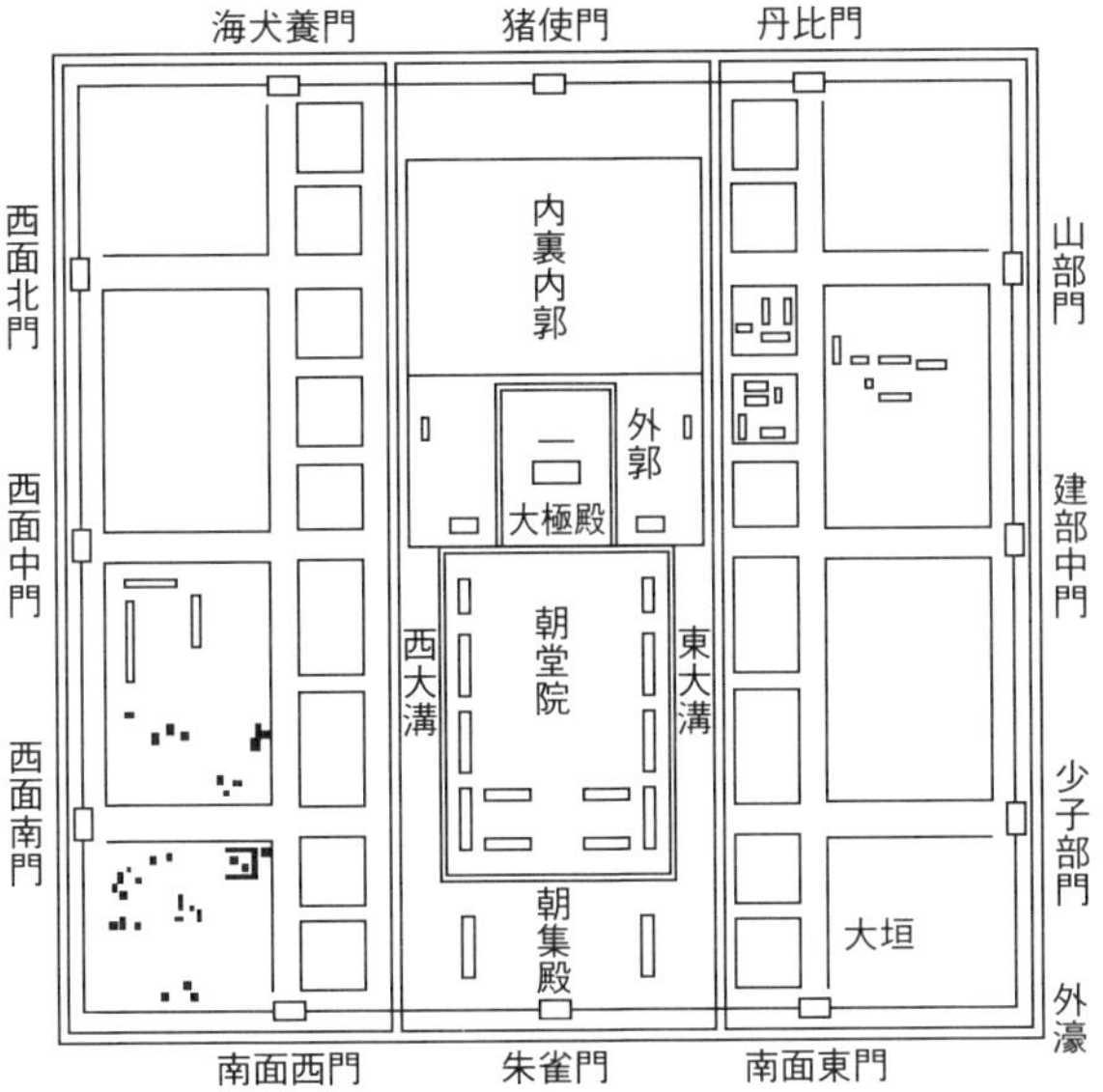

藤原宮 約1キロ四方。面積約100ヘクタールをもつ。

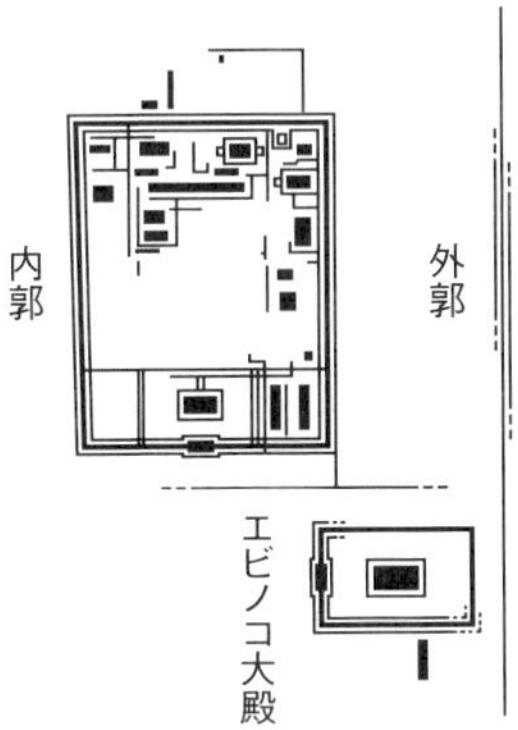

飛鳥浄御原宮と思われる飛鳥京上層遺構（7世紀後半） 内郭の南東にエビノコ大殿があった。

持統・文武・元明天皇３代の藤原宮（橿原市高殿《たかどの》）　大極殿址から撮影。朝堂院跡から右後方（西方）に畝《うね》傍《び》山《やま》がのぞまれる。左後方（南方）が飛鳥地方である。

天武天皇の飛鳥浄御原宮跡（明日香村岡）井戸跡などが復原されている。中央（北方）に、香《か》具《ぐ》山《やま》がのぞまれる。

③　飛鳥浄御原の場合は、地形的な制約により、前期難波宮のような多数の朝堂を配した区画は設けられなかった。けれども、大極殿一郭（エビノコ郭）の独立性からみて、前期難波宮と藤原宮の間に位置づけることができる。

■大極殿の成立

右に見た小澤氏の論点は、考古学的な立場による限り反論する余地はない。しかし、全体的な宮の構成に関いては内裏＋朝堂院の組み合わせは、前期難波宮と藤原宮は、宮の構成における配置（レイアウト）については類似しているといってよい。ただ、よりディテールの部分において朝堂院地区の建物の構成に相違があることは確かである。

前期難波宮の場合は、南に「内裏前殿」「内裏後殿」という名称を付して平面図が書かれている。いうまでもないが、『日本書紀』に「内裏前殿」「内裏後殿」といった名称はない。発掘担当者によって便宜的に名付けられたものにすぎない。

一方、藤原宮[※6]においては、大極殿はそれを取り囲む大極殿院と内裏地区の南の一画にあって朝堂院と接してある。つまり通説に従うと、天皇（大王）

※6　**藤原宮の復原**（ふじわらのみやのふくげん）　現在の奈良県橿原市高殿《たかどの》町・縄手《なわて》町・醍《だい》醐《ご》町・別所《べっしょ》町にまたがる。国の特別史跡として、広い敷地内に大極殿と朝堂院などの一部が復原・整備されている。

の私的空間（内裏）が独立することなく、公的空間とが共存していたと理解できるであろう。とりわけ、前期難波宮の「内裏前殿」が、後の「大極殿」相当建物であった可能性は藤原宮の構成と比較した場合にありうるであろう。

　私がこのことに言及するのは、すでに「天皇」号の成立に触れたときに皇極朝（あるいは舒明期）をもって嚆矢《こうし》としたか、『日本書紀』皇極紀に「大極殿」という表記があることに関連させたからである。一般には皇極紀の「大極殿」を「おおあんどの」と読まれたとし、後年の「大極殿」ではないという。しかし、「おおあんどの」、つまり「大安殿」と呼ばれる建物が正式名称であったとしても、「大極殿」と称された建物と同じような機能、つまり、天皇出御の儀式の場であったとみることはできよう。もしそのような解釈に従えば、前期難波宮（難波長柄豊碕宮）は、皇極紀の「大極殿」を継承することは十分考えられる。

　その後の天智天皇の大津宮[※7]（滋賀県大津市）は、発掘調査の結果では宮の構成を検討しうる段階ではないので保留するとして、壬申《じんしん》の乱の後に天武が造営した飛鳥浄御原宮《あすかきよみはらのみや》には、内郭の東南にエビノコ大殿（155頁参照）と称されている建物をもって、大極殿に相当すると想定されている。

　元来、飛鳥浄御原宮跡とされる内郭と外郭からなる区域に大極殿に

天皇	宮の変遷（　）内は造営年
推古	豊浦宮(592)→小墾田宮(603)
舒明	飛鳥岡本宮(630)〔636 火災〕→田中宮(636)→厩坂宮(640)→百済宮(640)
皇極	小墾田宮(642)→飛鳥板蓋宮(643)
孝徳	(難波長柄豊碕宮)(651)
斉明	飛鳥板蓋宮〔655 火災〕→飛鳥川原宮(655)→後飛鳥岡本宮(656)
天智	(近江大津宮)(667)
天武	嶋宮→岡本宮→飛鳥浄御原宮(672)
持統	飛鳥浄御原宮→藤原宮(694)

６世紀末から７世紀末までの宮の移り変わり

あたる建物が存在したが、より規模の大きい建物を東南方の一画に設け、そのような宮殿構成が藤原宮の造営によって難波宮の配置例を下敷きとして、前述のごとく造られたのではなかろうか。つまり、難波長柄豊碕宮の構成は、天皇の大極殿（相当建築）を前提とするものとみられる。

先に畿内について述べた際に紹介した長山氏説によれば、畿内は京師がおかれるべき地であるが、その京師とは条坊制を施行されたものであるとするが、京師には必ずしもそのような意味はない。本来の意味は、「天子の都」というもので「京師」の「京」は「大きい」、「師」は「衆」を指す。

従って、難波長柄豊碕宮とその周辺を「京師」とみてよく、畿内の範囲を四至《しいし》でもって定めることもありえたと考えて差し支えない。

※7　大津宮（おおつのみや）

天智六年（六六七）、天智天皇が飛鳥京から遷都し、天武天皇が飛鳥浄御原宮に移るまで五年間、近江（滋賀県）の大津にあった宮。所在地には諸説あるが、現在の大津市錦《にし》織《こおり》にあったと推定されている。

昭和四十九年（一九七四）、同地の「志賀宮」碑が建っている近くから東西に複廊《ふくろう》の廻廊がとりついた桁行《けたゆき》七間、梁行《はりゆき》二間の大型の門が検出され、大津宮の南門と考えられている。

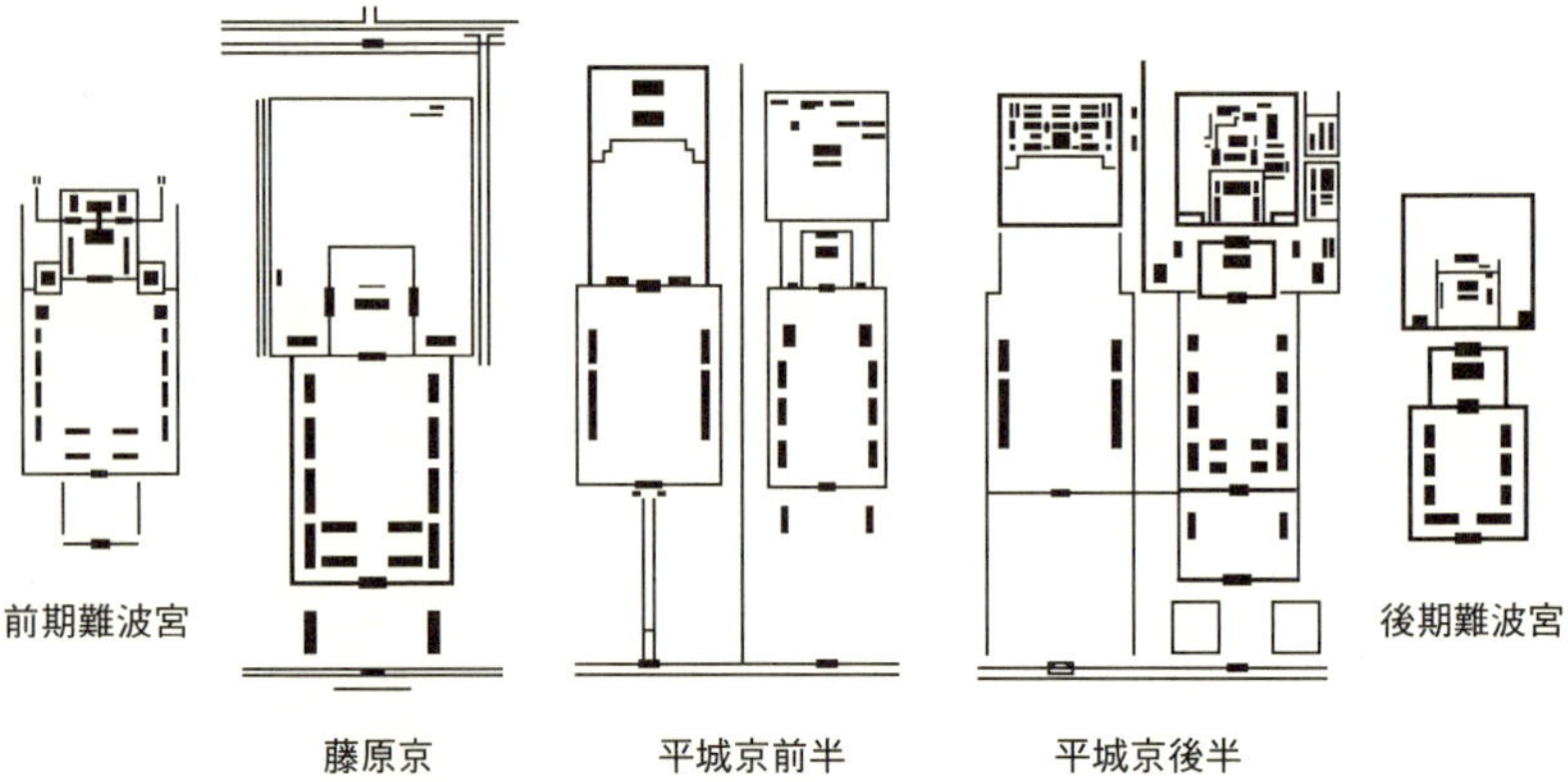

各宮の内裏と朝堂院の変遷

飛鳥から吉野への道（明日香村・高取町・大淀町境）　飛鳥から吉野に向かう古道に芋峠《いもとうげ》があった。この峠を下ると吉野に入り、斉明も芋峠をこえて吉野宮に行ったのだろうか。

聖徳太子の上宮の地と考えられる桜井市上之宮から多武峰《とうのみね》をのぞむ　上之宮は多武峰に参拝する桜井側の交通の要地。談山《たんざん》神社の一の鳥居が建てられ、上之宮から多くの参拝者が多武峰の談山神社をめざした。

その難波長柄豊碕宮で、私的ではあったとしても、天皇号を称した孝徳が、大極殿相当の建物で施政したと想定しうるであろう。

斉明朝をめぐる問題

■斉明朝と道教思想

孝徳朝のさなか、中大兄皇子をはじめ皇極上皇そして皇后までもが難波を去り、飛鳥にもどるという事態となる。難波宮に独り残された孝徳天皇は、やがてさびしく死去する。皇極が重祚《ちょうそ》して斉明朝が始まる。飛鳥王朝が安定に向かいつつある時代であった。

舒明天皇には道教への傾倒が見出せないのだが、斉明（皇極）女帝には、顕著にそれを示す事跡が多い。その理由を明らかにすることはできないが、憶測するならば、女性が本能的にそなえやすいとされる霊的な資質が呪術性を多分に内包する道教へと宗教的心性を向けやすいのでないだろうか。道教を構成する要素に不老長生を願う神仙思想がある。

斉明紀二年（六五六）に多武峰《とうのみね》（奈良県桜井市）に両槻宮《ふたつきのみや》を造るとある。

酒船石《さかふないし》遺跡の切石状の石（明日香村岡）　丘は段築状に３メートルほど盛土された人工の丘陵で、石垣は明日香産の花崗岩を地覆石状に並べて基礎とし、その上に天理市から奈良市にかけて分布する凝灰岩質細粒砂岩の切石を積み上げていた。

両槻宮は観《たかどの》という建造物とされているのだが、文字からみて、道教寺院である道観の「観」を指すものと思われる。そのことを裏付けるように、両槻宮を天宮《あまつみや》と呼んでいることからも理解できる。つまり、「天宮」とは、道教において天空に営まれる仙人たちの宮殿をさすからである。

また、同年に、吉野宮《よしののみや》も造っている。飛鳥の南山《なんざん》というべき吉野（奈良県吉野郡）は、仙人の住む土地すなわち神仙境に擬せられてきた土地であり、そこに造られる宮（離宮）には、道観的性格を連想させる。

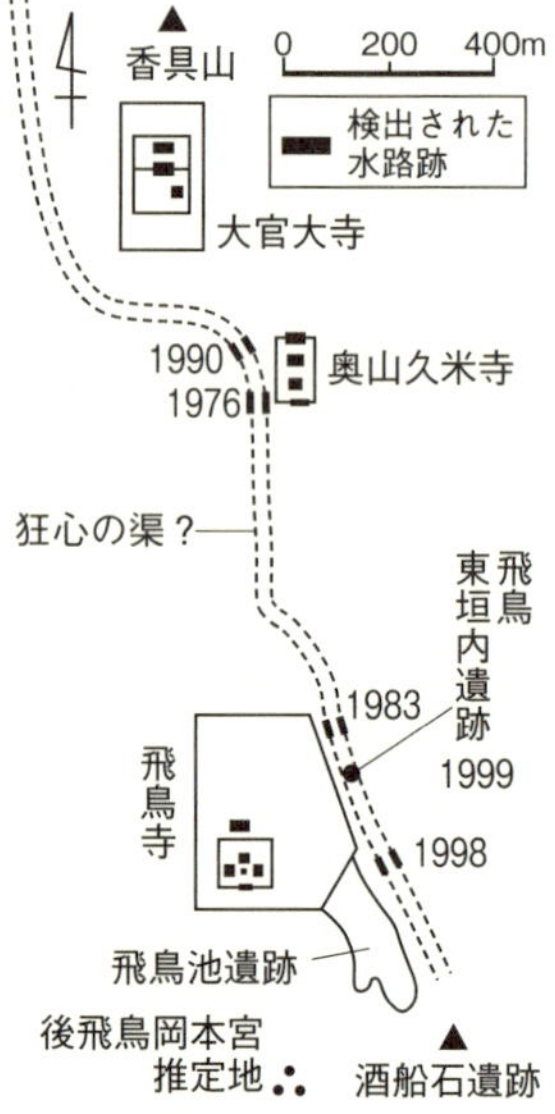

「狂心《たぶれごころ》の渠《みぞ》」と考えられる水路跡遺構　数字は検出された年。

万葉歌に、「やすみしし　我が大君　神ながら　神さびせすと　吉野川　激《たぎ》つ河内に　高殿を　高知りまして　登り立ち　国見をせせば　たたなはる　青垣山　やまつみの　奉る御調と　春へには　花かざし持ち」（『万葉集』巻一－三八）とある。高殿を造って国見をするというのであるが、やはり「高殿」は「観」に相当する建物と思われる。

前者の両槻宮は、『日本書紀』は「田身嶺《たむのみね》に冠らしむるに周《めぐ》れる垣を以てす」とある

石上山地方（天理教祖お墓地）から飛鳥方面をのぞむ（天理市豊田）　天理教祖の中山みき墓所がある豊田山を含む天理市石上・豊田には低い山が続いており、この山並みを石上山というのだろうか。

「亀形石造物」が発見された谷（明日香村岡）　酒船石側から撮影する。

ので、多武峰の頂上付近に石垣がめぐらされていた景観をイメージさせる。ところが、飛鳥の酒船石《さかふないし》（明日香村岡）の近くでレンガ状に加工された石組が発見され、それを両槻宮の遺構とみる見解があるが、それは『日本書紀』の記述からみてもそのようには思えない。

斉明女帝は興事《おこしつくること》を好んだとされ、土木工事を実行しているが、中でも狂《たぶれ》心《こころ》の渠《みぞ》と揶揄《やゆ》された運河を香具山の西から、今日の天理市あたりの石上山《いそのかみやま》まで開削し、舟二〇〇艘でもって石上の石を運び、宮（後飛鳥岡本宮）の東の山に石をかさねて垣としたという。右にみた、酒船石近くの切石状の石は、この垣のことをさすのではあるまいか。

■亀形石造物の発見

ここにみる多武峰の両槻宮とのかかわりで、説明できるのは、平成十二年（二〇〇〇）に酒船石の近くで発見された亀形石造物である。酒船石の北側にあたる谷状の部分から「カメ」の石造物が出土し、その「カメ」は「亀形石造物」と命名された。

その周囲には東西約五〇メートル、南北約三〇メートルの石敷遺構があり、とくに東部は階段状になっていた。年代は、下層の石敷きが、黄色がかった

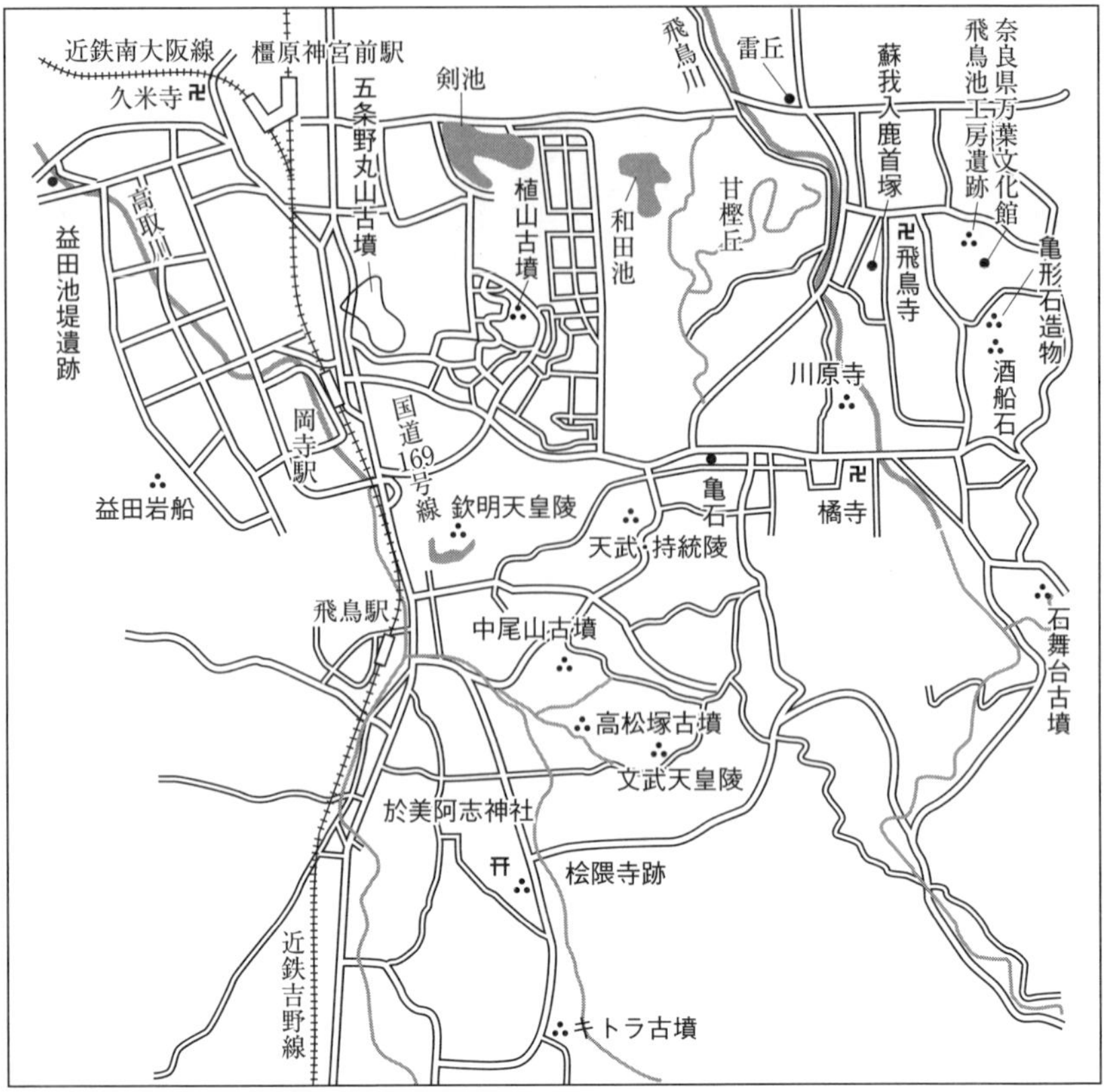

飛鳥周辺図

天理砂岩の切石であるから、飛鳥の他の遺跡から推定して、斉明女帝の頃であると考えられる。斉明女帝の一連の大事業の一つとみられるが、単なる土木工事ではなく、宗教的意味をもつことは、遺構のあり方からも十分に察せられる。

亀形石造物は、花崗岩によってつくられ、全長約二・四メートル、幅約二メートル。胴部は円形で内径が、一・二五メートル、深さ二〇センチの小判形の石造の水槽状をしている。「カメ」の頭部は南向きで、その南に水槽状の石造物がある。さらに南に湧水施設があり、そこから湧き出た水は、水槽状の石造物に入り、さらに亀の口から胴部を経て、尾の部分から出て、溝に流されるが、それより後の水の行き先はよくわからない。

■亀形石造物と道教思想

この遺構を単純に苑池《えんち》とみることはできない。右にみた両槻宮と関連すると私は見ている。

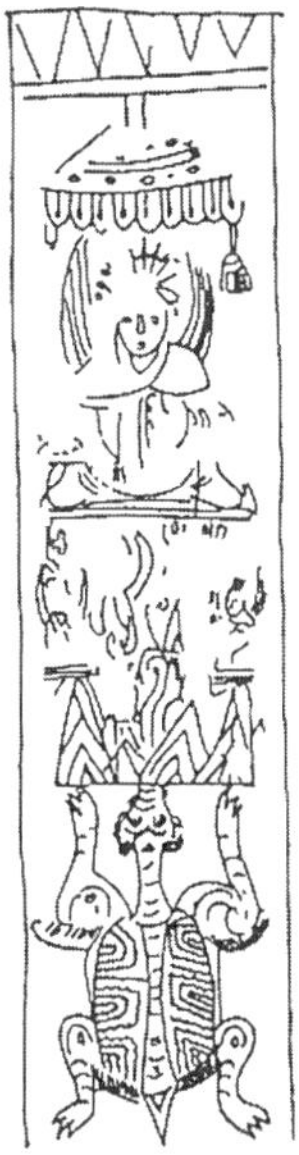

（右）亀形石造物（明日香村岡、明日香村教育委員会提供）
（左）中国沂南《ぎなん》画像石

この亀形石造物にばかり、目をやらないで、すこし周囲を見渡してみると、多武峰《とうのみね》の山容が目に入る。私はこの風景から、亀が蓬莱《ほうらい》という神仙境を背に負うか、あるいは支えるという故事と図像のことが脳裏をかすめた。神仙境と亀という関係は、中国山東省の沂南《ぎなん》画像石の八角柱（後漢）に描かれた図のモチーフとしても知られている。この図は、よく知られているように、亀が三つの峰からなる山、すなわち崑崙山《こんろんさん》を支えていて、その山のさらに上方に道教の女仙西王母《せいおうぼ》の姿が描かれている。

酒船石《さかふないし》（明日香村岡）　亀形石造物から山道をのぼって行くと、切石の酒船石遺跡があり（160頁）、丘陵上に長さ5.5m、幅2.3m、厚さ約１mの花崗岩製の酒船石が見られる。表面にさまざまな形の円形くぼみや溝が彫られている。亀形石造物や導水施設と思われる切石の酒船石遺跡との関わりから、導水施設の一部とも考えられている。後方の山の向うは多武峰である。

中国古代の詩集『楚辞《そじ》』（「天問」）に「大亀が山を背負い手を打って舞うというのに、どうして蓬莱山を無事落とさずにいられるのか……」（目加田誠訳『詩経・楚辞』平凡社、一九六九年）とあり、目加田氏による注は、後漢の王逸《おういつ》は『列仙伝』を引用し、「大亀が背に蓬莱山を負い、手を打って蒼海の中で戯れる」とある。

亀形石造物は、天宮がおかれた多武峰を背負っているという構図を具体的な風景において表現したものである。斉明女帝の心の奥に秘匿したものが、形として表現されたと理解すべきであろう。

ところが、亀形石造物の形について、「カメ」ではなく、「スッポン」であるという異論がある。たしかに指摘されるように、飛鳥の亀形石造物の「カメ」は、形態学的に「スッポン」であることは、動物学の研究者が認めるところであった。「スッポン」の形態上の特質として、固い甲羅をもたないことと、肢の部分において爪と爪の間に水かきが発達している点があげられる。

だが、そのことの指摘が意味をもつのは、近代の動物分類学上においてである。前掲の『楚辞』についてみると、「大亀」と訳された原文は「鼈」である。その意味は「海中の大スッポン」あるいは「想像上の海中の大亀」である。つまり、「カメ」と「スッポン」の区別は、近代動物学のように厳格ではないのである。また、中国において「亀鼈」という熟語で「カメ」と「スッポン」をひっくるめて意味して

亀石（明日香村川原）　聖徳太子生誕伝承地の橘寺や川原寺の近くに亀石がある。長辺4.3m、短辺2.7m、高さ1.9mの花崗岩製で、亀がうずくまるような姿で南西を向いている。製作年代は定かではなく、実際の用途も不明であるが、居住域と墓域の境界石や邪霊の侵入を防ぐ祭祀遺物ではないかとの説がある。

いることもあり、見た目の形の類似性が同種の動物として認識されたのであって動物分類学の問題ではない。『楚辞』によれば、「スッポン」も、蓬莱山《ほうらいさん》を背負うとうたわれているのである。とすれば、飛鳥の亀形石造物に「スッポン」だから、神仙境を背負うことはないというような理解は誤っている。

同様の問題は、断片しか残らないが、第一章でみた「天寿国繍帳」にも、本来は、「カメ」（37頁参照）の形が一〇〇個描かれていて、そこに漢字が四字ずつ書かれていた。その「カメ」も分類学的には「スッポン」である。しかし、後代に著された『上宮聖徳法王帝説』には「亀甲」と記されている。これからみても、「スッポン」と「カメ」とは、厳格に区別されなかったと思われる。

聖徳太子の追悼のために、妃の橘大郎女《たちばなのおおいらつめ》がつくらせたと伝える「天寿国繍《てんじゅこくしゅう》帳《ちょう》」に亀甲図が描かれた意図もまた、亀形石造物のモチーフに意味の上で通じる。「天寿国繍帳」の図柄のモチーフは、仏教的であるが、具体的に「天寿国」と記した経典は知られないが、極楽浄土のイメージを思い浮かべてよいであろう。おそらく、「天寿国繍帳」が製作された時代（その時代は第一章にみたように推古朝を下ると思われるが）に、道教と仏教は、混交した部分が少なくなく、「天寿国」は不老不死の仙人の住む神仙境とイメージ的にダブル部分があったと想像でき、そのために、「天寿国」を支える「カメ」が繍帳に表現されたのであろう。

出水《でみず》の酒船石《さかふねいし》（レプリカ）　奈良文化財研究所飛鳥資料館（明日香村奥山）の野外展示場にある。

大正５年（1916）、明日香村岡の字《あざ》「出水」の水田から二つの石造物が見つかった。平らな形のもの（長さ2.2m、幅1.7m）と、滑り台のようなもの（長さ3m、幅0.3m）。二つの石を組みあわせ、水などの液体を流したらしい。

念のために記しておかなければならないことがある。それは日本の古代に道教がもたらされなかったという見方があることだ。たしかに道教教典・道士（道教の僧）・道観（道教の寺院）という三点セットが日本に定着したとはいえない。しかし、朝鮮半島から渡来した仏教僧らによって道教思想や呪法が持ちこまれたことは、史料などによって明らかである。そのことを無視して軽々に道教と日本古代が無関係であると論じることは日本古代の思想史として語ることができない。

斉明朝の水の王朝論

■息長《おきなが》氏との連なり

以上に試論したように、亀形石造物は斉明女帝の道教思想への傾倒との関係で説明できるとして、湧水が「カメ」の水槽に流れ込み、さらに外に導かれていくという、水にまつわる意味についても検討すべき課題としてある。

かつて、私は舒明から始まる王朝を「水の王朝」と呼んだ。右にみた亀形石造物の水による祭祀ではないかとする想定は、「水の王朝」から導けはしないだろうか。以下、

弥加宜《みかげ》神社と同社の「杜《もり》の清水」（舞鶴市森）　延喜式内社の弥加宜神社は、現在、大森神社とも呼ばれている。四道《しどう》将軍の一将の丹波道主命《たんばのみちのおみのみこと》が天御影大神《あめのみかげのおおかみ》を祭神として祀ったという。「杜の清水」は今も湧き出ており、水神社も祀られている。また、この清水から霊水をとり入れ、本殿横へ流して参拝者に祭祀の時にふるまわれている。

その要点を書き留めておきたい。

①舒明天皇の和風の諡号《しごう》をすでに述べたように「息長足日広額天皇《おきながたらしひひろぬかてんのう》」と称することによって、息長氏との連なりが強いことが示されているが、それは、舒明の父、押坂彦人大兄《おしさかひこひとおおえ》皇子は、敏達天皇と息長真手《おきながのまて》王の女、広姫《ひろひめ》との間に生まれた皇子であることに関係する（30頁系図参照）。

②また、舒明の皇后であった皇極（斉明）天皇の祖父も、押坂彦人大兄皇子であることも、息長氏に連なる出自であって、舒明朝以後、息長氏とのつながりを無視できないと考えられる。

③『古事記』開化《かいか》天皇段に開化（天皇）の皇子である日子坐《ひこいます》王について、次のような意味の系譜伝承をあげている。

日子坐の王が近《ちか》つ淡海《あふみ》の御上《みかみ》の祝《はふり》が奉斎する天之御影《あめのみかげ》の神の女、息長の水依比売《みずよりひめ》を娶って生んだ子が丹波の比古多多須美知能宇斬《ひこたたすみちのうし》の王……

ここにいうアメノミカゲについて、折口信夫《おりくちしのぶ》は、霊水の神とみて、京都府舞鶴《まいづる》市森にある弥加宜《みかげ》神社がアメノミカゲをまつり、境内に杜《もり》の清水と称する霊水があることから、それは、この神の性格を考える上で、示唆的であることを指摘している（「水の女」）。また、西宮一民《にしのみやかずたみ》氏は『和名抄』に「霊」

三上山《みかみやま》（滋賀県野洲《やす》市・野洲市役所提供）　標高432mで、近江富士と称される。東海道新幹線や名神高速道路などからも一望できる。北西麓には、三上山を神体山《しんたいさん》として、国宝の本殿をもつ御上《みかみ》神社が鎮座している。

のことを「ミカゲ」と呼んでいるので、「アメノミカゲ」は、「神霊」か、あるいは「琵琶湖の水霊」とみる（新潮日本古典集成『古事記』一九七九年）。

さらに、三品彰英《みしなしょうえい》氏は次のように説く。

> 『古事記』開化天皇段の息長のミヅヨリヒメの系譜伝承は、息長氏が近江の三上山《みかみやま》（滋賀県野洲《やす》市）を始祖発祥の聖山として語り伝えたものである。息長氏の本拠地であるとされる坂田郡の息長郷と野洲郡三上郷とはかなり距離があるが、たぶん、息長氏は三上郷を始祖発祥の地として、そこから北方にかけて湖東一帯に勢力を張った豪族ではないか。また、日子坐の王とミヅヨリヒメとの間に生まれた子の名前についてみると、ミヅホノマワカ王（水穂之真若王）、ミヅホノイホヨリヒメ（水穂五百依比売）、ミヰツヒメ（御井津比売）など水あるいは稲魂的な意味をもつ。
>
> 息長のミヅヨリヒメの名から知られるように、水の巫女・海女の呪術的能力との関係が想定でき、水中に沈む海女の息長と解することができる。

その上、折口信夫は前掲の「水の女」において、反正《はんぜい》天皇の死後、弟の允恭《いんぎょう》（天皇）が即位を固辞するので、息長氏出身である妃の忍坂大中姫命《おしさかおおなかつひめのみこと》が容器にい

泉井上《いずみいのうえ》神社と霊水（大阪府和泉市府中《ふちゅう》町）　泉井上神社は延喜式内社で、同地には和泉国府《こくふ》が置かれた。霊水は「国府清水」または「和泉清水」と呼ばれ、霊水として祀られていた。現在、大阪府指定史跡となっている。

れた洗手水《おおてみず》をもって即位を促すという『日本書紀』允恭元年十二月条の記事は、天子即位甦生ための禊《みそ》ぎの奉仕であるということを述べているが、これも息長氏と水との関係を示すものであろう。

『日本書紀』允恭天皇八年二月条に、允恭が皇后の押坂大中姫の妹、衣《そと》通郎姫《ほしひめのいらつめ》のために河内（のち和泉）に茅渟宮《ちぬのみや》を造り、そこに住まわせたという伝承が書かれている。ここにいう茅渟宮は、後の奈良時代の茅渟離宮（和泉離宮）の前身にあたるものとすれば、「和泉」の地名が、現在の大阪府和泉《いずみ》市に鎮座する泉井上《いずみいのうえ》神社の霊水に由来するとされる。

さらに、押坂彦人皇子の子で、皇極の父にあたる人物が茅渟王という名であったことも、和泉との由縁を想定させる。

このように、斉明朝には、とりわけ水に関する問題を少なからずとりあげることができる。

斉明朝をはじめとして飛鳥とその周辺に水に関わる石造物が少なからずあることは、右にみた「水の王朝」にまつわるものであろうと思われる。先にとりあげた亀形石造物もそうであろうか。次に触れる石神遺跡の須弥山像や石人像も同様に「水の王朝」に関係づけてよいであろう。

石神遺跡・飛鳥京苑池周辺図

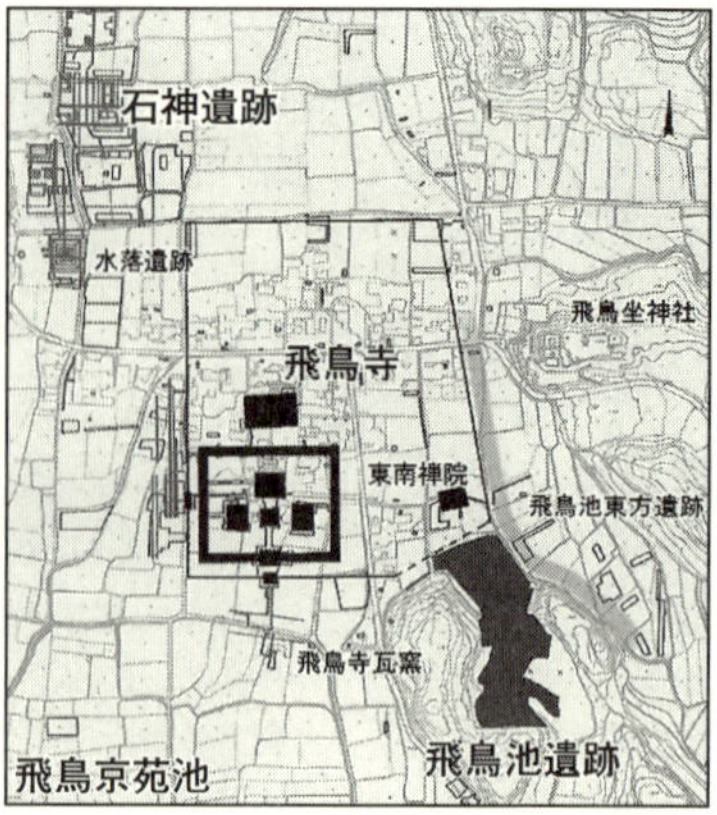

■石神《いしがみ》遺跡から発掘された須弥山《しゅみせん》像と石人像

斉明紀三年七月条に、トカラ人をもてなすために須弥山像を飛鳥寺の西に造るとあり、同五年三月には甘樫丘《あまかしのおか》の東の川上に須弥山像を造り、陸《む》奥《つ》と越《こし》の蝦夷《えみし》のために、また、同六年五月には石上池のほとりに須弥山を造り、粛慎《みしはせ》のために饗宴をしている。

須弥山は、仏教世界の中心に位置づけられる山岳で、ヒマラヤの山系をイメージしてはいるが、実在の山ではない。この山をわざわざ辺境の民のために造ってもてなしているのは、どのような意味であろうか。一つの考え方としては、飛鳥に導いた民を仏教に教化させようとした意図があったとする解釈もありうるであろう。

ところが、明治三五年（一九〇二）に飛鳥の石神遺跡（明日香村飛鳥）から、石造の須弥山像が、その翌年石人像が発掘された。このような状況から、須弥山像は石人像と同時に饗宴のためにしつらえられたという想定もできる。

石人像は、老いた男性と女性が背中合わせのように立っている姿を一つの石に掘ったものである。その人体像は、伎楽《ぎがく》の酔胡《すいこ》王と呉《くれ》女ではないかとみる一説があり、私も、その案を支持したい。とくに、男性像つまり老爺像は、一部腕の部分が欠損しているが、

飛鳥京苑池遺構のイメージ（奈良県立橿原考古学研究所提供）

サイホンで水が両像の口から吹き出ていて、老爺は、酒を飲むがごとくカップでそれを受けていたと見られる。なぜ、伎楽の演技を石でもって彫ったのかということと、『日本書紀』に石人像に関わる名称が語られていないという点において疑問が残されたままである。むしろ、須弥山像は、辺境の民をもてなすたびに、この地に運ばれて組み立てられたのだが、石人像はつねにその場に立てられていたのではないかと思われる。

飛鳥の石造物を伎楽と結び付ける説は、亡くなられた橿原考古学研究所の亀田《かめだ》博《ひろし》氏によってなされた（『飛鳥の考古学』学生社、一九九八年）。

亀田氏によると、今日、欽明天皇陵拝所前の吉備姫《きびひめ》王墓（明日香村平田）に置かれている、いわゆる「猿石《さるいし》」と呼ばれて

復原された石神遺跡出土の石人像　飛鳥資料館に野外展示されたレプリカ。通称道祖神《どうそしん》と呼ばれる。

復原された石神遺跡出土の須弥山石　奈良文化財研究所飛鳥資料館（明日香村奥山）に野外展示されたレプリカ。苑池の噴水施設か。

猿石（明日香村平田）　4体の猿石は高さ1mほどの花崗岩を用いている。西に面して南北に並べられた石像は北から順に「女」「山王《さんのう》権現《ごんげん》」「法師《ほうし》（僧）」「男」と呼ばれる。「法師」以外は、石の両面に人の顔または動物を造形している。写真は「山王権現」。
　元禄《げんろく》15年（1702）、欽明天皇陵南側の水田から掘り出され、欽明陵におかれた後、明治時代初期に吉備姫王墓に移された。

いる四体の石造群は、伎楽の面にそれぞれ対応できるという。各々の石像と面の関係は、亀田氏の著書に譲りたいが、もともと欽明天皇陵古墳の前方部南側に並べられていたと伝わる。伎楽は、邪悪なものを退けるというモチーフをもつ。とすれば、わざわざ石で伎楽の登場人物の像を造り、特定の場所に置いたように思われるのは、結界としてそこから邪気などが侵入するのを防ごうとしたのであろう。

　須弥山像や石人像が発掘された石神遺跡の周辺において、多年にわたって、建築遺構の発掘調査がなされてきたのである、とりあえず「迎賓館」の遺構という留保的な名称がつけられているが、実体は詳らかにされないまま今日に至っている。近くの水落《みずおち》遺跡に中大兄皇子が造った漏刻《ろうこく》と推定できる遺構が出土しているので、石神遺跡の遺構を同皇子の宮跡とする一案もあるが、決定的な証拠は得られていない。

■道教思想を根源とする水との関わり

飛鳥において考えなければならないことは、私が「水の王朝」といい、あるいは一説に「水の都」と称されるところの「水」の問題である。

　水にかかわる発掘成果としては、一九九九年より奈良県立橿原考古学研究所によって実施されてきた飛鳥京跡苑池《えんち》遺構を取り上げねばならない。石敷遺構で知られる飛

発掘された飛鳥京苑池（奈良県立橿原考古学研究所提供）　南池の島状石積みを南から撮影。

鳥浄御《きよみ》原宮《はらのみや》（遺跡名は伝飛鳥板蓋宮《いたぶきのみや》跡）内部の北西方に東西一〇〇メートル以上、南北二三〇メートル以上（あるいはそれ以上）の苑に造られた苑池は、飛鳥の実態と、そしてそれを支える思想性を考えるうえで無視しがたい。この苑池を『日本書紀』天武十四年（六八五）十一月条の「白錦《しらにしきの》後苑《みその》に幸す」とある白錦後苑とみてよいと私は考える。ただ、天武天皇の宮の後苑に「幸す」という表現に疑義をはさむ見解があり、確かに宮に附属する苑池に行幸するというかどうかは検討すべきであろう。

だが、平城京の後苑である松林苑《しょうりんえん》について『続日本紀』天平十年（七三八）正月一七日条には「皇帝松林に幸して宴を文武の官主典《さかん》已上に賜ふ」とあることからみて、天武天皇が宮の背後にあった後苑に行幸するという表現もあり得たという解釈もできよう。さらに。漢詩集『懐風藻《かいふうそう》』の中にこの苑池を探すならば、大津皇子の

「衿《えり》を開いて霊沼《れいしょう》に臨み　目を遊ばせて金苑に歩す……」

にいう「霊沼」、「金苑」ではないのだろうか。

苑池の構造について略述すると、渡堤に隔てられた南北二つの池、それにつながる水路からなり、南北二三〇メートルを計る。南池は東西五〇メートル、南北六〇メートル、深さ五〇センチで不整形な扇形を呈している。この南池の特長的な施設は、現在、知られている酒船石より約四〇〇メートル

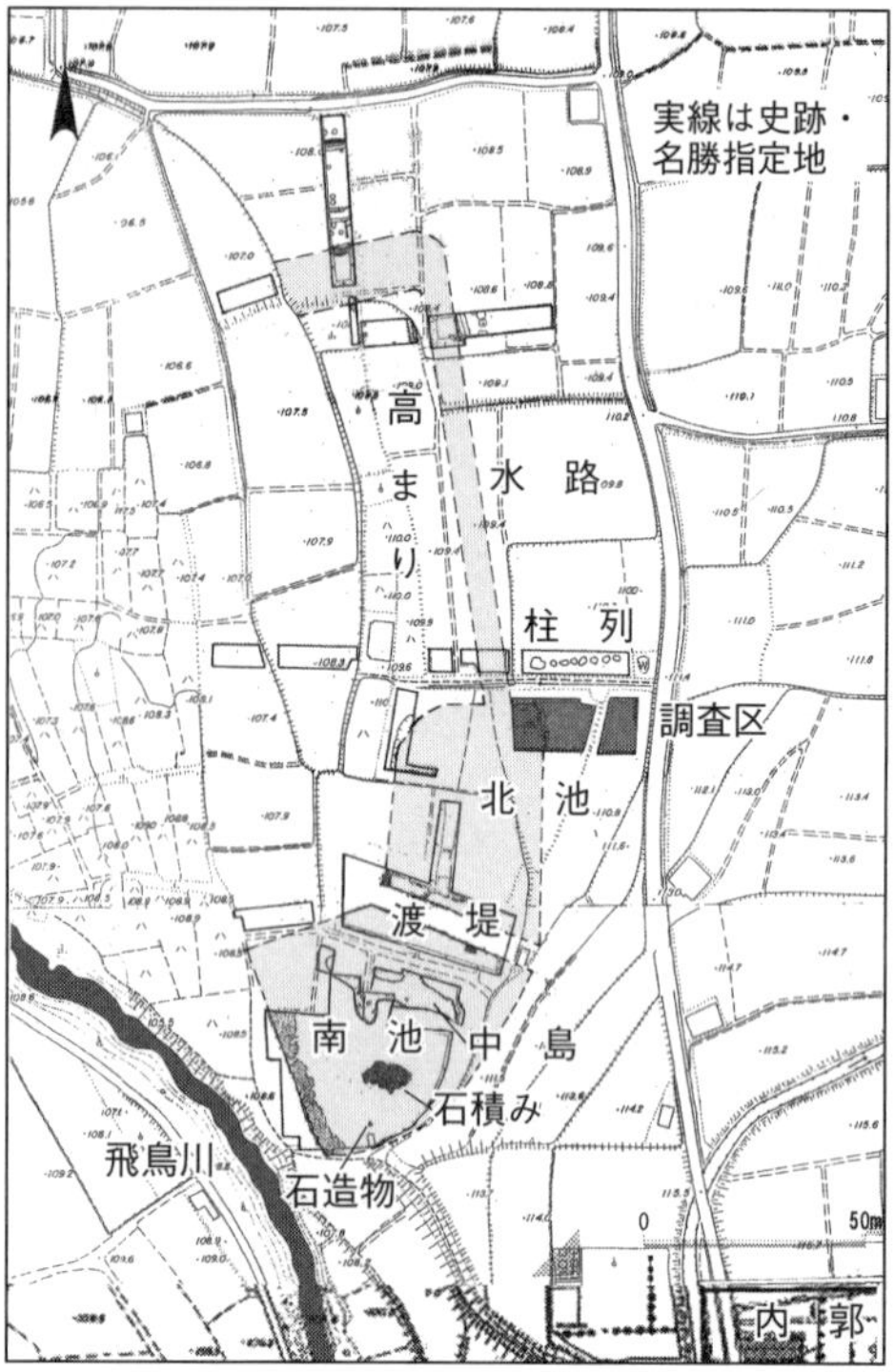

飛鳥京苑池と 2010 ～ 2011 年の調査区（奈良県立橿原考古学研究所「史跡・名勝飛鳥京跡苑池第５次調査—飛鳥京跡第 169 次調査」の現地説明会資料より。2011 年２月６日）

離れて飛鳥川のほとりで発見されたいわゆる出水《でみず》の酒船石（166頁参照）とそれに関連する石造物によって造られた流水施設や石槽である。

一方、北池は南北三〇数メートルの不整形な長方形である。さらに幅一〇メートルの水路が北池の北端から北へ八〇メートルほどまっすぐに伸び、さらに西に直角に折れている。一〇〇点以上の出土木簡は、典薬《てんやく》寮、造酒《ぞうしゅ》司、大炊《おおい》寮など、大宝令の宮内省下部組織の職掌に関係するものである。池底の石敷きのすぐ上からは、マツ、センダン、モモ、ナシ、ウメ、スモモ、カキ、ヒシ、ハス、オニバスなどの種実や花粉が検出されている。

もともと苑池として存在したかどうかは不明であるが、斉明朝に造営が始められ天武朝に後苑として整備されたと解釈されている（以上、苑池に関しては『東アジアの古代苑池』飛鳥資料館、二〇〇五年による）。

発掘された北池（上）と石組溝（下）（奈良県立橿原考古学研究所提供） 北池は1区・北西から。石組溝は2区・北からである（2011年2月6日の現地説明会資料より）。

■苑池の北池から検出された石敷き広場と石段

その後、奈良県では調査の結果を踏まえ、苑池の復原計画が予定されていることもあって、平成二十二年（二〇一〇）十二月から発掘が再開され、北池とその周辺において調査された。その結果、北池の護岸付近に石敷きの広場が検出された。さらに、北池の水辺に降りる石段が確認された。発掘担当者は、儀式のために利用されたのではないかと想定している。

飛鳥の水に関わる施設について考えるときに、右にみた苑池においても、単なる苑池ではなく、石造物を池において水をことさらに強調する方法がみられる。それは先にみた石神遺跡の石人像や須弥山像もそうである。つまり、水にかかわる趣向がこらされているといってよいであろう。

こうした水にまつわる趣向を、単に当時精巧なサイホンのような石造技術

（上）発掘された北池に降りるための石段（奈良県立橿原考古学研究所撮影許可済。2011年2月）

（下）北池の復原図（奈良県立橿原考古学研究所「史跡・名勝飛鳥京苑池第5次調査―飛鳥京第169次調査」の現地説明会資料より。2011年2月6日）

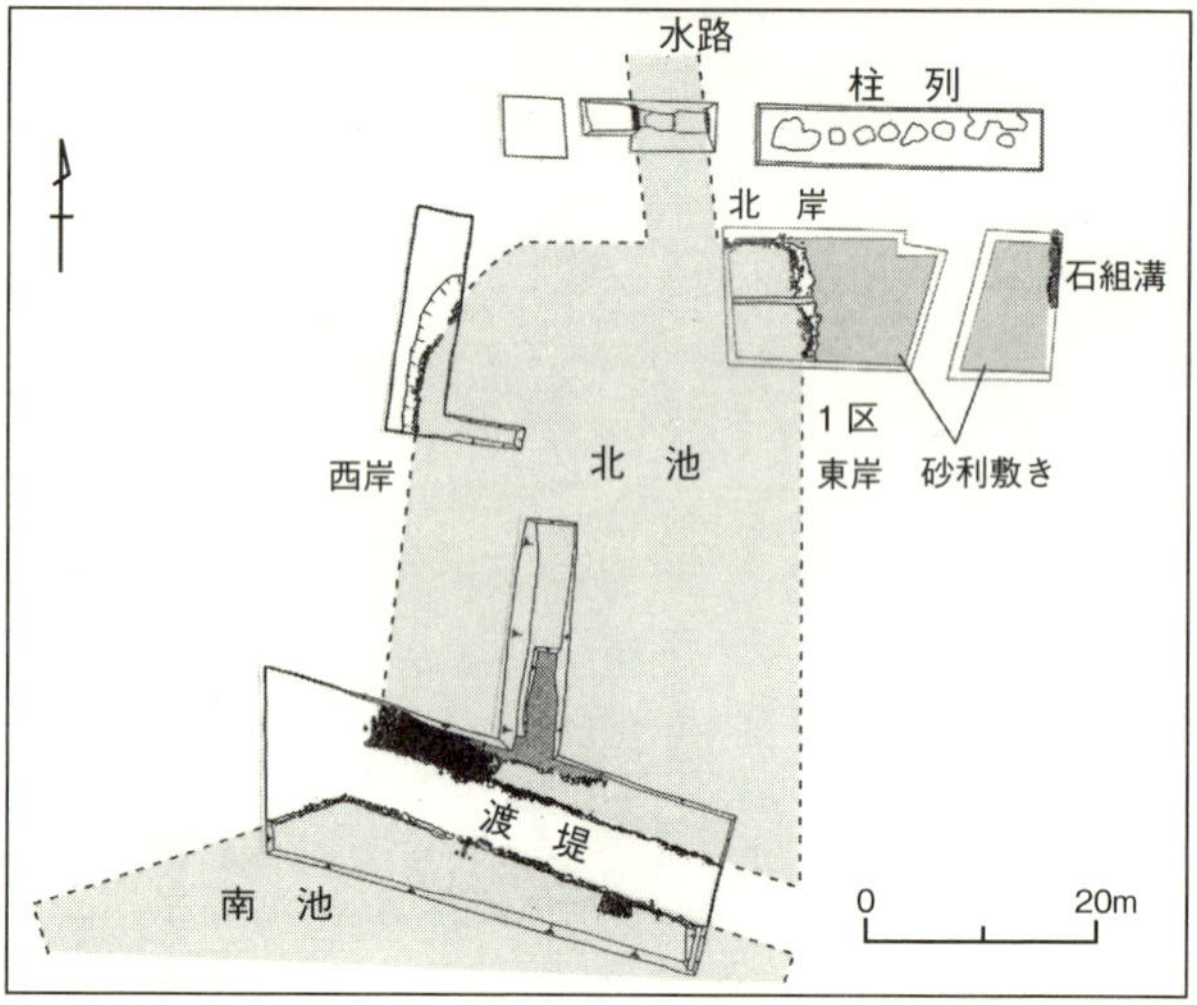

があったということをのみ強調する技術的な側面や苑池の水のコントロールなどを取り上げて土木技術的視点にのみ注目するだけでは飛鳥の深層を理解するには、ほど遠いといってよい。中国や朝鮮半島あるいは藤原京以後の宮都の苑池とは異なる、より強い水へのこだわりは何故だろうかということを問わねばならない。

それも、主として斉明朝あたりで大きく展開する。すでにみたように、斉明女帝は土木工事に強い関心をもったのである。それは、ひとえに亀形石造物にみられるように水に関わるものであった。そのことは斉明女帝へと王家の内部で継承されてきた道教思想による。その根源は道教にしか求めることができないように私は思う。道教以外の思想的根拠があるとすれば、私は耳を傾けたいが、いまのところ道教と水との連なりこそが飛鳥の「水の王朝」を作り上げたと考えている。

すなわち、儒教が天・地・人を「三才」と称して「人」を重くみたのに対して、道教は、天・地・水を「三宮」もしくは「三宮大帝」として水を重視したからである（福永光司『タオイズムの風—アジアの精神世界—』人文書院、一九九七年）。

それゆえに、翻って「飛鳥」という地名の由来について再度もどるのであるが、「アスカ」はすでに解されているように「ア」（接頭語）＋「スカ」（洲処）であってよく、湿地状の土地であったと推定できる（141頁参照）。

右にみた苑池は、そのような湿地状の地形を利用して造成された可能性もあろう。

記者の目
Column

入鹿《いるか》邸跡？　出土　蘇我《そが》氏の実像に光
―専横極《せんおうきわ》めた悪人か、時代の変革者か／「蝦夷《えみし》邸」発見期待も―

奈良県明日香村の甘樫丘東麓《あまかしのおかとうろく》遺跡で二〇〇五年十一月、大化改新（乙巳《いっし》の変）で滅ぼされた蘇我入鹿の邸宅の一部とみられる建物跡が見つかった。今回の成果は、「専横を極めた悪人」「時代の変革者」と評価の分かれる蘇我氏の実像に光をあてるとともに、新発見が相次ぐ明日香村の発掘調査が、日本の国の成り立ちを解明する研究の最前線にあることを再認識させる。

甘樫丘南東の谷あいにある発掘現場。色づき始めた木々を透かして約六〇〇メートル先に、蘇我氏の氏寺で国内最初の本格的寺院、飛鳥寺の瓦屋根が鈍く光る。背後の尾根に登れば、入鹿が殺害された飛鳥板蓋宮《いたぶき》をはじめとする代々の宮殿が営まれた飛鳥京跡が眼下に広がる。飛鳥盆地を一望にできる一等地だ。

蘇我氏は、入鹿の曽祖父・稲目《いなめ》の代に突如、政治の表舞台に登場した。ルーツについては謎に包まれているが、外交、財務などを担って力をつけ、天皇家との政略結婚を通じて、稲目、馬子《うまこ》、蝦夷《えみし》、入鹿と四代にわたり国政を左右した。

蘇我氏は仏教振興など様々な功績があったのに、崇峻《すしゅん》天皇を殺害し、聖徳太子の一族である上宮王家《じょうぐうおうけ》を滅ぼした非道ぶりが強調されてきた。歴史小説家の杉本苑子さんは「蘇我氏は歴史の闇に葬られてきたが、実際は政治、経済、外交、軍事とあらゆる面で先進的で、優れたリーダーだった」と評価するが、今もマイナスイメージはぬぐい去られていない。だが、発掘調査により村内各地に散らばる蘇我氏の足跡が次々に明らかにされ、蘇我氏を覆う闇に少しずつ光が差してきた。

二〇〇四年三月、島庄《しまのしょう》遺跡（明日香村島庄）で、馬子の邸宅の一部とみられる建物跡が見つかった。広大な庭園を備えた大邸宅は、天皇の宮殿をしのぐ豪壮さだった。一九九四年十二月には、甘樫丘東麓遺跡の今回の調査地付近で、蝦夷、入鹿邸の炎上をうかがわせる焼け焦げた建築部材や土器片が出土した。

このほか、氏寺の飛鳥寺はかつては一塔三金堂という特異な伽藍《がらん》を備え、東西二〇〇～二五〇メートル、南北三〇〇メートルの広大な寺域を誇ったことが判明。馬子の墓とされる石舞台《いしぶたい》古墳や、飛鳥最初の宮殿である豊浦《とゆら》宮跡などにも発掘調査のメスが入っている。

これらの成果から、蘇我氏の権勢が予想以上に大きかったことがわかり、国づくりに与えた影響もより具体的になってきた。亡くなられたが、門脇禎二《かどわきていじ》・京都府立大名誉教授（古代史）は「発掘でここまで総合的に蘇我氏の姿をとらえられるようになるとは想像できなかった。日本書紀がリアルに読めるようになってきた」と目を細められていた。

『日本書紀』によれば、蝦夷・入鹿父子の邸宅は武器庫や城柵、複数の門が存在していた。今後の調査で、中心的な建物や高台にあった蝦夷邸跡も見つかることが期待される。

さらに、甘樫丘には人の手が入ったとみられる平らな面が複数存在し、丘陵全体が要塞化《ようさい》されていた可能性があり、宮殿を見下ろして天皇すら威圧し、反対勢力に対する防備も怠りなかった権力者一族の姿が浮かぶ。

（読売新聞・関口和哉）

記者の目 Column

土木工事好き斉明《さいめい》天皇―東アジア緊迫　国の威信示す―

奈良県明日香村の牽牛子塚《けんごしづか》古墳（七世紀後半）が二〇一〇年九月、八角形墳とわかり、斉明天皇（五九四～六六一）の陵と事実上確定した。大化改新で活躍した中大兄皇子《なかのおおえのおうじ》（後の天智《てんじ》天皇）らの母だが、『日本書紀』には土木工事好きで、造った運河を「狂心《たぶれごころ》の渠《みぞ》」とまで酷評され、失政を批判されている。その実像はどうだったのか。

同村には謎の石造物が点在する。大半は斉明天皇が造ったと考えられ、その代表が、複数の皿状のくぼみや溝が刻まれた「酒船石《さかふねいし》」だ。置かれている丘陵は飛鳥京跡の東にあり、大規模な石垣が築かれていたことが、一九九二年の村教委の発掘で判明。『日本書紀』で天皇の事績とされる「宮の東の山に石を累《かさ》ねて垣とす」との記述を裏付けた。

石材は同県天理《てんり》市の石上《いそのかみ》山から、約一二キロ離れた橿原《かしはら》市の香具山まで運河で運ばれたとされる。造営に動員されたのは運河に約三万人、石垣に約七万人。『日本書紀』では「興事《おこしつくること》を好む（土木工事好き）」と揶揄《やゆ》され、大きな倉を建てて民の財産を集めたことと合わせて、「三つの失政」とされた。

果たしてそうなのか。

斉明天皇は夫の舒明《じょめい》天皇の死後、六四二年に皇極《こうぎょく》天皇として即位し、初の官営寺院・百済《くだら》大寺や飛鳥板蓋《いたぶき》宮を造営。大化改新後、弟の孝徳《こうとく》天皇に譲位し、その死後、六五五年に再び皇位に就いた。以後の行動はめざましく、内政にも外交にも積極的にかかわった。

六五九年に遣唐使を派遣。翌年、友好関係にあった朝鮮半島の百済が唐・新羅《しらぎ》の連合軍に滅ぼされると、復興のために遠征を決意、その途上の九州で没した。

「土木工事には理由があり、緊迫した東アジア情勢のなか、強い指導力で国家の体裁を整え、大国・唐に対抗しようとした」と千田稔・奈良県立図書情報館長（歴史地理学）はみる。

酒船石遺跡のほか、饗宴《きょうえん》施設の石神《いしがみ》遺跡、大規模庭園跡・飛鳥京跡苑池《えんち》など近年の発掘調査は、都に来た外国人らに国の威信を示そうとした天皇の実像を徐々に明らかにしている。

和田萃《あつむ》・京都教育大名誉教授（古代史）も「日本書紀の記述は史実かどうかはっきりしなかったが、発掘調査で大規模事業が裏付けられ、治世に対する評価も変わってきた」と語る。

斉明天皇の遺志は、子の天智、天武《てんむ》天皇が受け継いで国家体制を整え、孫の元明《げんめい》天皇が平城京を造って律令国家が完成。一三〇〇年前の平城遷都のルーツに斉明天皇がいたと言える。

多角形であることから、アサガオを意味する名（牽牛子）がついたという古墳は、巨石をくりぬいた石室など五五〇トン以上の石が使われたと考えられている。〝石の都〟を築いた女帝にふさわしい墓所かもしれない。

（読売新聞・関口和哉）

第四章　平城京遷都への序奏

藤原京の建設と道教思想

■天武《てんむ》天皇の宮都建設計画

斉明朝から天智朝にかけては朝鮮半島の新羅《しらぎ》との対立の時期であったが、壬申《じんしん》の乱[※1]を経て大海人皇子《おおあまのおうじ》が近江側に勝利して、飛鳥に凱旋《がいせん》してからは、唐の猛威から防衛するため、日本と新羅の同盟関係が強まり、遣唐使は中断し、遣新羅使が新羅にわたることになった。

天武天皇の内政上の課題の一つに、中

※1　壬申の乱（じんしんのらん）　六七一年、天智天皇（中大兄皇子）が死ぬと王権は分裂した。天智天皇の死は、政権にとって権力の中心を失うことになった。天智政権は、天智の子の大友《おおとも》皇子が継いだ。天智の弟の大海人皇子は、吉野（奈良県吉野町）に移り、六七二年六月に挙兵した。大海人皇子側は、東国を押さえ美濃《みの》（岐阜県）・尾張《おわり》（愛知県）を拠点として兵を集め、大和・近江で大友政権側の軍勢を打ち破った。この乱を壬申《じんしん》の乱という。

大海人皇子は、翌六七三年、飛鳥浄御原宮《あすかきよみはらのみや》で即位し、天武《てんむ》天皇となった。

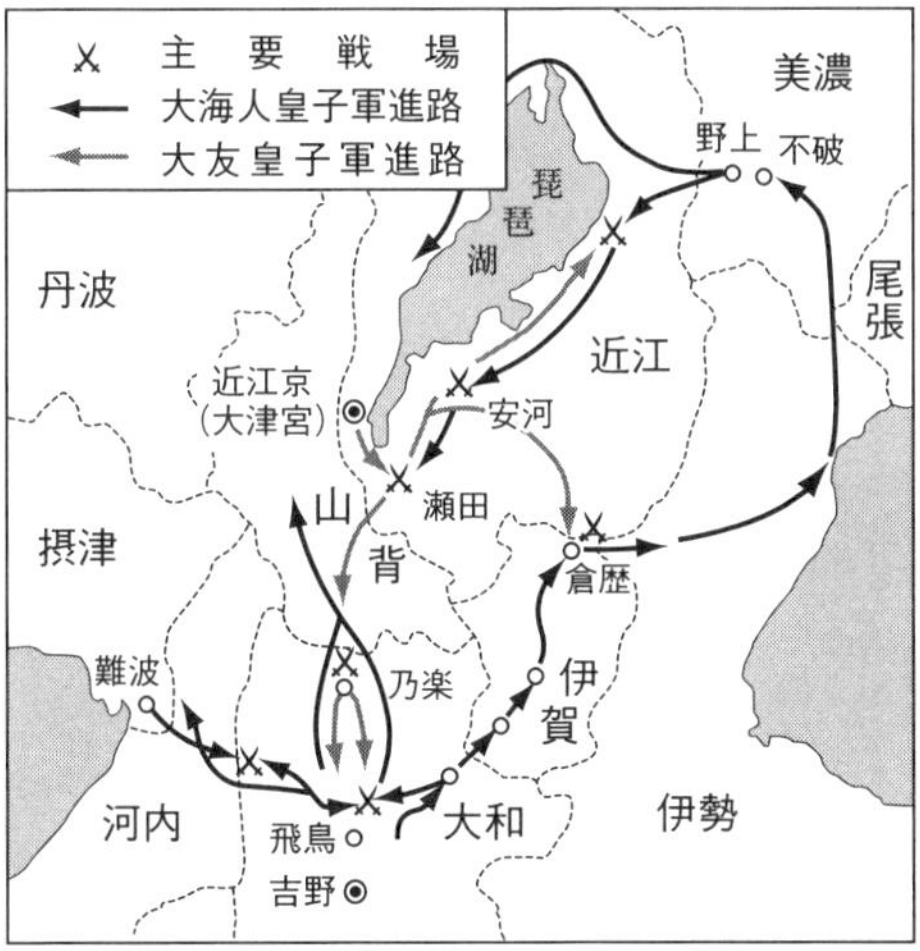

壬申の乱のルート

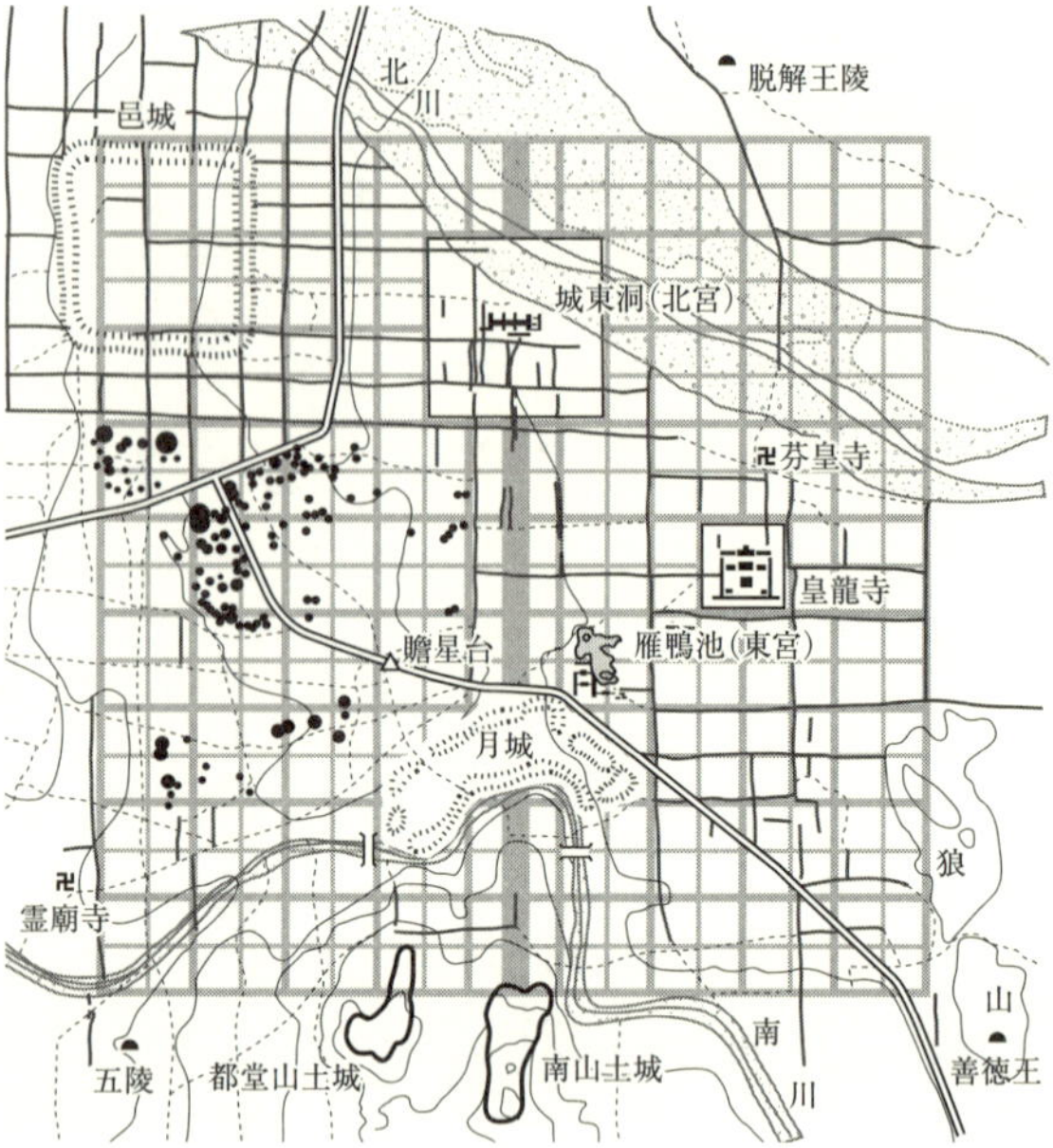

慶州王宮図

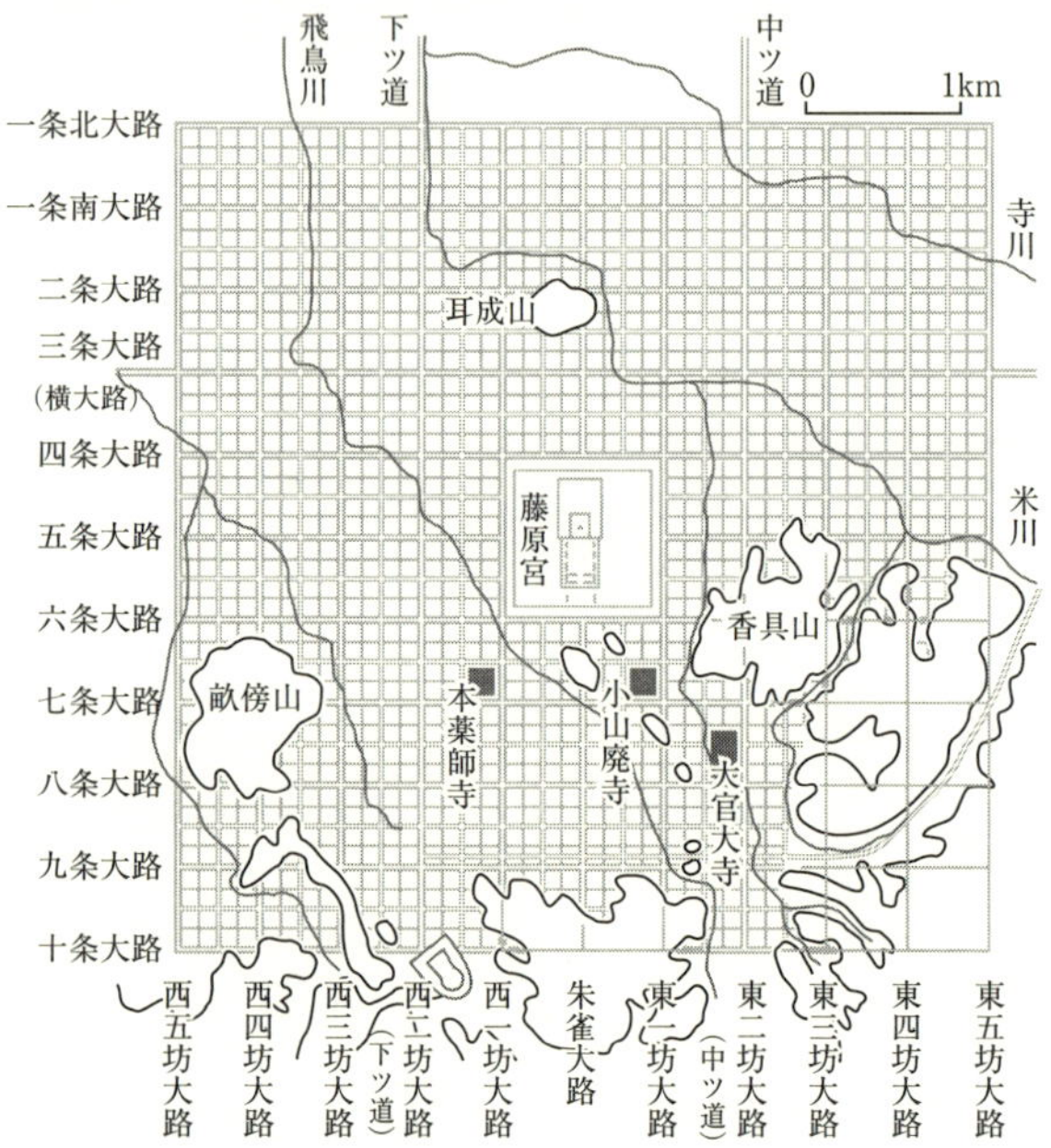

藤原京の平面プラン（小澤毅『日本古代宮都構造の研究』青木書店、2003年より作成）

国式の碁盤目状の宮都を建設することがあった。一方、新羅でも文武王一九年（六七九）ごろ、新羅・慶州《けいしゅう》の坊里《ぼうり》制度の整備がなされた。これまで王京の南の月城にのみ宮があったのが、北の区域に北宮を新たに造った。中国の都城を意識して、宮域を王京の北よりに配置したと考えられる。

天武朝の三回目の遣新羅使は、天武一〇年（六八一）大使の采女臣竹羅《うねめのおみちくら》（筑羅）、副

藤原不比等《ふひと》(659〜720)　中臣(藤原)鎌足の子。娘の宮子《みやこ》は文武天皇夫人。光明子《こうみょうし》は聖武天皇の皇后(光明皇后)となり、人臣皇后の初例を開いた。桜井市・談山《たんざん》神社蔵。

南上空から見た藤原宮と耳成山《みみなしやま》　中央前方(北)が耳成山。その手前の醍醐《だいご》池の南側が藤原宮大極殿跡である。

使の当麻公楯《たぎまのきみたて》に率いられて七月に出発したが、同年九月に帰国している。六八〇年代前半から藤原宮の造営が始まったことを考えると、第三次遣新羅史は慶州を視察し、日本の宮都建設に資するものを得ようとした可能性がある。

というのは、天武一三年(六八四)二月、遣新羅使の采女臣竹羅は三野王《みののおほきみ》とともに、信濃《しなの》(長野県)に遣わされ、地形の観察をしているが、『日本書紀』は、「是の地に都をつくらむとするか」と疑問を呈している。おそらく、采女臣竹羅は、宮都建設に関わっていた人物と思われる。

■藤原京の建設

藤原京の平面プランについては、小澤毅氏の復原案があり、それによると、平城京よりも面積では上回るという(『日本古代宮都構造の研究』青木書店、二〇〇三年)。ただ、復原案によると、南京極は丘陵部に位置するため、果たして羅《ら》城門《じょうもん》を設置できたかどうか、検討すべき余地がある。

藤原京の平面プランにおいて注意しておくべきは、香《か》具山《ぐやま》[※2]・耳成山《みみなしやま》・畝傍山《うねびやま》のいわゆる大和三山に囲まれて藤原宮が位置することである。

この配置は、道教に深い関心をもっていた天武天皇が中国の東海の沖に浮かぶとされた、方丈《ほうじょう》・蓬莱《ほうらい》[※2]・瀛州《えんしゅう》の三神山を擬したものとみることができる。天武は藤原京の完成をみることなく死去したが、「永遠の都」を構想したのであろう。

『万葉集』の藤原宮の役民[※3]の作る歌（巻一―五〇）には、「……わが作る　日の御門《みかど》に　知らぬ国　寄《よ》し巨勢道《こせぢ》より　わが国は　常世《とこよ》にならむ　図負《ふみお》へる　神《あや》しき亀も　新代《あらたよ》と……」と詠まれていることに通じる。

右の平面プランの特徴とともに、藤原宮が京のほぼ中央に配置されている点も注目されてきた。平城京、平安京のように、宮の部分が京の北端にないのである。この理由として、通説のごとく語られるのは、『周礼』冬官、「考工記」に「宮を中央に配する」という理想都市の原則によったというものである。

私もそのように考えていたのだが、近年は疑問をもっている。「考工記」によるのではなく、三山の中央に宮域を配置する、つまり、京の北端に宮をもってくると、耳成山は北京極の外にでてしまうことになる。耳成山も京内にいれて、三山に囲まれた宮の場所を確保すると、おのずから、京の中央部に宮をおかざるをえないのではないだろうか。そしてこの宮都の構図は、慶州の月城の北に配された北宮が京の北端にないこととも類似するともみられる。

※2　香具山と芳莱山（かぐやまとほうらいさん）　『万葉集』巻三―二五七に、香具山を「芳莱山」と表記している。すなわち、「鴨君《かものきみ》足人の香具山の歌一首并に短歌　天《あ》降《も》りつく　天の芳莱山《かぐやま》　霞立つ　春に至れば……」とある。

※3　役民（やくたみ）　宮殿造営の労役に召された人々。当時、人々は労役の義務を負わされていた。

藤原京から平城京への遷都への動き

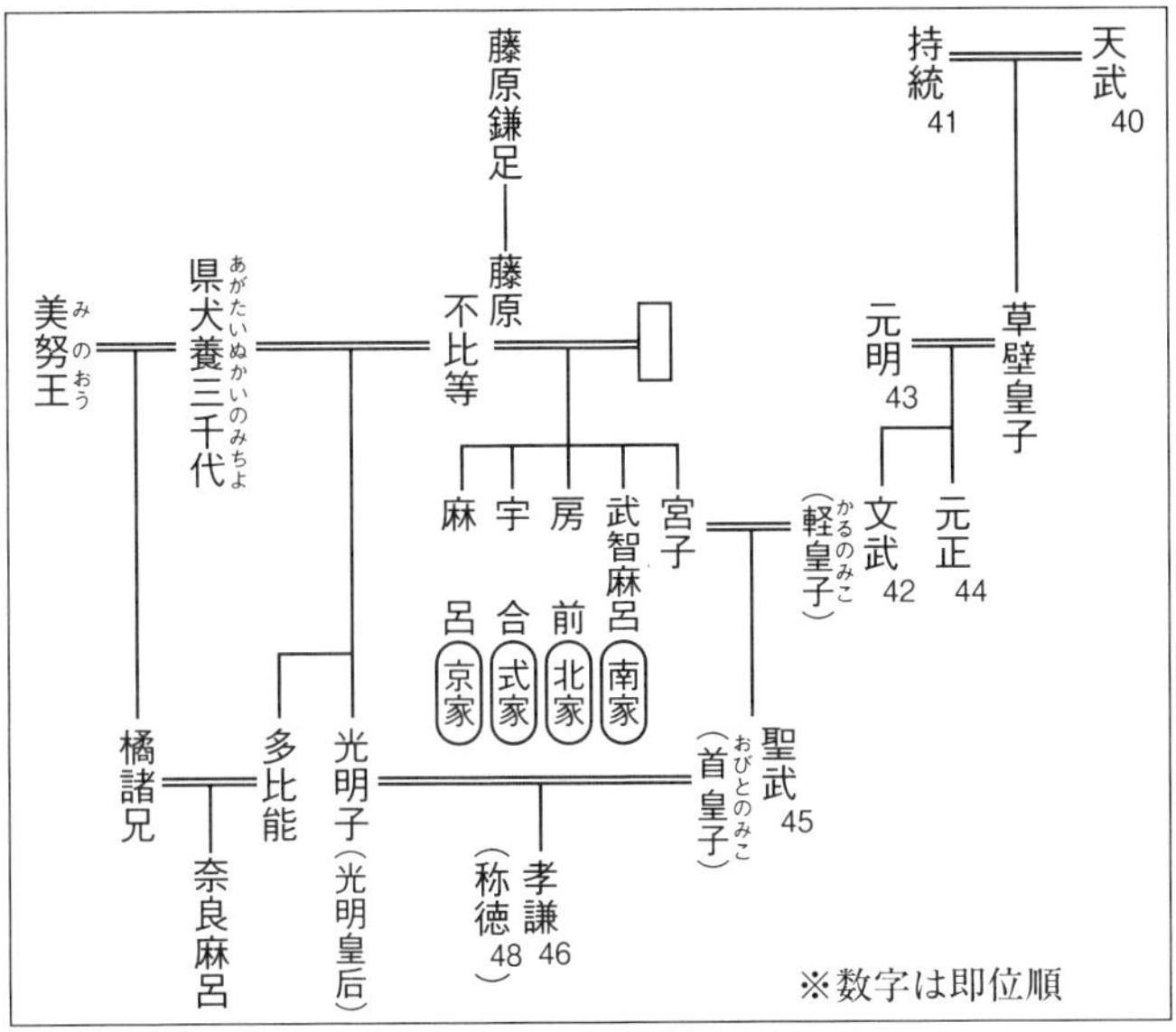

藤原不比等と文武天皇・首皇子（聖武天皇）関係図

■藤原不比等《ふひと》の画策

藤原京から平城京への遷都を画策したのは、藤原不比等《ふひと》をおいて考えられない。『続日本紀』によると文武天皇の慶雲《けいうん》四年（七〇七）二月条に「詔《みことのり》して遷都の事を議せしむ」とある。この年の六月に文武は死去するので、遷都について議すべき詔を下した時は、病身であったと思われる。持統女帝亡きあとを見計らって、おそらく遷都推進を主導していた藤原不比等が画策したものと思われる。

大宝律令を制定した不比等は、藤原氏の野望として天皇家の外戚《がいせき》となることであった。そのために娘宮子《みやこ》を文武天皇の夫人とし、その間に生れた首《おびと》皇子を天皇位（聖武天皇）につけ、さらに、藤原氏の血統につらなる天皇を新京、平城京で即位させることを標的として定めた。

藤原不比等の供養塔（左）と藤原鎌足墓（右）（桜井市多武峰《とうのみね》・談山《たんざん》神社）　談山神社は多武峰・御破裂山《ごはれつ》（618m）の山頂近くにある。不比等の父の藤原鎌足《かまたり》を祀る。談山神社は明治初年の廃仏《はいぶつ》毀釈《きしゃく》まで多武峰と呼ぶ寺であった。東大門の参道入口から本殿に登っていくと、鎌倉時代の摩尼《まに》輪塔《りんとう》があり、さらに登っていくと、参道の左側を少し入った高台に不比等の墓と伝える鎌倉時代の十三重塔が立っている。

なお、談山《かたりやま》（146頁参照）を経て、御破裂山の頂上には、藤原鎌足墓も伝えられている。

■不改常典《ふかいのじょうてん》の適用

こうした不比等を中心とした遷都推進勢力と対立したのが、天皇の血統に連なるいわゆる皇親派であり、藤原京からの遷都反対の立場をとった。両者の立場を象徴的に説明しているのは、『続日本紀』慶雲元年（七〇四）一一月条の「始めて藤原宮（京の誤記）の地を定む。宅、宮（京）の中に入る百姓一千五百五烟に布を賜ふこと差あり」という記事である。

持統天皇が飛鳥から藤原宮に遷ったのは持統天皇八年（六九四）である。その一〇年後にようやく宅地の班給がなされたと、この記事は読みとれる。なぜ、このような事態となったのか。おそらく、藤原京造営は計画どおりに進捗しなかったことを示唆する。その原因として遷都推進勢力の遅延工作があった可能性が考えられる。

しかし、遷都推進勢力の中心にいた不比等に誤算があった。それは、文武天皇が二五歳で夭逝《ようせつ》したことである。その子供である首《おびと》皇子（のちの聖武《しょうむ》天皇）は、その時六歳である。即位するには、幼すぎた。首皇子が成人になるまで、文武天皇の後継天皇でつながねばならなかった。苦境を強いられた不比等が打開策として打ち出すのが、天智天皇によって定められたという不改常典《ふかいのじょうてん》※4である。即位の根本法とでもいうべきものである。
草壁《くさかべ》皇子と元明《げんめい》の間に生れた文武天皇が即位したときは、不改常典は、もちだされることはなかったが、元明天皇即位に際しての宣命《せんみょう》※5に、持統から、その孫文武に継承されたのは不改常典による正当性があるという。それは、草壁の嫡子だという点に正当性を求めている。そして、元明の即位は文武の遺詔であるという。遺詔という形をとらねばならないのは、元明は文武の母であることによる。

こうして、藤原京時代の最後の天皇元明によって平城遷都が行われるのである。平城京時代の元正《げんしょう》天皇、聖武天皇の即位においても不改常典が適用されるのであるが、この方法は不比等が編み出したものであり、おそらく天智天皇に仮託されたものであろう。かくして、神亀元年(七二四)に首皇子が即位するが、その実現に期待をかけた不比等は、すでに養老四年(七二〇)に死去している。

宮内庁が治定《じじょう》する草壁皇子墓(高取町森) 同墓に草壁が葬られている確証は定かではなく、近くの束明神《つかみょうじん》古墳(高取町佐田、63頁参照)をあてる説が有力である。

※4 不改常典(ふかいのじょうてん)「あらたむまじきつねののり」ともいう。元明・聖武・孝謙《こうけん》の三代の天皇即位宣命《せんみょう》にのみ使用される用語である。
その内容は、嫡子継承とする説など、定説をみない。

※5 宣命(せんみょう) 天皇の命令を伝える文書の一形式をいう。

現状のキトラ古墳（明日香村阿部山）　現在、壁画ははぎとられて保存修復されており、墳丘には仮設保護覆《おおい》屋《や》が設けられている。

現状の高松塚古墳（明日香村平田）　現在（2011年）、復原・整備工事が進められている。

■高松塚《たかまつづか》古墳とキトラ古墳の発見

藤原京時代の最後か、あるいは奈良時代の初頭に造られたとみられている高松塚古墳（明日香村平田）は、昭和四七年（一九七二）、発掘調査によって石室に描かれていた壁画が発見され、今日まで保存をめぐる問題も含めて、長年にわたって議論されてきた。

青龍《せいりゅう》・朱雀《すざく》・玄武《げんぶ》・白虎《びゃっこ》の四神、星宿《せいしゅく》図、人物像からなる壁画の解読は、わが国の文物に関しては初めて研究課題となった。

同じく四神、星宿図とともに十二支《し》の壁画をもつ明日香村阿部山のキトラ古墳は、昭和五八年（一九八三）以来、ファイバースコープや超小型カメラ、デジタルカメラといった近代技術による調査が試みられ、平成一六年（二〇〇四）の発掘調査によって、壁画の全容がほぼ判明した。しかし、高松塚古墳と同様、壁画の保存については困難な問題に直面してきた。

■四神壁画の意味

今まで、青龍・朱雀・玄武・白虎の四神の壁画についてその意味がさまざまに解釈されてきた。

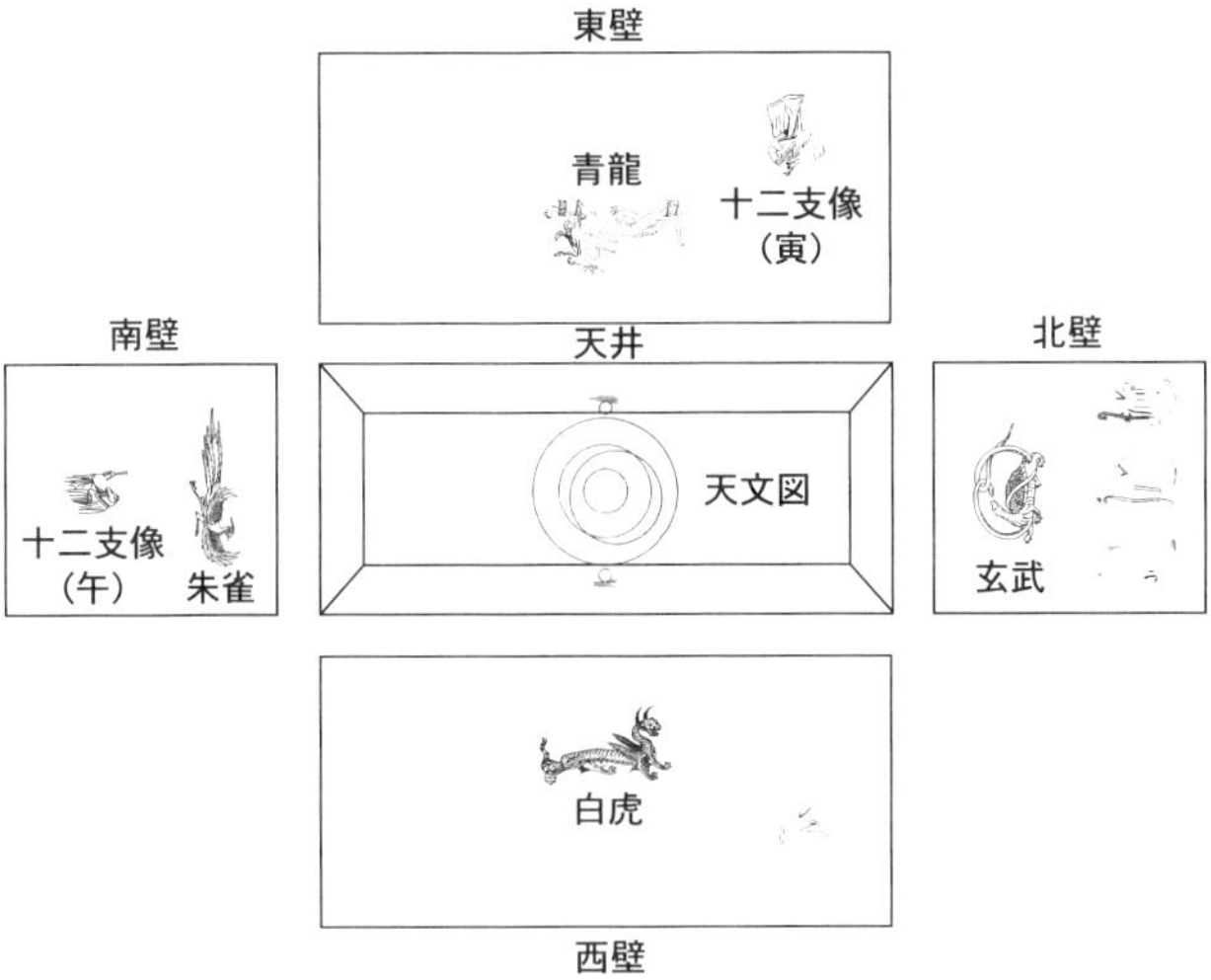

キトラ古墳の石室展開図　東壁に青龍、南壁に朱雀、北壁に玄武、西壁に白虎、天井に天文図（星宿図）が描かれている。（奈良文化財研究所・文化庁『キトラ古墳の発掘調査』2004年より）

四神は、本来星宿（星座）に配当された四方の獣であり、星宿図（天文図）が天井部に描かれていたことに、直接関係するもので、墳墓の内部は「天」（「天空」）を表していると理解しなければならない。従って、石室は死者（被葬者）の住まいとしての「天」であって、昇仙の思想あるいは神仙思想との関連から解釈するのが原則である。

当時において、四神の思想は、次の『続日本紀』大宝元年（七〇一）正月朔《さく》条からも、読みとれる。

天皇、大極殿に御して朝を受く。その儀、正門に於いて烏形の幢《しょう》を樹つ。左に日像《にちぞう》・青龍・朱雀の幡《ばん》、右に月像《げつぞう》・玄武・白虎の幡。蕃夷《ばんい》の使者を左右に陳列す。文物の儀、是に於て備はれり。

キトラ古墳の石室内　中央の北壁には玄武が描かれている。（奈良文化財研究所提供）

文武朝の朝賀の儀式において、四神の像を描いた幡《ばん》が幢《しょう》とともに立てられているが、それは、天皇（北極星）を中心とする天文世界＝宇宙を表現するものである。

また、『続日本紀』和銅元年（七〇八）二月条の元明女帝による平城遷都の詔《みことのり》に「方今《まさにいま》、平城の地、四禽図《しきんと》に叶《かな》ひ、三山鎮《ちん》を作し、亀筮《きぜい》並《なら》びに従ふ。宜《よろ》しく都邑《とゆう》を建つべし。」とあるが、宮都が天空世界そのものであると認識するものである。例えば、奈良・薬師寺の本尊、薬師如来像の台座にも四神の彫刻がある。この場合も、宇宙の中心に薬師如来が位置することを示すものであろう。

このように、四神は天空世界に位置するものであることを確かめておくべきであって、単純に四方の守護神という理解では、十分とはいえない。

■キトラ古墳の星宿図について

キトラ古墳の星宿図は、その精細な表現が注目される。高松塚古墳のそれとは異なり、内規、外規と呼ばれる同心円や赤道、黄道が円状に描かれている。

同類の星宿図の拓本《たくほん》は韓国のソウル大学と誠信女子大学に所蔵されているが、写真

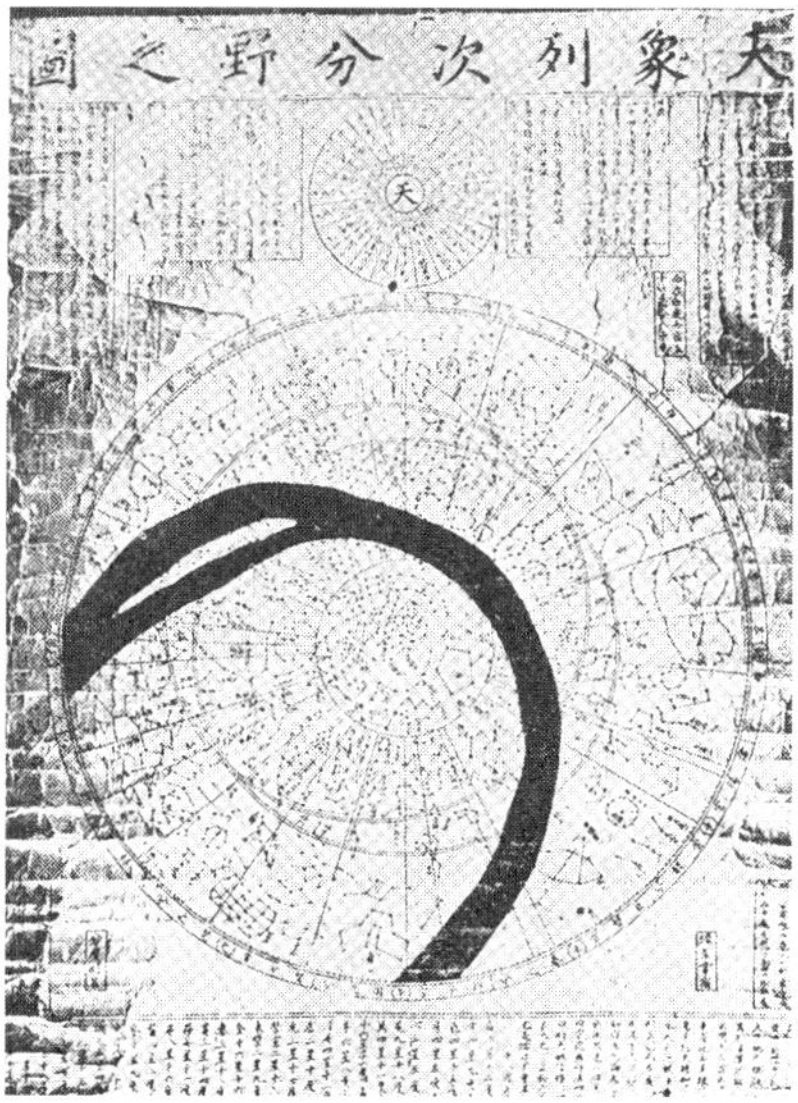

天象列次分野之図

薬師寺の薬師如来像と台座（薬師寺蔵）

版でみる限り、いずれも「天象列次分野之図」という表題があり、拓本の刷り上がりがやや異なるものの、石刻の原図は同じものであると思われる。その拓本の下部には星宿の解説が書かれているが、末尾に星宿図が刻まれたと思われる洪武《こうぶ》二十八年（一三九五）という年号が付されている。

この石刻図の由来について、もともと「平壌城《へいじょう》」にあったが兵乱により、川に沈没し、無くなったが、朝鮮時代の初代の太祖からその拓本が献上され、それに基づいて当時の天文図として再刻したものであると記されている。「平壌城」とあるから高句麗《こうくり》の時代のことであり、兵乱とは唐と高句麗が戦闘し、高句麗が滅んだときのこととすれば、六六八年頃であろう。

キトラ古墳の石室の壁面に描かれた十二支像も、天空を十二に分類し、その方位は十二支で表現したものと解してよく、星宿図、四神図とともに十二支像でもってワンセットとして天空の表現とみることができる。

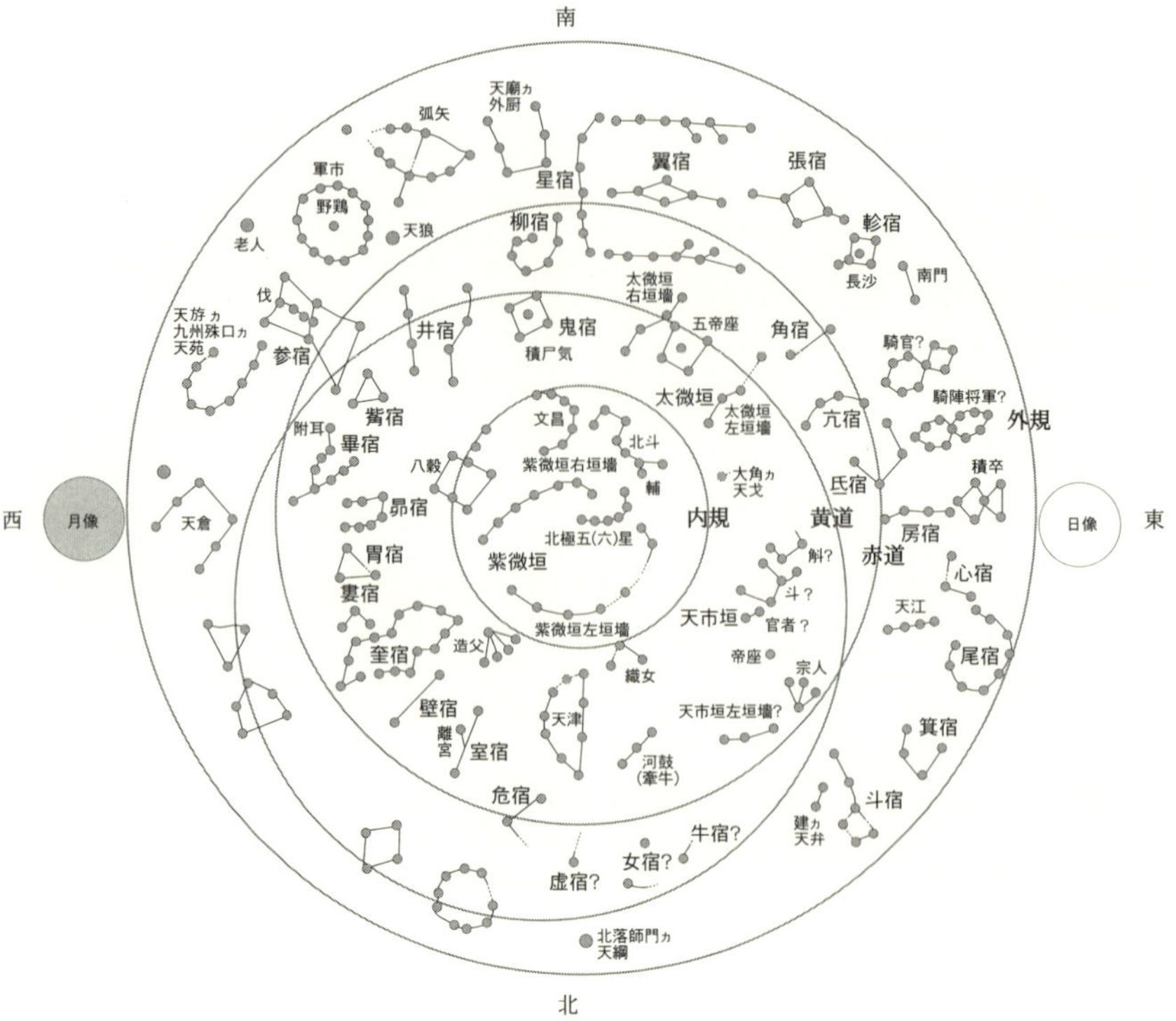

天井の星宿図の模式図（奈良文化財研究所『キトラ古墳』2005年より） 東に日像、西に月像を配し、同心円には、氐宿《ていしゅく》・尾宿《び》・斗宿《と》・昴宿《ぼう》・畢宿《ひつ》・参宿・鬼宿《き》・張宿《ちょう》・北斗《ほくと》・積卒《せきそつ》・天狼《てんろう》・軍《ぐん》市《し》・野《や》鶏《けい》・造父《ぞうほ》などがみられる。

■キトラ古墳と高松塚古墳の年代
——七世紀か八世紀か

高松塚古墳もキトラ古墳も横口式石槨《よこぐちしきせっかく》をもち、天井部のくり込みの変化から編年が試みられ、キトラ古墳が高松塚古墳より古いとする考えは有力である。

大阪府立近《ちか》つ飛鳥《あすか》博物館長の白石太一郎《しらいしたいちろう》氏は横口式石槨の型式からの編年によって、キトラ古墳を八世紀の初頭、高松塚古墳を七一〇年代の終わりとする。具体的には、キトラ古墳は横口式石槨の祖形である家形石棺の蓋《ふた》のくり込みが天井に残るが、高松塚古墳はくり込みがなくなり天井が平坦である。

一方、京都大学教授の岸俊男《きしとしお》氏（故人）は、火葬墓の始まりを埋葬形式の画期として、高松塚古墳の年代を推定することを試みた。火

※6　**道昭**（どうしょう）　舒明元年（六二九）～文武四年（七〇〇）。わが国法相宗《ほっそうしゅう》の祖といわれる。河内（大阪府）の渡来《とらい》系氏族の船《ふな》氏の出身。行基《ぎょうき》の師僧としても有名で、わが国で初めて火葬にふされたと『続日本紀』にある。

高松塚古墳出土の海獣葡萄鏡（奈良文化財研究所提供）

葬の事例を文献史料からみると、道昭《どうしょう》※6は文武四年（七〇〇）であり、天皇では持統天皇の大宝三年（七〇三）に始まる。奈良時代の墓誌が副葬された墳墓をも考え合わせると、八世紀に入ると火葬がかなり普及し、高松塚古墳の近くに位置する、文武陵とみなす説もある中尾山《なかおやま》古墳（明日香村平田）も火葬墓と推定されていることから、「高松塚古墳の被葬者が火葬でないことは、古墳の年代や被葬者を考える上でもやはり留意すべき問題であろう」と述べる。従って岸俊男氏によると、高松塚古墳は七世紀代であり、同じく火葬墓でないキトラ古墳も七世紀代となる。

高松塚古墳の年代論に関して、注意されたのは、副葬されていた唐で造られた海獣《かいじゅう》葡萄鏡《ぶどうきょう》である。製作年代は七世紀後半とされているが、舶載《はくさい》年代は不明である。ただ、慶雲元年（七〇四）に唐に渡っていた遣唐使粟田《あわたの》真人《まひと》らが帰国したときに持ち帰ったものと考え、その後に副葬されたとしたら、高松塚古墳の築造は、八世紀初頭になる。ただし、海獣葡萄鏡が、遣唐使によってもたらされたことを証明できず、日本への伝来ルートは不明としておくべきであろう。

とすれば、副葬されていた海獣葡萄鏡だけをもって、高松塚古墳の年代を決定する遺物とするわけにはいかない。

飛鳥寺東南禅院石垣の発掘（明日香村飛鳥、奈良文化財研究所提供） 富本銭《ふほんせん》が出土した飛鳥池遺跡発見の契機となった万葉ミュージアム建設に伴う調査では、禅院の施設も確認されている。

飛鳥池遺跡の北側300平方メートルの発掘で、工房のある谷の出入り口から古代の道（幅9.5m）を隔てて、東西に延びる塀の基壇（推定幅2.5m）の両側にあった石列のうち、北側の25m分が出土。50～60cm大の石が並んでいた。石列の東端には東西7.3m、南北2.8mに人頭大の石百数個を敷き詰めてあり、南門に伴うものらしい。

出土した瓦や土器から7世紀末のものとみられる。

■画師はだれか——黄文《きぶみ》氏集団か

高松塚古墳の画師として、大阪大学教授の井上薫氏（故人）は黄《き》文本実《ぶみのほんじつ》という人物を想定した。黄文本実は、唐に留学の経験があることは奈良・薬師寺の「仏足石記」に記されていて、彼の持ち帰った「仏足跡図」が平城京右京四条一坊の禅院にあるとする。白雉《はくち》四年（六五三）、わが国で最初に火葬にふされたことで知られる道昭《どうしょう》が遣唐使として入唐し、三蔵《さんぞう》法師と呼ばれる玄奘《げんじょう》に師事して八年間の留学ののち、斉明七年（六六一）に帰国した後、飛鳥寺の東南隅の禅院に止住したが、平城遷都後は彼のもたらした経典類は右京四条一坊の禅院に所蔵された。

黄文本実が持ちかえった「仏足跡図」は道昭ゆかりの禅院にあるということは、黄文本実の渡唐は、道昭と同じ年である可能性がある。

『日本書紀』推古十二年（六〇四）九月条に、「初めて黄書画師《きふみのえかき》・山背画師《やましろのえかき》を定む」とある。また、黄文本実は、大宝二年（七〇二）十二月には持統天皇の、また慶雲四年（七〇七）六月には文武天皇の殯宮《もがりのみや》の担当となったことも、貴人の墳墓をしつらえるのに中心的な役割を担ったと思われる。

高松塚古墳壁画（奈良文化財研究所提供）　右は西壁女子群像、左は東壁女子群像。

そのような、経歴からみると、粉本が同じとされる高松塚古墳とキトラ古墳の壁画は、黄文氏の集団によったという想定もできよう。

■被葬者はだれか——百済王善光《くだらおうぜんこう》と子の昌成《しょうじょう》か

古墳の被葬者を詮索するのは、本来墓誌をもたない日本の墳墓については、邪道とまでいわないとしても、主要な課題ではない。しかし、高松塚古墳やキトラ古墳の石室に壁画が描かれているという、わが国の古墳では、特異なものであるので、被葬者との関係はまったく無視するわけにはいかないだろう。

先に触れたように、石室が天空世界を擬した空間であるとするならば、被葬者は、生前、天空的な世界を宇宙観とする文化に関わる人物であり、死後もそれを文化的に継承すると認識されたと思われる。とすれば、「帝王」的地位にあった人物か、あるいはそれと直接的な血統がある人物であろう。そのように被葬者像を想定すると、官僚的人物である高位高官であるとは、考えがたい。

また、飛鳥から藤原京にかけての天皇とその一族の墳墓は、原則的に平面形が八角形である。例えば、先に発掘の成果について記し

宋山里古墳群６号墳の壁画

た斉明陵とみられる牽牛子塚《けんごしづか》古墳（明日香村越《こし》）、天武・持統陵の可能性が高い大内山古墳（明日香村野口）や草壁《くさかべ》皇子の墓であるとみられている束明神《つかみょうじん》古墳（高取町佐田）などをあげることができる。ところが、キトラ古墳や高松塚古墳は円墳である。

私は、一貫して、百済王《くだらおう》氏が有力な候補であると考えてきた。天武・持統朝は唐との関係は断絶状態に近いが、新羅への使節はかなりひんぱんに派遣されている。そのため、壁画古墳に葬られたのは百済王家とは考えがたいという説がある。しかし、百済王家には冠位などを与えるなど日本側の処遇は特別扱いをした。

私が仮説的ではあるが、高松塚古墳とキトラ古墳――ほかにも飛鳥の地で壁画古墳が発見されるかもしれないがそれをも含めて――に百済王家の人物が葬られたのではないかと憶測する理由は、百済の地に王族の墳墓に四神の壁画が描かれているからである。韓国広州の宋山里《そうざんり》古墳群の六号墳や、扶余《ふよ》の東方にある陵山里《りょうざんり》古墳群の東下塚も壁画に四神が描かれている。

わが国と百済の関係は密接である。『日本書紀』舒明天皇三年（六三一）三月条に「百済王義慈《ぎじ》、王子豊章《ほうしょう》（璋）を入れて質とす」とあり、『続日本紀』天平神護二年（七六六）条に百済王敬福《けいふく》の薨伝をのせるが、そこには百済王善光《ぜんこう》の渡来に触れ、舒明朝のこととしている。

東アジアの地政学的な情勢は危急であった。唐と新羅の連合軍が百済に侵略するという局面を迎え、王子豊璋は本国に帰り、国政を委ねられた。そして豊璋軍と日本軍が白村江《はくそんこう》※7で唐の水軍とあいまみえ大敗する。豊璋は高句麗に逃げるが善光には故国に帰る機会は訪れなかった。

『日本書紀』天武四年正月朔《ついたち》条には、善光は大学寮の学生、陰陽寮、外薬寮、舎衛《しゃえ》の女、堕羅《たら》の女、新羅の仕丁《つかいのよほろ》らとともに薬や珍異なるものをたてまつったとある。これは、天皇の長寿を願う御

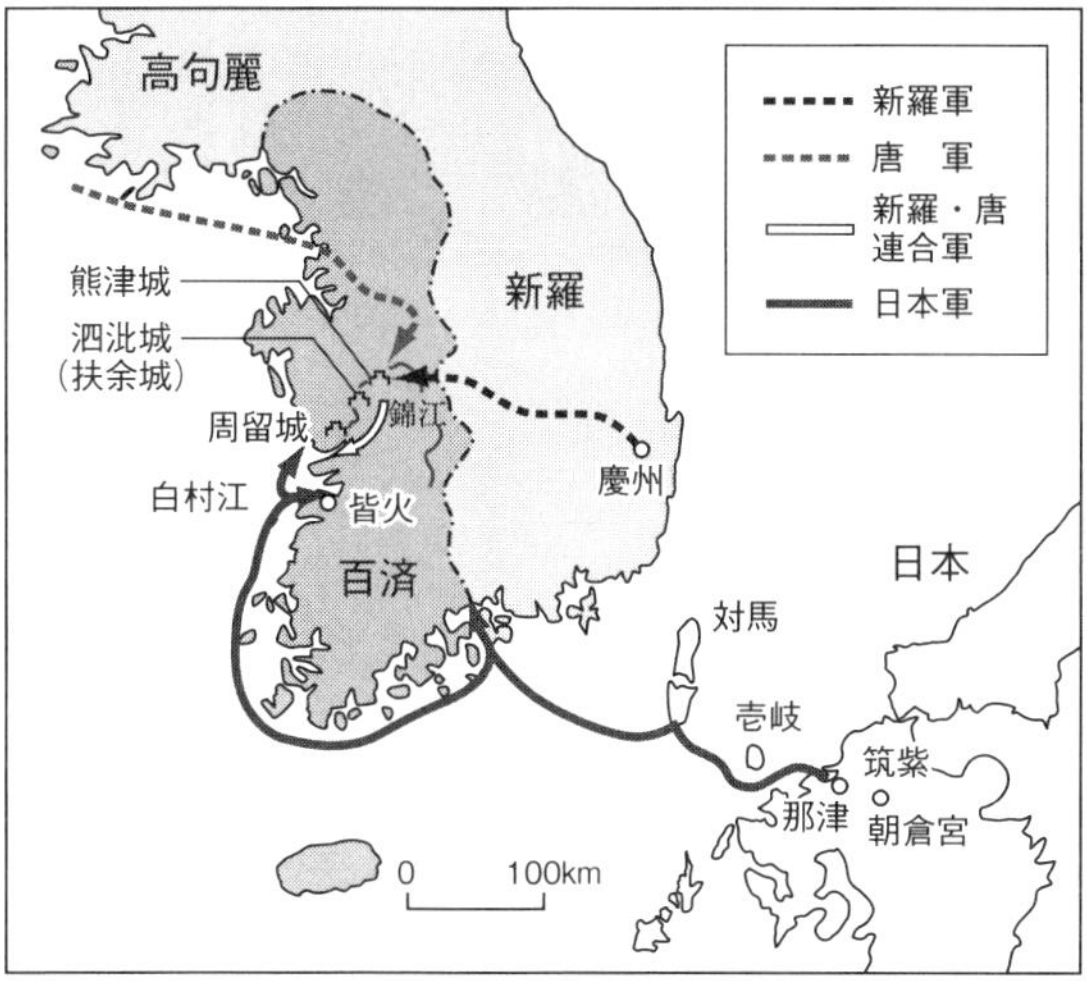

※7　白村江の戦い　7世紀、朝鮮半島統一をめざして新羅《しらぎ》が高句麗《こうくり》・百済《くだら》と対立していた。一方、隋以来、高句麗征服策をとってきた唐は、新羅と結び、660年に百済を滅亡させた。そこで、百済の国家再建をめざす遺臣たちは、日本軍の救援を求めてきた。

日本は百済の要請に応じ、661年に斉明天皇が軍勢を集めて九州に赴《おもむ》いたが、朝倉宮《あさくらのみや》（福岡県）で没したため、中大兄皇子が皇太子のまま後継者となり、軍勢を朝鮮半島に派遣した。

663年8月、朝鮮半島、錦江《きんこう》河口の白村江の戦いで、日本・百済の水軍は唐・新羅の連合軍に大敗した。わが国は百済再建の企てに失敗し、新羅との交流はしばらく後退した。

唐・新羅連合軍は、668年、高句麗をも滅ぼした。その後、新羅が唐の勢力を追い出し、676年には朝鮮半島を統一した。

益田岩船《ますだのいわふね》（橿原市白樫《しらかし》町）　飛鳥の牽牛子塚《けんごしづか》古墳の北西の貝吹山《かいぶきやま》（210m）から北西に派生する尾根上に益田岩船がある。花崗岩の巨石で東西の長さ11m、南北の長さ８m、北側面の高さ５mをはかる。巨石の上面と東西の側面には幅1.6mの帯状溝があり、上面を横断する帯状溝には幅1.6m四方の穴が1.4m間隔で２個並び、穴の深さは1.3mある。

用途については益田池碑の台座説、終末期古墳の石槨《せっかく》墓説などとともに、占星台説もある。謎の石造物だが、占星台説に興味がひかれる。

薬日の行事としてなされたものである。その四日後に占星台《せんせいだい》が完成する。その占星台がどこにあったか、今のところ発掘調査では確認されていない。

『日本書紀』朱鳥《あかみとり》元年九月三十日条には、天武の死に際して、善光は老齢であったためか、孫の良虞《りょうぐ》が代理で誄《しのびごと》しているが、このことからも百済王家が宮廷と親しい関係にあったことを物語る。善光が死んだのは持統六年（六九二）末か七年正月と推定されている。というのは、持統七年正月十五日に正広参《しょうこうさむ》という冠位を賜っているが、これは死去によるとみられるからである。

右のようなわが国と百済の国交関係からみて、高松塚古墳の被葬者は百済王善光を想定しておきたい。それではキトラ古墳の被葬者は誰かということになろう。高松塚古墳の被葬者を百済王善光と想定したとして、キトラ古墳の被葬者は善光の息子で早世した昌成《しょうじょう》をとりあえずあげておきたい。

百済王昌成は天武三年（六七四）正月に死去している。父親より二十年ばかり前に亡くなっている。キトラ古墳と高松塚古墳の築造年代については、右に記したように、キトラ古墳が先に造られたとすれば、百済王昌成を被葬者の候補の一人にしうる理由である。百済王昌成が死去した翌年に占星台が完成していることにも注目したい。飛鳥で天文学的関心が高まった時期であるとすれば、昌成の墳墓に最も詳細な天文図（星宿図）が描かれこともあり得たであろう。

■高松塚古墳の人物像について——徐顕秀《じょけんしゅう》墓壁画から考える

「朝日新聞」(平成二〇年二月二〇日)の記事によると、中国・山西《さんせい》省の太原《たいげん》市で二〇〇〇年に発見された北斉《ほくせい》時代(五五〇~五七七)の高級武官・徐顕秀《じょけんしゅう》(五七一年没)の墓に描かれた壁画の全容が九州国立博物館(福岡県太宰府《だざいふ》市)における研究会[※8]で報告された。それによると、人物像には、高松塚古墳に描かれた男子群像と構図や持ち物など、類似した点が多くあるという。

徐顕秀墓は墓道の入り口から、ドーム状の天井を持つ墓室の奥まで全長約三〇メートルの地下墓。墓道と墓室に約二〇〇の人物像が等身大で描かれていた。墓室の左右の壁には

益田岩船付近図

※8　徐顕秀の墓(じょけんしゅうのはか)　報道によると、太原市文物研究所の李非《りひ》所長は、次のように報告している。

「高松塚古墳では人物像は35センチほどで、徐顕秀墓の等身大に比べてずっと小さいが、西壁に折りたたみ式のいすと長い袋包み、東壁に傘を持った男性像が描かれている。X形に開くいすや、四角い傘の四隅から房飾りなどを垂らした様子は、徐顕秀墓に描かれたものとそっくり。複数の人物が基本的に同じ方へ体を向けながら、顔は様々な向きになっている構図もよく似ている。

築造年代は高松塚古墳が一〇〇年以上新しい。北斉の出行図が後世の隋・唐に伝わり、それが日本へもたらされた可能性もありそうだ。

同じ太原市にある北斉時代の貴族・婁叡《ろうえい》の墓の壁には、最古の十二支壁画とされるウシやトラなどが描かれている。いずれも動物そのままの姿で、動物の顔に人間の体で描かれたキトラ古墳の十二支像とは違うが、その関係も注目される。」(『アサヒ・コム』より一部抽出。二〇〇八年二月二〇日)

被葬者の魂につきそう従者を描いた「出行図」があり、西壁には主人にさしかける布製の傘や折りたたみ式のいす、やりのような長い棒状のものを入れた袋包みなどを持った男性像が見られる(太原市文物考古研究所編『北斉徐顕秀墓』文物出版社、二〇〇二年)。

時代的には、中国の壁画が先行すること、大きさも中国の方が等身大で、高松塚古墳のものは小さいが、図柄の構成・モチーフが類似することから、高松塚古墳の人物像のルーツを探る手がかりの一つとなるとみてよいであろう。

高松塚古墳壁画(左)と徐顕秀墓壁画(右)の人物像

星宿図の謎

先に触れた韓国に現存する星宿図については、イギリス・ケンブリッジ大学の科学

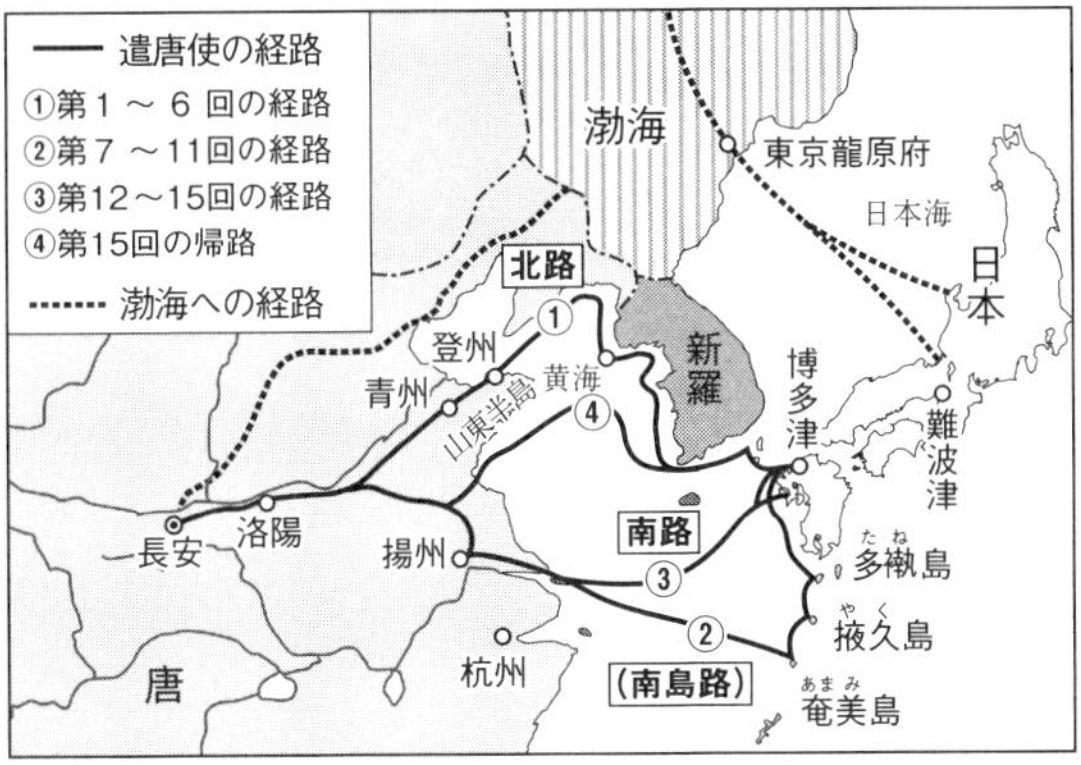

遣唐使船の航路　中国とは、遣隋使のあと、舒明天皇２年(630)に犬上《いぬがみの》御《み》田《た》鍬《すき》が第１回遣唐使として派遣されて以後、寛平６年(894)まで19回の遣唐使仕命があり、実際は15回の渡海があった。地図は８世紀の東アジア諸国。

史の泰斗《たいと》J・ニーダムが『中国の科学と文明』〔第五巻　天の科学〕（吉田忠・宮島一彦・高柳雄一・橋本敬造・中山茂・山田慶児訳、思索社　一九七六年）においてとりあげている。

高句麗の時代に、キトラ古墳の石室の天井石に描かれたのと同類の星宿図があったと想定すれば、それに関連するものが当時の日本に伝えられていた可能性も否定はできない。

ただし、高句麗時代にキトラ古墳の星宿図に似たものがあったのではないかと、朝鮮時代の拓本から推定されるだけのことであって、実在していたという確証はない。朝鮮半島の墳墓の壁画からは同類の星宿図は発見されていないが、星宿図は、高句麗時代の集安《しゅうあん》の壁画墳にみられることはよく知られている。飛鳥への高句麗文化への影響についても無視できない。

飛鳥と高句麗文化

推古紀以降の高句麗との交渉記事から、文物の伝来の契機になった内容を分類すると次のようになる。

年代	高句麗	百済	新羅	日本
敏達 二（五七三）	五月			
三（五七四）	五月		十一月	
四（五七五）		二月		四月 新羅・百済
六（五七七）		十一月		五月 百済
八（五七九）			十月	
九（五八〇）			六月	
十一（五八二）			十月	
十二（五八三）		是年		七月 百済、是年百済
十三（五八四）				二月 任那
用明 二（五八七）		六月		
崇峻 元（五八八）				是年 百済
四（五九一）				十一月 新羅・任那
推古 三（五九五）	五月			
五（五九七）		四月		十一月 新羅
六（五九八）			八月	
七（五九九）		九月		
八（六〇〇）			是年	是年 新羅・任那
九（六〇一）			九月	三月 高句麗・百済
十（六〇二）	十月			
十三（六〇五）	四月			
十八（六一〇）	三月		十月	
二三（六一五）		九月		
二四（六一六）			七月	
二六（六一八）	八月			
二九（六二一）			是年	

■僧の渡来と日本の学問僧の留学

『日本書紀』推古紀三年（五九五）五月条に、慧慈《えじ》は高句麗から渡来して聖徳太子の師となったとある。慧慈は飛鳥寺の僧となるが、その前に聖徳太子に仏教を講じている。同じ三年に百済僧恵聡《えそう》も渡来し、二人がわが国の仏教の弘通《ぐつう》に貢献すること大であったために、「三宝の棟梁」と称せられた。

以下、年表風に高句麗と日本の僧との交流について、『日本書紀』に従って記しておきたい。

①推古十年（六〇二）十月…高句麗の僧僧隆《そうりゅう》・雲聡《うんそう》が渡来。

②推古十三年（六〇五）四月…高句麗王が日本の天皇が仏像（飛鳥寺丈六《じょうろく》）を造るので、黄金三百両を貢上。

③推古十八年（六一〇）三月…高句麗の王が僧曇徴《どんちょう》・法定《ほうじょう》を貢上。曇徴は五経を知り、彩色・紙墨を作り、あわせて碾磑《みづうす》を造るとある。彩色は絵の具、紙墨は紙と墨のことであるから、画材のようなものを伝えたのだろう。碾磑とは、水力による臼をいう。

三一（六二三）			七月	是年 新羅・任那
三三（六二五）	正月			
舒明 二（六三〇）	八月	八月		
三（六三一）		三月		
四（六三二）			八月	
七（六三五）		六月		
十（六三八）		是年	是年	
十一（六三九）			九月	
十二（六四〇）		十月	十月	
皇極 元（六四二）	二月	二月 五月	三月	
二（六四三）		六月		

わが国と朝鮮諸国との交渉

［註］朝鮮三国については、来日の年・月を示し、帰国は省略。日本の欄は、日本の使者の出発の月・年および目的地を示す。

推古九年の新羅は、使者の来日ではなく、間諜の来日記事。

舒明三年の百済は、皇子豊璋を質とすること。同四年、同十一年の新羅は、日本の学問僧を送る使。

皇極元年二月の百済は、弔使。同二年の高句麗は、使者は筑紫へ来ているが、以後消息不明。（『新修大阪市史』による）

※9 『**日本霊異記**』（にほんりょういき） 日本最古の仏教説話集。奈良・薬師寺の景戒《けいかい》が漢文で書いた。平安時代初期の弘仁十三年（八二二）成立。

④ 推古三十三年（六二五）正月…僧恵灌《えかん》渡来し、僧正《そうじょう》に任じられる。

逆に日本から高句麗に渡った学問僧もいた（皇極紀三年、大化三年紀）。山城（京都府）宇治橋《うじばし》を造ったという道登《どうと》も『日本霊異記《りょういき》』※9に高句麗に留学したとある。

■『日本書紀』の遣使の往来と貢上記事

外交的な目的で、高句麗からわが国に使節として遣わされた場合についても、関連事項とともに箇条書き的に記すと次のようになる。

① 推古紀二十六年（六一八）八月…隋の煬帝《ようだい》が三十万人の兵をもって高句麗を攻めたが、結果として高句麗に敗れたので、それを伝えるために、高句麗は日本に使節を遣わし方物《くにつもの》を貢いだ。実情は両国とも戦いに疲弊し、高句麗の要請によって煬帝は兵を帰すが、隋の国内に反乱がおこり、ついに隋は滅亡にいたる。

② 舒明二年（六三〇）八月…百済と高句麗の客に対して、朝

廷で饗宴する。

③皇極元年（六四二）二月…高麗《こま》の使人が難波津《なにわつ》に泊まり、金銀を献上する。その目的は高句麗の泉蓋蘇文《せんがいそぶん》による大王殺害※10の経緯を報告することにあったらしい。

④皇極二年（六四三）六月…高麗の使節が来朝。

⑤孝徳・大化《たいか》元年（六四五）七月…百済・新羅・高麗から使節が来て、調を貢いだ。

⑥孝徳・白雉《はくち》元年（六五〇）四月…「或る本に云はく」として「是の天皇の世に、高麗・百済・新羅、三つの国、年毎に使を遣して貢献《みつきものたてまつ》るといふ」とある。

⑦斉明元年（六五五）是歳…高麗・百済・新羅が使節を派遣して朝貢する。

⑧斉明二年（六五六）八月…高句麗の達沙《だちさ》らによって調進される。

⑨斉明六年（六六〇）五月…高麗の使人乙相賀取文《おつそうがすもん》らが、筑紫から難波館に到った。

　日本側は斉明二年（六五六）九月条に、大使膳臣《かしわでのおみ》葉積《はつみ》以下の使節を高句麗に派遣している。白村江《はくそんこう》での大敗の後も高句麗は前部能婁《ぜんほうのうる》（天智五年正月条）や乙相《おつそう》奄鄒《あむす》（同年十月条）らが遣わされており、天智七年七月条には「高麗《こま》、越《こし》の路《みち》より、使を遣して調進《みつきたてまつ》る風浪《かぜなみ》高し。故《このゆえ》に帰ることを得ず」とある。

■高句麗滅亡後の交渉

唐は、高句麗の泉蓋蘇文による大王弑逆《しいぎゃく》による内訌に乗じて数回にわたる出兵を試

※10　高句麗の政変（こうくりのせいへん）『旧唐書《くとうじょ》』高麗伝に、唐の貞観《じょうがん》十六年（六四二、皇極元年）、西部大人の泉蓋蘇文を誅しようとした栄留王が、反対に蘇文に殺されたことをさす。
　蘇文は、栄留王の弟の宝蔵王をたてて王とし、権力を握った。

み、さらに新羅との連合によって百済を六六三年に滅ぼし、六六七年に高句麗の滅亡に至る。その後の高句麗は新羅の保護のもとで、日本に遣使を天武朝まで遣わす。

以上、推古朝以来の日本と高句麗の関係を概略的にみたのであるが、星宿図は高句麗の兵乱のときに河に沈められたこととともに、両者の交渉が安定していた時代に高句麗から当時の天文学の知識が直接伝わったとすれば、その契機は右に記したように、(ア)高句麗僧の渡来と日本学問僧の留学か、(イ)高句麗からの遣使と貢上によるものであろう。

ただ、(イ)のような遣使が天文図のような学術的なものを携える可能性は少なく、どちらかといえば、(ア)の僧侶たちによってもたらされた可能性が高いと思われる。関連することとしては、推古十年(六〇二)十月条の百済《くだら》の僧観勒《かんろく》※11が天文地理の書などをたてまつったとする記事である。観勒がもたらした天文書がどのようなものであるかは、不明だが、僧侶たちの知識に天文があったことをうかがわせる。とすれば、キトラ古墳のものと同類の星宿図が高句麗から日本にもたらしたのは、僧侶によったのではないかという推定もできよう。

星宿図が直接に高句麗から日本に伝来したのではなく、百済僧観勒がもたらした天文図の中にさまざまな星宿図があったことも考えうる。そのような想像を導くのは、明日香村の飛鳥池遺跡から「丁丑《ていちゅう》年」(天武六年、六七七年)と書かれた木簡《もっかん》とともに「観

※11 観勒(かんろく) 百済の僧。推古十年(六〇二)に来朝して、暦本・天文地理書・遁甲方術《とんこうほうじゅつ》の書を伝えたという。

奈良の元興寺《がんごうじ》に住み、朝廷から最初の僧正《そうじょう》に任ぜられたと伝えられている。

丁丑年十二月三野国刀支評次米
（六七七年）

「丁丑《ていちゅう》年」（天武6年、677年）新嘗祭《にいなめさい》に使われた米の美濃《みの》国荷札木簡
（奈良文化財研究所提供）

勒」、「天皇」（62頁参照）という墨書《ぼくしょ》木簡が出土したからである。

推古十年（六〇二）に百済から渡来した観勒の没年が定かではないが、天文地理の書をもたらしたとされる人物名からみて、「天皇」木簡はいわゆる先に触れたように称号としての「天皇」のことではなく、北極星のことではないかと解する可能性を否定すべきではない。どうしても「天皇」号と結び付けねばならないと固執してはならないであろう。発見当時の史家の論調は、天武朝と天皇号の始まりを結びつけるものが多かったが、果たしてそうと言い切れるかについて論議すべきであろう。

その契機は、大阪府堺《さかい》市の行基《ぎょうき》ゆかりの大野寺《おおのでら》の土塔《どとう》の近くで検出された須恵《すえ》質の容器（奈良時代末〜平安時代初頭）に記されていた「洞天《どうてん》」と「天皇尊霊《てんのうそんれい》」という文字である。「洞天」は道教の仙人の宮のことで、「天皇尊霊」は北極星の神を指すものと思われるからである。この事例から、飛鳥池遺跡の「天皇」木簡をみると安易に天皇号と解釈してよいかどうか慎重でなければならない。

天文に積極的に関心を示したのは天武天皇で、即位前紀に「天文《てんもん》・遁甲《とんこう》に能《よ》し」と、あるいは、天武四年（六七五）正月条に「占星台《せんせいだい》」を立てたとする記事によって知られる。この占星台においてどのような天文図がテキストとして用いられた

大野寺土塔《どとう》（堺市中区土塔町、208頁）**と「洞天」**（中央左）**・「天皇尊霊」**（上）**文字の須恵質容器**（堺市教育委員会提供）　行基が建立したと伝える大野寺の土塔は高さ9mの四角錐で土の塔であり、人名などをへら書きした瓦などが多数出土している。「洞天」「天皇尊霊」文字の須恵質容器の破片は、土塔の史跡公園に伴う工事で発見された。

かは定かではないが、星宿図に相当するものがあったはずである。もしかすると、キトラ古墳の星宿図のような詳細なものが用いられたのではないかと、私は想像する。

平城遷都へ

藤原京は持統天皇に始まり、文武天皇、元明天皇と、三代十六年間の都であった。先にみたように空間的規模は、平城京をしのぐものであり、もし都市的要素でそこが充たされたら、東アジア世界において長安城《ちょうあん》、洛陽城《らくよう》には肩を並べることはできないとしても、中国式都城としての風格をもつものであった。

にもかかわらず、平城の地に遷都しなければならない事情は、東アジア世界の中での都城としての存在感を示すためという理由はあたらない。それは、ひとえに藤原氏主導の都遷りであった。藤原京二代目の文武天皇に、大宝律令選定に中心的役割をになった藤原不比等《ふひと》の娘宮子《みやこ》を夫人としてそわせ、そのことが遷都への最大の動きとなった。

文武天皇と宮子との間に生まれた首《おびと》皇子、彼こそ藤原氏の血統につながる人物であり、そのため新しい舞台を準備する必要があった。平城遷都は純粋天皇の血統につながる者にとっては阻止されるべきであった。しかし、藤原氏の権勢は押し切っていくのだが、そのプロセスにおいて文武が若くして死去するという予定外の出来事があり、そのために平城京は元明・天正という二人の女帝のあと、やっと首皇子、つまり聖武天皇の即位となる。その後の政治的な動向について書くのは、本書の主題からはずれる。ひるがえって「飛鳥の覇者」とは誰かと問われたら、筆者の私も答えに窮する。権力の座にあった者を覇者というのが歴史のならいというならば、それに従うべきであろうが、彼らが人生の覇者であったかどうかは別問題である。

本章をもって私の記述は終わるが、本書は新古代史検証『日本国の誕生』シリーズの第五巻、上田正昭氏の『倭国から日本国へ』と関わりが強い。同書とあわせて読んでいただければ、わが国の誕生がいっそう鮮明になろう。

記者の目
Column

山田寺仏頭《やまだでらぶっとう》が見た蘇我氏のその後

二〇一〇年三月、奈良市の興福寺《こうふくじ》国宝館が新装された。館内に足を踏み入れると、数々の名宝の中に、白鳳《はくほう》美術の傑作、山田寺仏頭（国宝）の柔和な面立ちがあった。

仏頭は本来、奈良県桜井市にあった山田寺講堂の本尊として造られた薬師如来像のものだった。鎌倉時代初めの興福寺復興の際、同寺の東金堂の本尊として僧兵が強引に持ち去ったのだ。一四一一年（応永十八年）に東金堂が火災に遭った際に像は焼け落ち、頭部だけが一九三七年（昭和十二年）、現在の東金堂の本尊である薬師如来坐像の台座内部から発見された。

山田寺は、蘇我倉山田石川麻呂《そがのくらやまだいしかわまろ》が六四一年に造営を始めた氏寺だ。そして、石川麻呂が六四九年、中大兄皇子（天智天皇）に謀反の濡れ衣を着せられ、妻子とともに自害に追い込まれた地でもある。薬師如来像は、無実とわかった石川麻呂の冥福を祈って六七八年（天武七年）に鋳造が始められ、七年後に完成した。中門、塔、金堂、講堂が一直線に並ぶ堂々とした伽藍の様子が発掘調査で判明しており、寺跡は整備され、倒壊したままの状態で出土した連子窓《れんじまど》や柱が、奈良県明日香村の奈良文化財研究所飛鳥資料館に復原展示され、往時をしのぶことができる。

蘇我馬子の孫である石川麻呂は六四五年、中大兄皇子らが蘇我蝦夷《えみし》・入鹿《いるか》父子を滅ぼしたクーデタ、乙巳《いっし》の変（大化改新）の立役者の一人。『日本書紀』によると、中大兄皇子らの謀略に加わり、皇極天皇の前で三韓進調の上奏文を読み上げた。入鹿は、まさか天皇の面前で、しかも従兄弟に裏切られて暗殺されるとは思わなかっただろう。

入鹿の死を知った蝦夷は、甘樫丘《あまかしのおか》にあった邸宅に火を放って自害したとされ、蘇我本宗家《ほんそうけ》は滅亡した。乙巳の変は、『日本書紀』の記述によるならば、いかにも中大兄皇子や中臣鎌足《なかとみのかまたり》らが主導したかのように見えるけれども、鎌足の末裔である藤原不比等《ふひと》が編纂を主導した史書が、そのまま事実とは信じがたい。藤原仲麻呂《なかまろ》の手による「藤氏家伝《とうしかでん》」には、石川麻呂が入鹿と仲が悪かったと記されているが、そうした個人的な感情があったとしても、真実は別のところにあっただろう。

蝦夷も叔父である境部摩理勢《さかいべのまりせ》を滅ぼしており、むしろ、一族で強大な権勢を誇っていた蘇我氏内部の主導権争いがまずあり、それに中大兄皇子らが乗じたとの見方ができる。

最も有力な本宗家さえ滅べば、後はどうとでもなる。事実、中兄大皇子らは、右大臣となった石川麻呂に謀反の濡れ衣を着せて簡単に葬り去った。この際、石川麻呂の謀反を讒言《ざんげん》したのが異母弟である蘇我日向《そがのひむか》だったのも、蘇我氏内部の混乱が続いていたことをうかがわせる。

追討の軍勢が邸宅を囲もうとした時、石川麻呂は一戦を交えようという長男・興志《こごし》の進言を退け、山田寺に赴き、従容として自死の道を選んだという。『日本書紀』は、石川麻呂が「主君に逆らわず、恨まない」と言ったというが、あまりに出来過ぎている。自死という選択は、中大兄皇子らに利用されて蘇我一族の衰亡の扉を開いた自責の念からだったのだろうか。それとも殺伐とした現世にとどまることを拒む仏教への帰依心だったのだろうか。

ただ、本宗家と石川麻呂の嫡流は滅びたが、蘇我氏の血脈は、それで途絶えたわけではなかった。注目されるのは、石川氏である。石川麻呂の弟とされる蘇我連子を祖とし、七世紀末~八世紀中頃、官人として活躍した。

中でも、石川年足《いしかわのとしたり》（六八八~七六二年）の名がよく知られている。出雲国司《いずものこくし》としての善政を称賛され、藤原氏全盛の時代、御史大夫《ぎょしだいふ》正三位兼文部卿・神祇伯《じんぎはく》まで上り詰めた。一八二〇年（文政三年）、大阪府高槻《たかつき》市で墓誌（国宝）が見つかっており、大阪市中央区の大阪歴史博物館に寄託されている。墓誌は、「武内宿禰命《たけしうちのすくねのみこと》（の）子孫宗我《そが》（蘇我）石川宿禰十世孫」の石川石足の長男であることから書きおこす。当然ながら、石川氏は蘇我氏の後裔として、名門意識を強く持っていたのだろう。

だが、年足にしても、その事績からは古代国家を動かした大豪族の面影をしのぶことはできない。山田寺仏頭を見る時、石川麻呂の悲劇だけではなく、内政や外交、仏教の導入などに大きな役割を果たし、古代国家の礎をつくりながら、骨肉相食む争いによって衰亡していった蘇我氏の運命に思いをはせずにはいられない。

（読売新聞・関口和哉）

旧東金堂《とうこんどう》本尊仏頭（奈良市、興福寺蔵）

山田寺跡（桜井市山田）　現在、史跡公園になっている。

鼎談　推古朝と斉明朝の時代

話者◉千田　稔（奈良県立図書情報館館長・帝塚山大学特別客員教授）
小澤　毅（奈良文化財研究所　遺跡・調査技術研究室長）
里中満智子（マンガ家）
司会◉関口和哉（読売新聞橿原支局長）

●牽牛子塚《けんごしづか》古墳は斉明《さいめい》陵か？

関口　今回、「新・古代史検証　日本国の誕生」第四巻『飛鳥の覇者――推古《すいこ》朝と斉明《さいめい》朝の時代』ということで、飛鳥時代に大変造詣の深い三人の先生方をお迎えしました。二〇一〇年九月九日、奈良県高市《たかいち》郡明日香《あすか》村越《こし》の牽牛子塚《けんごしづか》古墳が、明日香村教育委員会の発掘調査によって、七世紀の天皇陵の特徴と言える八角形であることがわかり、その結果、ほぼ斉明天皇陵と確定したという報道がなされました。私もその記事を書いた一人ですが、まず、本書の執筆者である千田先生に牽牛子塚古墳について話を伺いたいと思います。

千田　牽牛子塚古墳が斉明陵であることは、以前から皆さんがおっしゃっていたことで、今回の発掘によって八角形の石組みが目の前に出てきたことは、大変な成果だったと思います。八角形墳の意味については、私が前々から話してきたように道教《どうきょう》思想と関係の深い八方位で解釈すべきで、道教の世界観、あるいは中観の思想を表現していると考えてよいと思います。八角形墳の造営は、舒明《じょめい》天皇から始まり文武《もんむ》天皇で終わる。

「三つの斉明陵」に決着

牽牛子塚古墳

7世紀、天皇陵にのみ許されたとされる八角形墳とわかった奈良県明日香村の牽牛子塚古墳（7世紀後半）。激動の時代を生きた女帝・斉明天皇（594～661）が葬られた古墳の有力な候補は、これまで3基あった。だが、今回の発見で、牽牛子塚が「真の斉明陵」である可能性が高まり、＜三つの斉明陵＞の謎を解くことになりそうだ。
＜本文記事1面＞

「日本書紀」などには、斉明天皇は孫の建王が7歳で亡くなると、嘆き悲しみ、自らの死後に一緒に葬るよう命じたとされる。また、死後の667年、娘の間人皇女と合葬され、699年には陵が修造されたとの記述がある。

飛鳥時代を舞台にした作品を手がけている漫画家の里中満智子さんは「斉明天皇は、自らの信じた道を突き進むいちずな女性で、娘や孫に深い愛情を注いでいたのだろう」と語る。

その墓の候補としては、牽牛子塚のほか、近くの岩屋山古墳（7世紀中頃）、宮内庁が斉明陵に指定している約2・5キロ南西の車木ケンノウ古墳（奈良県高取町）が挙げられてきた。

車木ケンノウ古墳が指定されたのは幕末。「天皇山」という地名がついていたためだという。ただ、同古墳は未調査で実態は不明だ。岩屋山古墳も八角形墳の可能性があり、斉明天皇の没年に近いが、石室は1室しかない。

牽牛子塚古墳は石室が二つに分かれた合葬墓で、調査現場に足を運んだ河上邦彦・神戸山手大教授（考古学）は「八角形の石敷きを見た瞬間、斉明陵で決まりだと思った。他に被葬者の候補は見当たらない」と話す。専門家のほとんどが同意見だ。

今回の調査結果をふまえ、今尾文昭・奈良県立橿原考古学研究所総括研究員は、築造時期の差などから、最初に斉明天皇が葬られたのが岩屋山で、後に牽牛子塚に改葬されたと推論。「考古学で得られた墓の構造、年代と、合葬など文献の記述とが整合する」と言う。

だが、古墳からは墓誌など固有名詞を特定できる遺物は出土せず、被葬者を決定するには至っていない。

宮内庁陵墓課の福尾正彦・陵墓調査官は「これで斉明陵が確定したとみなすのは難しい。興味深い古墳なので調査の推移は注視したいが、宮内庁として対応をとることはない」と静観の構えだ。

現地見学会は11、12両日の午前10時～午後4時。近鉄・飛鳥駅で下車し、西へ徒歩15分。駐車場はない。

牽牛子塚古墳が斉明天皇陵と確定したと報じる新聞（2010年９月10日、『読売新聞』より）

一定期間しか造られていない王墓、または陵墓であることに注目すべきで、それは「天皇」という称号と深く関わってくるのではないかと思います。

「天皇」というのは、道教の最高神・宇宙神である「天皇大帝《てんこうたいてい》」の上の部分をとって、日本の最高権力者の称号としたものです。「天皇大帝」は道教の最高神であって、それが葬られた八角形墳は、道教思想で解釈すべきものであります。一部に、蓮華あるいは仏像の台座のようなものであるなど、仏教思想による解釈もありますが、私としてはとても考えにくいことです。斉明、天武《てんむ》、そして持統《じとう》も含め、道教思想に深い関係をもっていたか、道教思想に強い関心をもった人たちであるといえます。ですから、あの八角形は、一つの王朝の産物としてみていいのではないかと考えています。

千田稔

私は、以前から「飛鳥王朝」と呼んでいますが、飛鳥にはじめて入る天皇、もしくは大王《だいおう》が舒明であって、推古は飛鳥には宮殿をもっていません。豊浦《とゆら》も小墾田《おはりだ》も飛鳥ではない。飛鳥には、それまでに飛鳥寺《あすかでら》があった。飛鳥寺があるということは、当時の認識としては、飛鳥は聖なる場所として寺院が建築されたと考えられます。そういう場所に舒明が入ってくるというのは、宗教的な意味合いも強いし、思想的な大きな変化があったと考えざるをえません。ただ問題は、八角形墳を考案したのは誰か、誰の手によって造られたかということです。舒明の場合は、いったん別の場所に葬られており、皇極《こうぎょく》天皇によって陵墓が造られています。

今回発掘された牽牛子塚古墳も斉明が亡くなった直後にあの場所に葬

られたとは考えにくく、『日本書紀』の天智六年（六六七）に葬ったとされる記事があることから、のちの天皇である天智が、そこに斉明の陵墓を造ったと考えてよいと思います。天武・持統陵の問題もありますが、天武が亡くなった時の陵は持統元年（六八七）に築造を開始しています。たとえば、それを仏教思想で解釈すると、持統は火葬で、火葬が仏教の形式であるから八角形墳は仏教思想だという、かなり強引な説を説く方もいます。八角形の解釈については、仏教思想と結びつけたい気持ちもでてきますが、それはのちに合葬《がっそう》されたためで、天武自身は、道教を自分の行動の指針とした人ですから、当然、道教思想であると考えています。

八角形墳としては、持統と天武の間に生まれた草壁皇子《くさかべのみこ》の墓であるとされている束明神《つかみょうじん》古墳（高市郡高取《たかとり》町佐田《さた》）と、その皇子・文武の墓（中尾山《なかおやま》古墳、明日香村平田）が見られますが、それで八角形墳は終わりを告げます。つまり、それは陵墓の非常に際立った特色であり、日本の歴史全体の流れからみると天皇の権力が非常に強かった時代の象徴でもあります。

これが藤原京で文武の時代、その後が元明《げんめい》になります。元明は平城京に遷都しますが、その後、八角形墳は造らなくなるのと同時に、天皇の権力よりも、むしろ藤原氏の官僚的な力が強まっていくのです。天皇は存在し

発掘された牽牛子塚古墳―2010年９月（左）と越塚御門《こしつかごもん》古墳―2010年12月（右）（いずれも明日香村越における現地説明会）

ますが、非常に象徴的な存在となっていく。

そういう流れが、江戸時代、あるいは明治時代も大日本帝国という名前になっても存続します。明治天皇とそれを取り巻く軍の体制を考えると、明治天皇が主導的な力をもったかはわかりません。そして戦後、現憲法では明白に象徴と位置付けられている。そういう天皇の歴史の流れのなかで、舒明から文武まで天皇がかなり力をもった時代、おそらく天武が一番だと思いますが、それを我々は遺跡などによって目の当たりにすることができると思います。

関口　千田先生に八角形墳の意義や、後々どのように繋がっていくかをお話しいただいたなかに、合葬という言葉がでてきました。牽牛子塚古墳は元々、石室を二つ刳《く》りぬき、二つの棺台があって、最初から二人を合葬する目的で造られています。斉明天皇は娘の間人《はしひとの》

中大兄皇子の娘

大田皇女の墓か

明日香村　牽牛子塚前で発見

日本書紀「斉明天皇陵」の記述一致

女帝・斉明天皇（594～661年）の墓と確実視されていた奈良県明日香村の牽牛子塚《けんごしづか》古墳（7世紀後半）の南東隣接地から、孫で、中大兄皇子《なかのおおえのおうじ》（後の天智天皇）の娘・大田皇女《おおたのひめみこ》の墓とみられる同時期の古墳が見つかり、村教委が9日発表した。飛鳥時代、斉明天皇陵の前に大田皇女を葬ったとする「日本書紀」の記述と出土状況が合致する。牽牛子塚古墳を真の斉明陵とする決定的な発見で、約2・5㌔南西の車木《くるまき》ケンノウ古墳（奈良県高取町）を斉明陵としている宮内庁の指定に見直しを迫る声が強まりそうだ。〈関連記事39面〉

村教委は周辺の字名《あざめい》から、発見した古墳を「越塚御門《こしつかごもん》古墳」と命名した。

大田皇女は、大化改新の前年の644年に生まれたとみられ、叔父の大海人《おおあま》皇子（後の天武天皇）の妻になったが、幼子2人を残して20歳代前半で亡くなり、皇后になれなかった。天武天皇の皇后になった持統天皇は妹。

日本書紀には667年2月の記述で、「天豊財重日足姫天皇《あめとよたからいかしひたらしひめのすめらみこと》（斉明天皇）と間人皇女《はしひとのひめみこ》とを小市岡上陵《おちのおかのうえのみささぎ》に合《あわ》せ葬《はぶ》せり。是《こ》の日に、皇孫大田皇女を、陵の前の墓に葬す」とあり、斉明天皇と娘の間人皇女が合葬され、斉明陵に接して大田皇女が葬られたことを伝えている。

村教委によると、古墳が見つかったのは牽牛子塚古墳の石室から約20㍍先。石室の床石と、ドーム状にくりぬいた天井の一部が残っていた。石室は幅約3㍍、奥行き約3・5㍍、高さ約2・6㍍、重さ約80㌧と推定される。

床石は精巧にできており、近くから黒い漆膜の破片も出土、高級な漆塗りの木棺があったとみられる。石室南側では小石を敷いた参拝用の墓道（幅約1㍍）が約4㍍分確認され、皇女クラスの墓にふさわしい造りをうかがわせる。

牽牛子塚古墳は石室が2室あり、今年9月には7世紀の天皇陵に特徴的な八角形墳と判明、斉明陵であることがほぼ確実になっていた。現地見学会は11、12両日午前10時～午後4時。近鉄飛鳥駅から西約500㍍。

前園実知雄・奈良芸術短大教授（考古学）の話「考古学の成果と日本書紀の記述が矛盾なく合致する極めてまれな例で、牽牛子塚古墳が斉明天皇陵であることは間違いない。今後、被葬者が特定できない飛鳥時代の古墳を考える基準になる」

床石（手前）などが残る越塚御門古墳の石室。奥の高まりは牽牛子塚古墳（奈良県明日香村で）＝大久保忠司撮影

発見された越塚御門古墳の報道　牽牛子塚古墳の約20メートル南東で発見された古墳。『日本書紀』の記述から大田皇女の墓と考えられる。新聞も大きく報道した（2010年12月10日、『読売新聞』より）。

皇女《ひめみこ》と合葬されていて、『日本書紀』には合葬したとは書いてありませんが、孫の建王《たけるのみこ》が亡くなったときに激しく嘆き悲しんで、一緒に葬るように命じています。その埋葬のあり方、お墓のあり方について里中先生はどうお感じになりますか（もう一人の孫の大田皇女《おおたのひめみこ》もその墓の前に葬られたとあり、対談後に牽牛子塚古墳のすぐ南東から大田皇女の墓とみられる越《こし》塚御門《つかごもん》古墳が発見される）。

里中満智子

里中　陵墓そのものの築造は、生きている者の意思もありますが、残された者がその方をどう納めるかという意図が強く働くと思います。まして昔は、一旦納めて暫くしてから場所を変えるということがけっこう行われています。もしかしたら、それは骨洗いということかもしれないと思うのです。ただ、実際は、殯《もがり》の期間に本当に死んでしまったと納得するまでの時間が必要であって、その時間をどれだけ取るかというのは、政治的な意味合いがかなり強いと思うのです。

私は、葬儀には、思想、民族的感性、価値観などが色濃く表れると思いますので、斉明天皇とその周りの人たちが一緒に埋められたのか、どこまで身近な人を傍に葬ったのかは、政治的なことよりも肉親の情や遺言的なものがあったのかと想像します。また、お墓の形や、宗教的なこと、民族的感性、そして政治的なことですが、最終的に斉明天皇の場合、本当に合葬だったことを含めると、個人としての感情の部分がかなり尊重されたのかなと思います。

私としては、間人皇女もいろいろあったにせよ、孝徳《こうとく》の皇后になっているわけで、また、建王は生まれながらに口がきけなかったとされますが、耳が聞こえなかったのかもしれませんし、幼くして亡くなったことに激しく悲しんだとあります。その悲しみがわざわざ記録されているということは、おばあちゃんとして、かわいい盛りの孫のことを不憫《ふびん》と思い、かなり気にかけていたからこそで、よほどの悲しみだったと思います。

小澤　そうですね。後世まで必ずこの歌を伝えよ、と念押しされているくらいです。

里中　ですから今回、予想どおりの二人分の墓ですが、私の気持ちとしては、建王も一緒に葬られていたらよかったと思いました。小さな男の子ですし、日本の気候風土のなかで一緒に葬ったとしても今何も見つからなくても不思議ではないし、その頃には健の骨はきれいになっているわけですから、おばあちゃんの傍らに納められていて何か欠片でもあれば嬉しいと思いますが、ないのでしょうね。皇極・斉明天皇時代は、政治的、軍事的、国造りの土台も含めて、いろんな意味でかなり激しい人生だったと思います。それにも増して個人の情のあり方というのも気にかかる人ですね。

関口　宮内庁は奈良県高取《たかとり》町の車木《くるまき》ケンノウ古墳を斉明天皇陵に治定《じじょう》しており、そこは建王も一緒にお祀りしてあると看板には書かれていますね。宮内庁の担当者は、牽牛子塚古墳には建王のことがないし、本当なら陵の前には、大田皇女の墓があるはず。車木ケンノウ古墳の前には墓所があるとしています。ケンノウ古墳はその時期もあまり定か

宮内庁が斉明天皇陵と治定する車木ケンノウ古墳（高取町車木）

小澤毅

でなく、後期古墳という説もあるので、牽牛子塚古墳が近いのではないかと思いますね。

里中　そうですね。とにかく、大急ぎで歴代天皇の陵墓を決めなければいけないときに思い違いや間違いがあったと思うのですが、ただ、一旦、宮内庁が皇族の墓としてしまったものはなかなか調べにくい事情もありますので、そこから漏れたものが実はそうだった！というほうがいいのですよね？　いろいろ調べられますし。宮内庁としては一度指定したものを変更しないでしょうから、いいのですといったらおかしいですが（笑）。

関口　車木ケンノウ古墳の話も出ましたが、飛鳥の終末期古墳について、牽牛子塚古墳はどういう位置づけができるかということを、小澤先生に考古学的視点から解説をお願いします。

小澤　今、千田先生がおっしゃったように八角形墳が天皇陵に採用されているのは紛れもない事実ですが、地方にも八角形墳があるので、それらすべてが天皇に関わるものかというと、そうではないだろうと思います。むしろ、時代的な特性と考えるほうがよいのではないかという見方もあるわけです。それから仏像を納める八角円堂、そして前期難波宮、孝徳朝の難波長柄《なにわのながら》豊碕宮《とよさきのみや》にも八角形の建物がありますから、これらをどのように位置づけるかが問題になります。また、孝徳は仏教興隆政策を進めた天皇ですから、そこに道教的要素の八角形を結びつけていいのか、少し気になるところです。

終末期古墳のなかでも、牽牛子塚古墳は年代的な位置づけを含めて、難しい存在だとは思います。千田先生は、はじめに斉明が葬られたのは牽牛子塚古墳ではないだろうとおっしゃいましたが、六六一年に斉明が亡くなった後、『日本書紀』では六六七年二月に小市岡上陵《おちのおかのえのみささぎ》に合葬すると出てくるわけです。

その後、『続日本紀《しょくにほんぎ》』文武三年（六九九）十月の記事に、越智《おち》山陵（斉明陵）と山科《やましな》山陵（天智陵）に関して、十月十三日に「営造」、十月二十日に「修造」と出てきます。これらは、当時の用例からいうと、新たに造ったとみるべきではないかという意見があり、六六七年にまず造ったあと、六九九年に改葬したのではないかということを、奈良県立橿原考古学研究所の今尾文昭《いまおふみあき》さんはおっしゃっています（今尾文昭「ふたつの斉明陵」『古代探求』中央公論社、一九九八年）。

ただ、その場合、天智六年（六六七）の小市岡上陵を牽牛子塚以外、どこに求めるのかが問題になります。白石太一郎《しらいしたいちろう》先生（大阪府立近《ちか》つ飛鳥《あすか》博物館長）は明日香村越《こし》の岩屋山《いわややま》古墳を斉明陵とされたのですが（白石太一郎『古墳と古墳群の研究』塙書房、二〇〇〇年。初出は一九八二年）、そこが立地として小市岡上陵にふさわしいかというと、かなり疑問な点があるかと思います。やはり、天智六年に出てくる小市岡上陵は、牽牛子塚古墳こそがふさわしい

岩屋山古墳の石室（明日香村越）　７世紀頃の古墳と考えられ、整美な切石の横穴式石室は岩屋山式と呼ばれる。近鉄吉野線の飛鳥駅のすぐ西側にあり、ここから西方の丘陵に牽牛子塚古墳や越塚御門古墳がのぞまれる。

と私は考えます。

いずれにしても、六六七年あるいは六九九年にせよ、年代の定点となる古墳が飛鳥地方でわかっていないので、そのあたりが決めがたい一因でしょう。ただ、これからのお話に出てくると思いますが、斉明は「興事を好む」と『日本書紀』に記されたように、いろいろと大規模な工事をしています。そんな斉明だからこそ、やはり未完成の石槨《せっかく》とみてよい益田岩船《ますだのいわふね》との絡みも考えると、彼女の墓としては牽牛子塚の方がふさわしいのではないかという感じがいたします。それを文武三年の記事に結びつけるのは、少し斉明のイメージと合わない気がします。ちなみに、発掘を担当した西光慎治《さいこうしんじ》さん（明日香村教育委員会）は、鬼の俎《まないた》・雪隠《せっちん》古墳を建王と斉明天皇（初葬時）の合葬墓（陵）と推定しています（西光慎治「今城谷の合葬墓」『明日香村文化財調査研究紀要』第二号、二〇〇二年）。

（牽牛子塚古墳については、対談後の二〇一〇年十月に、石槨の南から新たに小型の石槨［越塚御門古墳］が発見された。これは、『日本書紀』六六七年の斉明・間人皇女の合葬記事に続けて、同日、皇孫の大田皇女を陵前の墓に葬ったという記載を裏づけるものとみてよい。したがって、牽牛子塚古墳が同記事の斉明陵であることは確実となった。）

関口　明日香村の試算では、牽牛子塚古墳の石室の石の推定の重さが八〇トンで中を刳りぬいたものが七〇トンです。その周りに安山岩の切石を並べ、そして真正面に凝灰岩、全部合わせて五五〇トン以上の石材を使っているのではないかと推定されます。それは、相当大規模な工事をしていたのではないかと思います。

関口和哉

石の話が出たついでに、牽牛子塚の周囲の石敷きが二重になっていて、当初のものではないのですが、その中に一つだけ天理砂岩のブロックが混ざっていました。天理砂岩は、酒船石《さかふねいし》遺跡でよく使われている石材で、斉明朝の一つの特徴ではないかと言われています。その天理砂岩が一つだけぽつんとあってこれをどう解釈するかですが……。

千田　あの牽牛子塚の中にあったのですか？

関口　ええ、牽牛子塚の石敷きのところに一つだけありました。普通のブロックよりも少し角が丸い、転用材だと思われるのですが。

千田　先ほどおっしゃった酒船石遺跡か、あるいは亀形石造物には、天理砂岩が敷いてあったということですね。

江戸時代に描かれた益田岩船　『大和名所図《ず》会《え》』(寛政３年・1791年)に描かれた益田岩船。「高さ二丈許《ばかり》、縦二丈五尺、横一丈三尺」とある。

鬼の俎《まないた》・雪隠《せっちん》古墳(明日香村野口)　鬼が使ったトイレとまな板という伝承があるが、実際は「俎」は古墳石室の床、「雪隠」は石室の天井・側壁になる蓋石《ふたいし》と考えられる。「俎」は元の位置を動いていないとみられ、天武・持統陵の真西にあたる。

関口　はい。酒船石のある丘陵に見られました。

千田　天理砂岩についてですが、一つは砂岩だから採取しやすいというのが大半を占めている説だと思いますが、そんな安直な考え方はすべきではありません。それなら地理的に近い大和・河内国境の二上山《にじょうざん》の凝灰岩でもよかったのです。天理砂岩を持ってきた意味をもっと深く考えないと、斉明の考え方に迫ることができないと思っています。

天理砂岩は、石上《いそのかみ》神宮の少し北の天理市石上あたりで採られています。わざわざ大工事をして運河まで造って石を運んできたと書いてある『日本書紀』の記事は、天理砂岩がある石上（いそのかみ、あるいは、いしがみ）といわれるところに何らかの宗教的、思想的意味を斉明は考えていたとみるべきだと考えています。

現在の石上神社は、本来は『日本書紀』で神宮という言葉が最初に使われる石上神宮で、伊勢神宮はそのあとに出てきます。神宮と神社はまったく違うものなのです。神宮は天皇家、大王家からみて廟、つまり御霊屋であって、決して神を祀っているところではありません。そういう廟、御霊屋の近くの石を持ってくることは、斉明女帝の天理砂岩に対する関心の強さを示すものだと思います。

関口　石上神宮の話が出ましたが、天理市で石上に関わる斉明朝に関わる遺跡は見つかっているのですか?

石上山《いそのかみやま》（天理市）　現在、石上山は特定されていないが、天理市石上・豊田あたりの低い山並みあたりと想定されている。このあたりは、石上・豊田古墳群と呼ばれる、5世紀後半から7世紀の古墳の密集地でもある。写真は、石上や 豊田の西にあたる天理市上総《かずさ》から東をのぞむ。

小澤　具体的に斉明と関わると断言できるものはないと思いますが、岩石学の奥田尚《おくだひさし》先生の調査では、少し北寄りの石上・豊田のあたりで採石したということがわかるようですね（明日香村教育委員会『酒船石遺跡発掘調査報告書』二〇〇六年）。

千田　人為的に採石した跡があるのですか？

関口　採石跡があるというのではなく、そこでしか産出しないそうです。東の山に造った土塁の外側の装飾に使われているわけです。その視覚的な印象効果は大きかったと思います。また、そこに持ってくるのは主目的ですが、一度持ってきてもそこで使わなかったものがたくさんありますから、それを下の宮殿の石組みに転用するとか、あるいはその一部を最後に牽牛子塚古墳へ持っていくなど、二次的な使い方はあっても、本来の目的ではないのではないかと思います。

●斉明天皇の土木工事

千田　『日本書紀』にある「狂心の渠《たぶれごころのみぞ》」という運河は、どのあたりになるのでしょうか。

小澤　少なくとも南の方に関しては、以前千田先生がお書きになった、香具山《かぐやま》の西、中ノ川《なかのかわ》（中水《なかすい》）の水域が「狂心の渠」の名残であるということで間違いないと思います（千田稔『古代日本の歴史地理学的研究』岩波書店、一九九一年。初出は一九八一年）。

千田　奈良県立万葉文化館のあたりに飛鳥池《あすかいけ》遺跡の工房跡がありますが、あの関係で溝も発掘されていますね。

小澤　はい。中ノ川の最上流ですね。川筋としては香具山の西側から北へ流れていきますが、遡っていきますと、飛《あす》鳥《かに》坐《います》神社の西側を通っています。ここは明日香村教育委員会が発掘調査をしています。それから飛鳥池遺跡のところ。この谷筋を人工的に改修して整備したのが「狂心の渠」であるというのが千田先生の説です。

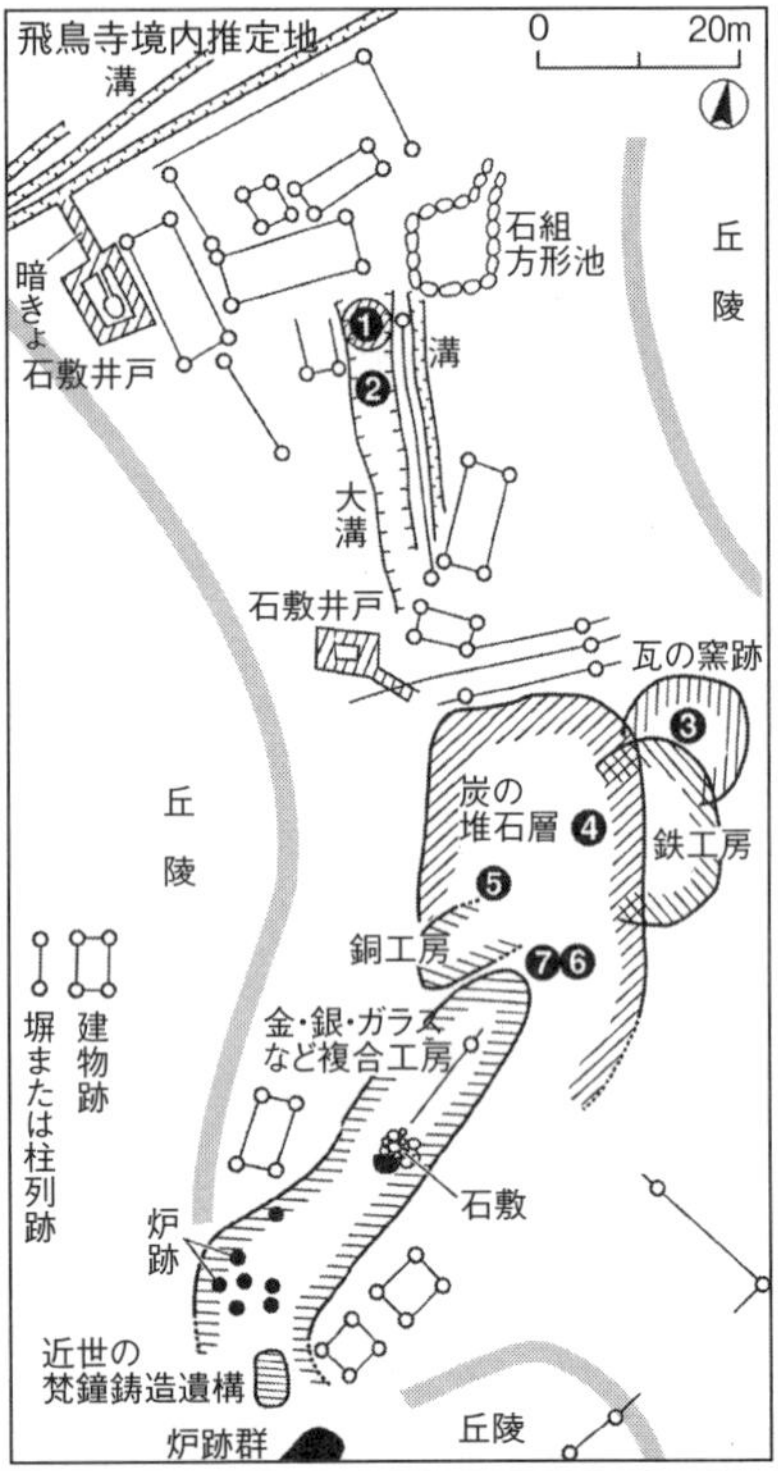

数字は白ヌキの発掘地点。❶字書木簡、❷天皇木簡、❸瓦、❹富本銭、❺鉄銅製品、❻金銀製品、❼ガラス・玉類

飛鳥池遺跡の工房跡（明日香村飛鳥）　7世紀後半から8世紀初めにかけての工房跡で、遺跡を南北に仕切る塀の跡や鉄・銅の炉跡が見つかっている。富本銭《ふほんせん》も発見された。

千田　その北はどうなっていますか？

小澤　先生は、米川との合流点より北については書かれていませんが、川筋を合流点まで下ってから遡るのは非常に遠回りになるため、どこかでショートカットのルートを造っているのではないかと思います。それが運河としての実体でしょう。ただ、実際にここですよ、と言うにはとても材料が足りませんが……。

千田　随分前に秋山《あきやま》日《ひ》出《で》雄《お》先生（神戸女子大学教授・故人）が、ところどころ広くなっている下《しも》ツ《つ》道《みち》の側溝が「狂心の渠」ではないかという論文をお書きになったことがあります。

小澤　確かに下ツ道の側溝は、一部に幅の広いところがあります。しかし、それらが運河的な役割も果たしたとしても、「狂心の渠」といえるかどうかは疑問です。

関口　一九九九年に明日香村が発掘した飛鳥東垣内《ひがしかいと》遺跡、飛鳥坐神社のところですが、斉明朝に掘削したあと、天武朝で幾度か改修をしていて、天武朝の時に天理砂岩を転用していました。

小澤　以前、田村吉永《きちえい》先生（故人）が「狂心の渠」にあてられた大官大寺《だいかんだいじ》東側の窪みというのは、川筋が違うのですね（田村吉永『飛鳥京藤原京考証』綜芸舎、一九六五年）。戒外《かいげ》川の川筋になりまして、それは香具山の東の方へ抜けていきます。ですから「狂心の渠」ではないと思います。

関口　何本も運河を掘削していたのでしょうか。

千田　それはどうでしょうか。石上溝《いそのかみのうなで》というのが「狂心の渠」と連結するのかどうなのかもわからないですね。

里中　お話を聞いていますと、こちらも聞き慣れて、読み慣れているのですが、「狂心の渠」とは、かなりひどい言われ方ですよね。いつもそれが不思議なのですが、本当に大きな権力をもっていたら、みんな文句は言えません。狂心と言われるようなことをしていたとされていますが、それは人が憂さ晴らしに書いたかもしれません。ですが、そういう雰囲気はその当時にもあって、なぜここまでするのかという批判的な声があるからこそ、それに便乗して狂心と言えるのだと思います。

そう言われながら、工事を遂行する斉明の実行力ってすごい

甘樫丘《あまかしのおか》から東に飛鳥坐《あすかにいます》神社をのぞむ（明日香村）　中央の森が飛鳥坐神社。この地を「狂心《たぶれごころ》の渠《みぞ》」が通っていたのだろうか。

と思います。その原動力はいくつか考えられます。女性はどちらかというと真面目な人が多いですから、時にはこれがよいとなれば融通がきかずに突き進むところがありますよね。周りが何と言おうと一途にやる。もちろん個人差があるので、一口に女性だからというのはいけませんが、男性と違い、女性の場合はそれが本当によいと思えばやります。国のリーダーたる者、こうあらねばならぬという彼女なりの使命感があって、内向きではなくて、外国も見すえ、国力を上げるために技術を駆使した大がかりな土木工事を行ったのだと思います。

いつの時代も同じで、先のことよりも明日の生活を、宇宙開発よりも子供手当をという意見があると思います。そこをどう決断して、財力と人力、税として納められる人力をどう使うかと考えて、周りからあれこれ言われると揺れ動くものなのに、「狂心」と揶揄《やゆ》されるほど一途に進む。私はかなり意思が強い人だと感じました。

関口　斉明天皇が重祚《ちょうそ》したときは六〇歳を越えています。当時としては相当高齢にもかかわらず気力が充実していて、様々な施策を実行しているというのは一つの特徴ではないかと私も思います。

斉明天皇は「狂心の渠」をはじめ土木工事好きと言われていますが、そのほか、石山丘《いしのやまおか》、宮の東の石垣は斉明の失政にあげられます。明日香村内で、いくつか斉明朝の頃の遺跡ではないかといわれるものが見つかっ

酒船石遺跡で見つかった天理砂岩の石垣（明日香村岡）　現在、復原されて保存されている。

ていると思いますが、小澤先生にそれについてお話しいただけますか？

小澤　蘇我赤兄《あかえ》が有間皇子《ありまのみこ》に斉明の失政を三つ挙げたことがあって、それは、㈠大きな倉庫を建てて民の財産を集積した、㈡長い溝を掘って公の食料を浪費した、㈢舟に石を積んで運び、それを積んで丘にしたというものです。そういった意味で、大きな仕事はしているのかもしれません。

あと飛鳥には石造物がたくさんあるので、須弥山《しゅみせん》の話も入ってくると思います。関連して、饗宴《きょうえん》のためのいろいろな施設も作っています。また、猿石《さるいし》と俗称されている石造物も、斉明朝の饗宴施設の一環ではないかといわれています。水と石の都というイメージで千田先生は飛鳥をとらえていらっしゃると思いますが、確かに、大がかりな石造物は亀形石漕も含めて、斉明の匂いがするような気はします。個人的には、斉明はイメージを掴みがたいところがあって、何を考えているのかわからない老女、という感じがいたします。

関口　『日本書紀』に出ているなかで両槻宮《ふたつきのみや》などは場所が諸説ありますよね。多武峰《とうのみね》の頂とされながら、そんな場所に建てられないといわれ、吉野宮も特定がまだされていない。それ以外に『日本書紀』の記述通りにわかってきているのが、飛鳥京跡苑池《あすかきょうせきえんち》、それは天武の白錦後苑《しらにしきのみその》であ

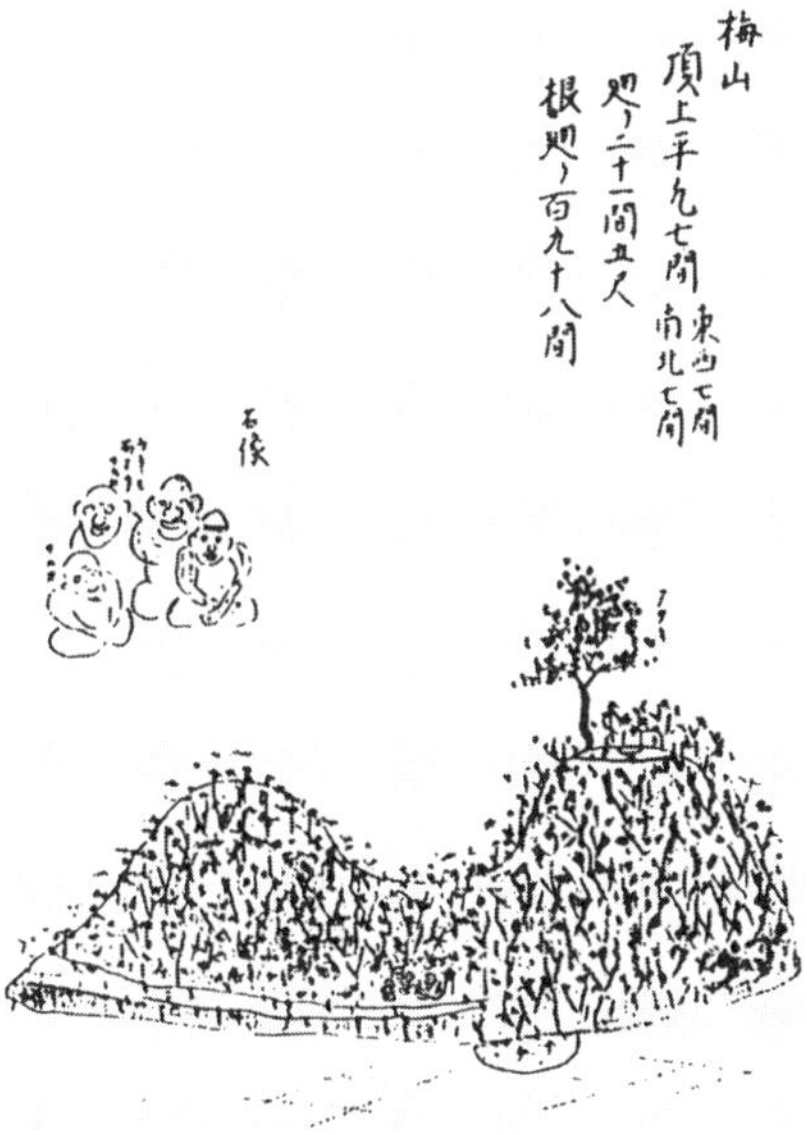

猿石と欽明天皇陵　江戸時代の『大和国帝陵図』に四体の石像が描かれている。欽明天皇陵は、現在治定されている平田梅山《ひらたうめやま》古墳であり、猿石はこの平田梅山古墳の南側の小字《こあざ》池田で出土した。

るとかいろいろ言われていますが、最初に造られたのは斉明朝ですね。

千田　苑池遺構は、斉明まで遡るのですか？

小澤　斉明の後飛鳥岡本宮《のちのあすかのおかもとのみや》の時代の造営だろうと思います。斉明の時代に遡り、天武や持統の時代まで続いたと考えられています（奈良県立橿原考古学研究所編『飛鳥京跡苑池遺構調査概報』学生社、二〇〇二年）。

関口　もう少し斉明の話を続けさせていただきたいと思います。

『日本書紀』の斉明条の冒頭ですが、「斉明天皇の即位直後に大空に龍に乗った者がいて、姿形が唐人に似ている。青い油笠を着て葛城《かずらき》の嶺より馳せて胆駒山《いこまやま》に隠れる」という少し超常現象的な記述で始まります。最後、今の福岡県の朝倉宮《あさくらのみや》で亡くなったときの記録では、「山の上に鬼がいて大笠を着て喪儀をのぞみ見る」とあります。当時の人も妖しいと思っているのですが、現在の私たちがみても、妖しい記事が初めと終わりにある。これは一体何を意味しているのか。なぜ、こんな記述があったのか、ということを先生方にお聞かせ願いたいのですが。

千田　難しい質問ですね（笑）。それは誰が目撃したのかわからないのですね。ただ、斉明が自ら語ったかもしれないし、斉明のみならず皇極の時代もそうですが、奈良時代までの女帝は、現代の我々から見れば神秘主義的というか、霊力をもつ霊能者的な人が女帝になっていたのかなという気がするのです。

関口　卑弥呼《ひみこ》的なということですか？

千田　そうですね。元々皇后であったわけですが、皇后の資質には条件があったのかもしれない。本来女性は、男性天皇とは全く違った、祭祀などの能力に秀でた人たちではなかったかと思います。『魏志』倭人伝にいう「男弟」と卑弥呼の関係を想像させます。そうすると推古天皇もそうかもしれないし、持統天皇は何回も吉野に行っているので、それも何か意味があるのであって、ただ風光明媚だから遊びに行ったとまことしやかに真面目な研究者がいわれた時代があったのですけどね……。

関口　吉野、神仙郷ですよね。

千田　そうです。そこに行くことによって持統天皇が、何か霊感が非常に強くなるようなことがあったのかもしれない。つまり、奈良時代までの元明女帝以前の女性天皇の果たした役割というのは秀でたものがあったように思うのです。

関口　そういう、間近にあったことが強く現れた記事なのかもしれませんね。里中先生、この最初と最後の記事について、どうご覧になられますか。

里中　少し変ですね。最初の方は斉明自身が、あたしには「見えた」って言ったら、周りはああそうですか、となりますが、さきほどでた狂心は、少し常人には理解し難かったのかもしれません。

　現代に照らして考えると、いろいろなものが見える人は、往々にして思い込みが強いか、多少病的な扱いをされてしまうことがありますが、感性が違うところに働く人もいるので、その本人が「見える」とあまり言われると、周りにいる人も見えたと言わない

宮滝《みやたき》付近を流れる吉野川（奈良県吉野町宮滝）　宮滝には、飛鳥時代の吉野宮が置かれ、飛鳥の人々にとって神聖な神仙郷として意識されてきた。

といけない気持ちになりますよね。ただ、ご本人がそういう気持ちで見えたと思っているのだとしたら、それゆえにやるべきことはやらなくては！　自分は見られているとか、託されているとか、何か使命を帯びて今この立場にいるんだと思うと、いっそう思いが強くなるのかもしれません。

ですから、もし、霊的能力のように本人も思い、周りも思っていたら、天皇という立場に対する使命感は、より強くでると思うのです。自分がこけたら国が滅びるというのが、計算や政治的なことではなくて、直感でそう思ってしまったのかもしれません。最後も具合が悪くて、熱が出ていろいろなものが見えたり、あらぬこと言ったりするものですよね。そこで恐れてしまって、自分の具合の悪い理由が何かわからないときに、ああ、鬼が私を見ているというのがあるかもしれない、あっちいって！　とか言うかもしれません。だから、周りの人は、それを恐ろしいと思って信じたかもしれません。

関口　千田先生がおっしゃるように、斉明天皇が特別な力をもっていたということをみんなが信じていたからこそ、そういう記述が間接的に残っているのかもしれませんね。

斉明の孫の大田皇女（左）と鸕野讚良皇女《うののさららのひめみこ》（持統天皇）（©里中満智子、講談社刊『天上の虹』より）
大田皇女は持統の姉。越塚御門古墳で見つかった石槨が大田皇女の墓（68頁参照）と考えられる。

●斉明天皇の人物像

関口　斉明天皇の人となりについてもう少し続けさせてください。さきほど、里中先生が行動力があるとおっしゃっていたのですが、むしろ何か好戦的な感じがします。蝦夷《えみし》の討伐を繰り返し、謀反の罪で処刑された有間皇子事件も最後に承諾しているのは斉明天皇ですよね。相当アグレッシブな一面があったと思いますが、対外的な軍事面、政治面についてはどうでしょうか。

千田　斉明天皇のリーダーシップは正直いって今の政治家にはないものだと思います。百済《くだら》救援のために、自ら前線基地である九州の朝倉宮まで行くでしょう。そういう天皇はいなかったと思うのです。

それからもう一つ、斉明五年（六五九）の遣唐使の時に、蝦夷の男女二人を、中国の皇帝の前に連れていきます。あれは何をやろうとしていたのかというと、自分たちのいる飛鳥（畿内）は文化が高いけれども、遠方には文化の低い集団を抱えているということの表明です。これは明らかに中華思想といえます。中華思想は、真ん中の文化が高いだけではだめで、周辺の文化の低いものを抱えてはじめてそう言います。別名、華夷《かい》思想ともいいます。斉明は、かなり具体的に中華帝国を作ろうとしたと思うのですが、ただ、それは単なる島国のなかでの中華思想であって、当時の唐にとっては意に介さないものであったかもしれません。にもかかわらず、蝦夷を遣唐使に連れていかせたのは、かなり強い実行力があったというように見ているわけです。

関口　中華思想というのは、聖徳太子や、のちの天智・天武天皇にも繋がっていくような、そういう思想なのでしょうね。

千田　聖徳太子の場合は、少しわかりにくいかもしれないですね。

関口　外国の使節もそうですし、種子島《たねがしま》（鹿児島県）の人とか蝦夷とかを連れてきていろいろな施設を見せて、こちらの文化は高いぞと驚かせるような仕掛けを作っているものもありますね。

千田　小澤先生にお聞きしたいのですが、飛鳥の石神《いしがみ》遺跡は一般に迎賓館《げいひんかん》と言われていますが、実体は何だったのでしょうか？

小澤　今、正式な報告書の作成にとりかかっているところだと思いますが、以前から言われているように、迎賓館でいいのだろうと個人的には思っています。ただ、中大兄皇子《なかのおおえのみこ》の東宮であるという説を橿原考古学研究所の重見泰《しげみやすし》さんが書かれていて（重見泰「石神遺跡の再検討」『考古学雑誌』第九一巻第一号、二〇〇七年）、それに同調する方もおいでなのかもしれませんが、東宮としては説明がつかないようなことが多々あるかと思いま

「迎賓館」石神遺跡　「水時計」水落遺跡

石畳・地下水路でつなぐ

斉明天皇一体整備か

斉明天皇（在位655～661年）の時代に造られた奈良県明日香村の水時計跡・水落《みずおち》遺跡と、北側にある〝迎賓館〟跡・石神《いしがみ》遺跡が、石敷きの通路と地下水路でつながっていることを確認したと、奈良文化財研究所が2日発表した。飛鳥時代の同時期に一体整備されたとみられ、斉明天皇の大がかりな土木事業の一端が明らかになったとしている。

同研究所が両遺跡の間を初めて発掘したところ、両遺跡の間に続く石敷きの通路（東西4㍍、南北3㍍）を確認した。また、水落遺跡の木樋《もくひ》の痕跡2か所と銅管の痕跡1か所が北側の石神遺跡に向かっており、両遺跡が地下水路で結ばれ、水を一体利用していたことが判明した。

両遺跡は合わせると南北約300㍍、東西約130㍍。同研究所は「二つの遺跡が深く関連することが裏付けられた」としている。

斉明天皇は、石垣を巡らせた離宮や水路を造るなど数々の公共事業で「石と水の都」といわれる飛鳥の景観を形成した。

水落遺跡では、皇太子の中大兄《なかのおおえ》皇子（後の天智天皇）が660年、日本で最初に整備した漏刻《ろうこく》台（水時計）とみられる遺構が1981年に出土。石神遺跡では、噴水として使われた須弥山《しゅみせん》石や石人像などが見つかっており、斉明天皇が築いた迎賓施設とされる。

現地見学会は5日午前10時～午後3時。小雨決行。

木下正史・東京学芸大名誉教授（考古学）の話「石と水の都、飛鳥を考える鍵となる遺跡群。斉明天皇の時代、宮殿とは別に、重要な施設を計画的に整備したことが細部まで明瞭になってきた」

水落遺跡で見つかった石敷きの通路（2日、奈良県明日香村で）＝大西健次撮影

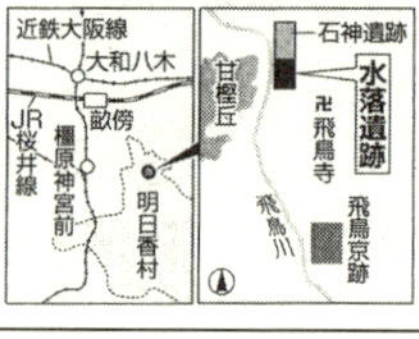

石神遺跡に繋がる遺構発掘の報道　石神遺跡は、斉明天皇が外国人使節らをもてなした古代の迎賓館跡とされる。これまで石敷きの広場や中心的な建物が見つかっている（『読売新聞』、2010年12月3日）。

す。周辺の異民族に対する饗宴、外国の使節に対する接待などは、やはり皇子の宮でするべきものではないでしょうし、全体としては国家的な迎賓館とみてよいのではないかと思います。

ただし、斉明朝、天智朝ぐらいまではそういう使われ方をしますが、その後、饗宴の機能は飛鳥寺西の槻《つき》の樹《き》の広場などに移っていきます。そして、迎賓館的な機能はいらないということで、天武朝には飛鳥浄御《あすかのきよみ》原宮《はらのみや》に関係する倉庫群や役所的な施設に変わっていくのです。斉明朝と天武朝では、石神遺跡の機能が大きく異なります。

関口　藤原京まで続きますね。

小澤　そうです。大きくA期が斉明朝、B期が天武朝、C期が藤原京期と三つに分けています。

千田　ただ、迎賓館と言われますが、新羅《しらぎ》や百済からの使節をあそこに迎え入れたということはないのではないでしょうか?

関口　水は南(東)から北(西)へ流れ、北に玄関口があります。以前、橿原考古学研究所の亀田博《かめだひろし》さん(故

石神遺跡と水落遺跡に繋がる石敷きの発見(明日香村飛鳥)　2010年12月5日の現地説明会にて。多くの人々がつめかけた。上は石神遺跡から南へのびる石敷きが、水落遺跡に向けて同じ高さで続いていることがわかった。下は斉明天皇6年(660)に中大兄皇子がつくった水時計をおく漏刻台《ろうこくだい》と考えられる大型基壇建物が発見された水落遺跡から石神遺跡を見る。

人）がおっしゃっていたと思うのですが、南の方から来ると欽明天皇陵近くの平田キタガワ遺跡（明日香村平田）にも同じような迎賓施設があって、これが南西の出入り口になるのではないかという話です。

千田　それは発掘した結果言えるわけですが、『日本書紀』などを読んでいる限り、新羅からの賓客《ひんきゃく》を石神遺跡あたりのところでもてなしたという記事が出てきません。文献からは辺境の民のためだけの迎賓館、としか読み取れないのですが。

小澤　ただ、東北地方の土器のほかに、新羅産の印花文《いんかもん》土器とか、新羅関係の遺物はかなり出土しています。ですから、客館として彼らを泊まらせている可能性が高いかと思います。また、新羅に対しては、やはり千田先生がおっしゃったように中華思想を意識していると思いますので、当時の朝廷にとっては、新羅も朝貢してこなければならない相手です。そういった意味では、蝦夷と同列に扱うのが本来のありかたです。

新羅は、唐と結んで六六八年に高句麗《こうくり》を滅ぼしたあと、結局、六七六年に唐を半島から駆逐しますが、そうした状況下で唐と倭国が結びつくことがないように、新羅はみずから倭国に接近して、非常に低姿勢の外交をします。これが新羅を従属国と見る対外意識の形成にも繋がるわけですが、少なくとも数十年間にわたり、新羅が倭国に対して丁重な外交姿勢をとったのは事実です。実際、新羅からの使節も頻繁に来ています。

発見された飛鳥寺西方遺跡の遺物（奈良県立橿原考古学研究所附属博物館）　2011年２月に発掘調査の成果が公表され、翌３月まで同館で速報展が開かれた。飛鳥寺西門の槻《つき》の樹《き》に至る遺跡の石敷きが遺物とともに検出された。

●「天皇」号の検証

関口　次に、千田先生の文章にある「天皇」号の成立についてお話をいただきたいと思います。

千田　まず、これまで注目されてこなかった皇極《こうぎょく》という諡《おくりな》です。「皇を極める」、極は北極星の極、太極殿の極をもってきていると思うのですが、すごい名前でしょう。舒明の八角形の陵墓は皇極が造るわけですから、「天皇」という称号を皇極、舒明も私的には、あるいは非公式にはどこかで使っていた可能性がある。だから天皇を象徴する八角形の陵墓と繋がっていくのだという考え方なのです。

関口　史料上は、一九九八年に発見された飛鳥池遺跡の木簡《もっかん》の「天皇聚露」が一番古い記録になります。

小澤　その木簡は、丁丑《ていちゅう》年（六七七）の紀年銘木簡と伴出しています。ただ、天皇号の成立に関しては、推古朝説が根強くありますから。

関口　『隋書』倭国伝の開皇二十年（六〇〇）に、オオキミまたはアメキミという、天皇じゃない、スメラミコトでもない称号が使われています。伝わっていなかったのか、使っていなかったのか……。

小澤　推古十六年（六〇八）に、前年隋に行った小野妹子《おののいもこ》が再び隋へ赴きますが、その時の国書には、東の天皇、西の皇帝と記されています。それをもって天皇号の初出と考える東洋史の堀敏一《ほりとしかず》先生（故人）、日本古代史の吉田《よしだ》孝《たかし》先生や大津《おおつ》透《とおる》先生も推古朝説ということになるかと思います。

気になったのは、千田先生が本文で、御宇天皇というのは過去の天皇に対して用いるとお書きになっている部分です。それに関して、天平十九年（七四七）に提出された『大安寺《だいあんじ》伽藍《がらん》縁起《えんぎ》并《ならびに》流記《るき》資財帳《しざいちょう》』や『法隆《ほうりゅう》寺《じ》伽藍縁起并流記資財帳』では、在位中の聖武《しょうむ》天皇のことを「平城宮御宇天皇（ナラノミヤニアメノシタシラシメススメラミコト）」と書いています。同時代の史料でそういったものがある以上、過去の天皇に限られるということはないと思うのです。そうなると、千田先生は天皇号推古朝始用説に対して疑問を呈しておられますが、必ずしも否定できないのではないかと思います。

千田　過去形と見るか現在形と見るかということで、いま治めているか、あるいは治めたか。「シラシメス」か「シラシメシシ」というかは、なかなかむつかしい問題です。

小澤　過去ですと、当然「アメノシタシラシメシシ」と読むのでしょうが、在位中でしたら「アメノシタシラシメス」と読むのでしょうし、読み方次第だと思います。いずれにしても、仏像の光背銘《こうはいめい》とか塔の露盤銘《ろばんめい》もそうですが、未来に向かって記録し、それを伝えようとするときに、今の天皇を何と書くかというのが必ず問題になるはずです。その時には、小治《おはり》（墾）田《だ》大宮に「アメノシタシラシメススメラミコト」という形で推古のことを書くしかないのではないか。あるいは、生前から尊称としての「トヨミケカシキヤヒメノミコト」があれば、それを書いてもいいでしょうけど。

今回、先生はいろいろお書きになっておられますが、必ずしも推古朝説を否定できるまでにはいたっていないのではないかと思います。

千田　『万葉集』にも、天皇の名前は過去の天皇のように書いてありますね。

小澤　題詞とかですね。それらは実際に過去の天皇のことを書いていますから、当然「シラシメシシ」という過去形でしか言いようがないと思います。でも、現在形で書かなくてはいけない場合が出てくるのではないかということです。

千田　よいことを教えていただきました。現在の天皇を、未来の人たちにわかるような書き方としては、現在形であるということですね。

小澤　その当時存在していた尊称か、どこどこの宮に「アメノシタシラシメス」という形でしか言いようがないのではないでしょうか。そうすると、『元興寺《がんごうじ》伽藍縁起并流記資財帳』に引く塔露盤銘に「佐久羅韋《さくらい》等由良宮《とゆらのみや》治天下」とありますが、それについても推古が小墾田宮に移るのは六〇三年ですから、それ以前は豊浦宮《とゆらのみや》でいいということになります。とすれば、同時代史料として、「サクライトユラノミヤニアメノシタシラシメス」大王という言い方はありうると思います。

関口　飛鳥京跡で古い木簡が出てくれば一番よいのですが。その苑池《えんち》遺跡の周辺の溝にも木簡が相当埋もれていますし、飛鳥京跡でもありそうなところが複数あります。飛鳥では、まとまった木簡が出ているのは天武朝までで、それ以前では、まとまって出ていないですね。飛鳥では古そうなのはあっても確実なものはないのですか。

小澤　天武朝より前に遡るものはあります。たとえば「大花下」という木簡は、六四九年以降、六六四年以前の冠位を記しています。

鼎談風景（2010年9月）

関口　天武以前では、前期難波宮で見つかっているものとか、これは意見が分かれるかもしれませんが、徳島県の観音寺《かんのんじ》遺跡で見つかっているものがありますが、そこまで古いものはまだ飛鳥では見つかっていません。基本的に大化改新を遡るか……。

小澤　遡るものは飛鳥ではまだ出ていません。

関口　そういうものは見つかっていませんが、見つかれば、一気に決着してしまうことがあるかもしれないですね。

関口　里中先生は、天皇という称号についてどうご覧になって、成立の時期についてどんな印象をおもちですか？

里中　もともとのやまと言葉に当て字で漢字を当てたのか、あるいは向こうからきた言葉を日本語で読むか、入ってきた音で読むかで意識は違うと思うのです。ですから、天皇と書いてルビは「スメラミコト」としていますが、「スメラミコト」の元字が何であるとか、なじみのない言葉がいきなり公式に使われるというのがピンときません。ですから、公式記録に表れる前に、そういう言い方とか感じ方はあったのかもしれないと思っています。

昔の記録を読んで、当時の服の前合わせが左身ごろを上にせよというような記述があると、その日を境に一斉になったと見る方もいるようですが、私はそうは思いません。きっとその前に混乱が起きていて、公式の服装なので統一する必要に迫られ、これからは圧倒的多数のほうに統一しようというようなことだと思い

飛鳥京苑池《えんち》の北池で発見された天理砂岩切石（奈良県立橿原考古学研究所附属博物館）　2010年12月～2011年２月に発掘された苑池遺跡の遺物が、2011年２月～３月にわたって同館で速報展として展示された。とくに、天理砂岩切石が出土したことは注目される。

ます。現代でも、多くの人が使っている通称を公式に認める例があります。

ですから「天皇」も、大陸での言い方、また朝鮮半島や他国にもいろいろな言い方があったのでしょう。験《げん》のいい、またはさすがだといわれる言葉もあり、入り交じるうちに最終的にある頃に落ち着いたと思います。何かで公式に出てきたから、そうだ、と言い切れるかどうか、私にはわかりません。ですから、記録に残るものは書き付けで、そのときにお役所が認めた役名や部署名で書くと思いますが、意識の中ではもっと早くから「てんのう」という呼び名が当事者たちの間であったかと思います。

関口　里中先生の話を受けて千田先生に伺いたいのですが、天皇という称号を対外的に使う場合と国内的に使う場合で、言葉が一致していたのでしょうか。それとも国内が先行してあって外国にいったのか、外国があってそれに国内がついてきたのか、その時期的な違いはあるのでしょうか。

千田　その問題にうまく関わるかどうかは別として、東の天皇や、西の皇帝と言いますが、中国側は、皇という文字を周辺諸国に使わせないわけです。ですから、朝鮮半島ではなんとか王になっている。だから、公式訪問として中国に呼ばれても、天皇という文字をとても使えない。国内向けではまだ「大王」と言っていた可能性があるのですね。そういう点からいうと『日本書紀』の「東の天皇」は『日本書紀』の編者がのちに書き変えている可能性があると思わざるをえないわけです。そこに推古朝まで天皇号を遡らせる難しさがあるのかと思います。ただ容易でない問題で、公的ではなく私的な場合で行っていて、やはり天皇だったから、『日本書紀』を書くときに、「東の天皇」というような書き方をしたという里中先生のような考え方ももちろん成り立つわけなのですが。

天皇という言葉を使った場合、明らかに神として使っている。単なる大王《だいおう》ではない。神格化された存在なのです。そう考えると、たとえば『万葉集』でも「やすみしし」という言葉が使われるのは舒明朝の頃。「八つの隅を治めた」は、天皇という称号と「やすみしし」が連動するのです。それから、天武朝になると「大王《おおきみ》」は神にまします、となり、これは明らかに神であると言っていますから、その「大王」は「天皇」のことを意味しています。『万葉集』を読むときに用語として「大王《おおきみ》」と読んでいるにすぎないのですね。そのあたりを詰めていくと、推古朝に公的には大王なる人物を神としてみたということはありえないのではないでしょうか。

最も象徴的な事件は、推古の直前の崇峻《すしゅん》が殺されたことです。神というのは殺されない存在である。そうすると神でない崇峻が蘇我氏に殺されたことは、それなりに納得がいくわけです。では推古の時に神になったかというと、女帝ですから、本来、夫である敏達《びだつ》が天皇で、推古は皇后だったわけでしょう。いうなれば、旦那さんが「天皇」という称号をもっていないのに、そのお嫁さんが「天皇」という称号をつけることも考えにくいと思っています。「皇」という言葉は使えないので、

(左) 宮内庁によって治定された崇峻天皇陵(桜井市倉橋)

(右) 真の崇峻陵とも考えられる赤坂天王山《てんのうざん》古墳の石室(桜井市倉橋) 現崇峻陵は古墳とは認められず、近くの赤坂天王山古墳が真陵ではないかとも考えられている。横穴式石室内には巨大な家形石棺が納められている。

「皇后」という言葉も当時なかったと思います。

そのように考えていくと、『万葉集』巻一の二で、舒明が国見の歌をしているのが、かなり画期的な政治の変換が行われ、最高権力者の名前を「天皇」とされたのであろうと推測されます。もちろん、この『万葉集』はのちの編集ですが、そういう歴史認識があったのではないかと思います。

関口　それは「やすみしし」の初出ですね。

千田　「やすみしし」の初出は舒明だと思います。歌というのは、その時、その時で適当な言葉を使うのが多いのですが、ただ推古の時に、推古を公的に天皇にしなければならない歴史的な状況を見出せないのですよ。むしろ蘇我氏擁立であるわけで、その時に蘇我氏の力が強かったから推古朝が長かったわけであって、推古が絶大な権力をもっていたというのは、『日本書紀』の記事からは読みにくい。むしろ、蘇我氏の権力を読み取ってしまうのです。それとの関連で、いわゆる聖徳太子と蘇我氏の関係がさほどよくなかったから斑鳩《いかるが》の地を選んだと思っているわけです。

改めてそういう観点から見直していったときに、さきほど小澤先生が宮号をもって「天皇」を表現しているとおっしゃいました。もう一度、その宮号をもって書かれている「天皇」の位置づけを『日本書紀』からみると、これは過去の天皇のことであろうという見方ができる。そういう論理で書いたのを、私はよかったと思いますけれども、宮号天皇の問題は確かに悩みました。

小澤　『大安寺伽藍縁起幷流記資財帳』には、天平十六年（七四四）に、平城宮御宇天皇がこれこれを賜ったとか、あるいは天平八年（七三六）の造像記事など、在位中の聖武天皇としか考えられないものがいくつかあります。

千田　それは奈良の平城宮のことですね。

小澤　そうです。「平城宮御宇天皇」という言い方で聖武を表していて、資財帳の提出が天平十九年（七四七）ですから、その数年前のことをそういう形で書いています。

関口　それに関わって、その時に、皇極という漢字の漢風諡号《しごう》が何らかの依拠をもっているのじゃないか。まだ、亡くなって一〇〇年も経っていない時ですから、当時はわかっていたのかもしれませんね。

里中　その漢風諡号が採用された時期は、過去の何人かの天皇に関してはイメージが定着していたり、今に伝わらない何かエピソードがあったり、立場的に天皇家のなかで何かあったかもしれませんが……。そして平城宮になって、その頃の人たちが皇極と名付けてしかるべき、何か重大なターニングポイントがあった人だという意識がかなりあったのでしょうね。

関口　では、天皇号の問題で、何か付け加えることがあればお願いします。

小澤　私は基本的に推古朝始用説の立場に立っています。千田先生がおっしゃることもわかるし、里中先生がおっしゃったこともわかりますが。

一方、舒明朝という考え方もあるし、天皇号が公的に位置づけられるのは飛鳥浄御原令《きよみはらりょう》ですから、その前段階にもある程度の定着をみていたと考えてもいいと思うのですが、推古の大王権力の大きさが天皇号を創出させたとみる必要は別にないのであって、隋との国交の開始、これが最大の理由だと私は思っています。六〇〇年（開皇二十年）の遣使のあと、六〇七年に小野妹子《おののいもこ》が最初に隋に行ったときの国書では「日《ひ》出《い》ずる処《ところ》の天子《てんし》」ですよね。「日没する処の天子に書を致《いた》す」と書いてあるわけで、その時の「日出ずる処の天子」という書き方が、翌年の国書では「東の天皇、敬《つつ》しみて西の皇帝に白《もう》す」。そこで、「天子」という称号が「天皇」に変えられ、なおかつ文言も最初の「致書」という言い方から「敬白」に変わっていますから、やはりそこに日本側としての転換があったとみるのが自然だと思います。

したがって、対外的に日本の君主をどういうふうに表現するかが、天皇号を創出させる一番の契機であったという見方は十分に成り立ちうるわけです。「天子」だと当然、隋の皇帝の煬帝《ようだい》が怒りますし、実際「蛮夷《ばんい》の書、無礼なる者あり、復《ま》た以て聞《ぶん》するなかれ」と非常に怒ったわけですから。そういう点で、小野妹子も煬帝の返書を朝廷に渡すことができずに、途中で奪われたという言い訳をせざるをえなかったのだろうと思います。ですから、当時の推古朝の朝廷のなかで対応策を協議した結果生まれたのが、「東の天皇」、天皇号であったとみて、私は問題がないと思います。

千田　ただ、『隋書』倭国伝と、天皇号が出てくるのは『日本書紀』ですから、史料の性格が違います。だから一つの流れのなかで違う資料をとらえることができるかどうかですよね。

小澤　そうですね。そういった問題は確かにありますけど。

千田　「天子」という言葉で怒ったのは、「天子」は世の中に一

平城遷都1300年祭で復原された平城宮大極殿（奈良市）　2010年、藤原宮から平城宮に都が移って1300年になるのを記念して、4月～11月にかけて多彩な催しが行われ、奈良時代前半の第一次大極殿も復原された。正面約44m、側面約20m、地面からの高さ約27m。

人しかいない。日本にもいて、隋にもいるとはどういうことか、というのが煬帝の怒りであったわけです。ところが、国書に「天皇」という言葉を書いたら皇帝の「皇」をとっているわけですから、これだって本来は怒られるべき筋合いのものです。ですから、おそらくその時は、「天皇」という言葉を使わなかったけれども、『日本書紀』の編者がのちに「天皇」に書き改めたという解釈もできると思います。

小澤　実際、奈良時代に入って、唐の玄宗《げんそう》皇帝が日本側に宛てた天平年間の国書では「日本国王、主明楽美御《すめらみこ》徳《と》」という非常にいい字を使っていますから、これは日本側が示した表記法とみてよく、日本としてはそれ以降、中国に対して天皇という言葉を出していない可能性があります。

ただ、やはりいろいろな試行錯誤の結果、そういった形で定着した可能性があるのではないか。とくに、推古に関してだけは「大王天皇」という表現が出てきます。「大王」なら「大王」、「天皇」なら「天皇」でいいはずで、もし、あとから「大王」を「天皇」に直したのであれば、たんに「天皇」とすればいいはずなのに、「大王天皇」という非常に中途半端な言い方が推古に限って出てきます。これはやはり、推古が一番はじめに天皇号を奉呈された人物であったことに関わるのではないかと思います。

私は森田悌《もりたてい》先生の説（森田悌『推古朝と聖徳太子』岩田書院、二〇〇五年）に与《くみ》したいという立場なのですが、このあたりは大津透先生もそうですけど（大津透『古代の天皇制』岩波書店、一九九九年。大津透『神話から歴史へ』講談社、二〇一〇年）、斑鳩《いかるが》の中宮寺《ちゅうぐうじ》に残る天寿国繍帳《てんじゅこくしゅうちょう》の銘文が信頼できるのかという問題に、相当の部分がかかわっていますから、この点をもう少し検討する必要があろうかと思います。

● 天寿国繡帳の成立年

小澤　千田先生が本文で天寿国繡帳の銘文について取り上げておられますが、そのなかで間人《はしひと》王（穴穂部間人《あなほべのはしひと》皇后）の没日を儀鳳暦《ぎほうれき》によって算出していることを理由に、持統朝以降のものと述べられていたと思います。銘文では、間人の亡くなった日が、辛巳《しんし》年（六二一年）十二月二十一日癸酉《きゆう》とあり、その日の干支が元嘉暦《げんかれき》では甲戌《こうじゅつ》なのに、一つ前の癸酉と書かれています。一方、金沢英之《かなざわひでゆき》先生が論じたように（金沢英之「天寿国繡帳銘の成立年代について」『国語と国文学』第七八巻第一一号、二〇〇一年）、それを儀鳳暦（中国で六六五年から施行された麟徳暦《りんとくれき》）を使って、しかも定朔《ていさく》という太陽と月の運行を非常に細かく計算していくやり方で計算すると、確かに間人の亡くなった日は癸酉になるようです。

　ですが、私はそういった計算をしているとは思えません。森田悌先生もお書きになっていますが、暦法の専門家が自分の職務として一生懸命計算するならわかりますが、そういう計算をわざわざ六二一年まで遡っておこなったということには疑問を感じます。そんなことをしなければならない理由もありませんし。むしろ、当時使われていた元嘉暦の干支による没日が伝わっていて、そのまま記したところ、それが間違っていたということにすぎないと私は思います。

　よく知られている例を挙げますと、奈良市東部で見つかった太安万侶《おおのやすまろ》の墓誌には、故人を埋葬した日または墓誌を造った日が刻まれていますが、その干支は、当時おこなわれていた儀鳳暦による『続日本紀』の干支と一日異なります。このように、干支の間違いは現実に多々ありますので、そう考えれば、天寿国繡帳の干支が儀鳳暦によって算出されたと断言することは到底できないでしょう。となると、推古朝に遡る可能性は否定できないということです。あるいは、推古没後の舒明朝初期かもしれませんが、そうした時期に天寿国繍帳が作られたことを否定する理由にはならないのではないかと思います。

また、美術史の近藤有宜《こんどうありよし》先生が、近年、天寿国繍帳についての論文を書いておられます（近藤有宜「天寿国繍帳の制作時期について」『美術史研究』第四七冊、二〇〇九年）。そのなかで、蘇我稲目《いなめ》の女《むすめ》である堅塩媛《きたしひめ》が「大后《おおきさき》」と書かれている点を指摘しています。ほかに「大后」として天寿国繍帳のなかで名を挙げているのは本当の皇后たちですが、堅塩媛は欽明の妃であって、皇后ではありません。堅塩媛を「大后」と記すというのは、やはり天武朝や持統朝では考えられず、蘇我氏が権勢を誇った乙巳《いっし》の変以前ではないかとお書きになっています。かなり説得力があるのではないかと思います。

ならびに、推古のことをたんに「天皇」と書く例が、後半部分で二回出てきますが、それも後の時代に作ったのであれば、ただ天皇と書いて推古を示すのは難しい話だろうと思います。このあたり、論点がたくさん

太安万侶墓（奈良市此瀬《このせ》町）**と出土した墓誌**（奈良県立橿原考古学研究所提供）

ありますけど、千田先生の推古朝否定説に関して、私は同意をいたしかねるのです。

千田　僕自身は歴史的な状況として、なぜ「天皇」という称号を使うべきであったか、むしろ使うことによって、隋を刺激することの方が大きいと。そういう面では「大王」を使うべきなのではないかと思っています。

小澤　外交音痴だったのではないでしょうか。倭の五王の遣使からずっと間隔が空きましたから、そのため、新興国とはいえ、隋に対する姿勢として、後の人から見れば、言ってはいけないことを言っているのではないかというのが、ざっくばらんな私の感想です。

千田　だけど、聖徳太子のブレーンたちがかなり国際的な感覚をもっていたと思うのですが。

里中　むしろ大きく見せることで、本当に相手から尊重されることを狙ったのか。頭を下げただけで属国扱いになってしまう場合もありますから。

　さっきから出てくる暦の話については、周りの国は暦を取り入れると同時にさまざまな中国の記念日も取り入れましたが、日本は科学的なものだけ取り入れて、あとは日本の歴史に合った記念日にする。それは危機感がないと思われますが、それもこれも周りを海で囲まれているという恵まれた地理的状況にあるのではないでしょうか。

堅塩媛《きたしひめ》と軽のチマタ（橿原市大軽《おおがる》町）　蘇我氏出身の堅塩媛は欽明天皇の妃となり、のちの用明天皇や推古天皇を産んだ。没年は不明だが、推古20年（612）2月、欽明を葬った檜隈坂《ひのくまのさか》合《い》陵に改葬される。この時、軽のチマタで大規模な誄《しのびごと》儀礼が行われた。写真は大軽町にある春日神社境内（五条野丸山古墳の北）で、軽のチマタ（279頁参照）はこの北西にあった。「応神天皇軽島豊明宮《かるしまのとよあきらのみや》」伝承地であり、天武期の軽寺《かるでら》跡でもある。

先におっしゃったように、日本なりの、いわゆる中華思想をもつことが一流国家の証だとすれば、外に対して大きい国に見せるというのも外交手段かもしれないと思うのです。中国は、海を隔てた国を攻めるのは軍事費用がかかるし、あまりメリットがないと考えたのではないでしょうか。だから、多少大きく見せて、周辺の頭をさげている国とは違うと主張し、隋・唐以外の他の国に対する自国のあり方の優位性を保ちたかったのかもしれませんね。

千田　推古天皇十六年（六〇八）、隋の遣使・裴世清《はいせいせい》が渡来し、実際に日本を見聞しています。貧弱な国だが、隋としては外交関係を結んでよいと報告しています。それは、ただ大きな国だと言葉で表現しているのではなく、対等外交かどうかはわかりませんが、隋との外交関係を結んでいく状況は当時あったのです。つまり隋に負い目があったと考えていいかと思います。では、隋の負い目とは一体何か。隋は高句麗を狙っているが、なかなか攻め切れない。日本と高句麗が連合すると、隋は軍事的・政治的に非常に劣勢になる、そういう大きな地政学的の状況のなかで、外交というのは成立しています。隋が日本と外交関係を結んでもなんの得にもならない。聖徳太子による対等外交というのではなくて、当時の東アジアの地政学的状況を考えたらわかりやすいのかなと最近思うのです。

里中　つまり日本は、連立を組むときキーを握っている少数政党みたいなものですね。では、今のように世界のなかで、これだけの経済力をもっても誰からも相手にされないよりも、当時の日本のほうがプライドをもって外交していたわけですね（笑）。

千田　そうです。そういう状況をよく見て教えたのが渡来系の取り巻き連中で、そうでなかったら「天子」「天子」といって国書は送れなかった。一回やってみろと言われて送ると、相手を怒らせてしまった。それは成功だったのかもしれません。ところが相手も考えて、逆に怒らせると、日本は高句麗と同盟を組むかもしれない。そのためにはやはり、隋という大国は相手が島国であろうとも手を結んでおきたい。そういうことを考えたのかもしれません。

●上之宮《うえのみや》遺跡の発掘

関口　本文の内容に則して、次に聖徳太子関連の遺跡についてお話を進めたいと思います。まず、奈良県桜井市の上之宮遺跡について、小澤先生、ご説明いただけますでしょうか。

小澤　寺川の上流に上之宮という地名が残っていますが、その西岸の平坦面で、六世紀中頃から七世紀後半にかけての遺構群が発見されました（桜井市教育委員会『阿部丘陵遺跡群』一九八九年）。

とくに六世紀後半から七世紀初めにかけての時期には、南北棟、より具体的には棟通りをほぼ三輪山の方向に向けた主殿を中心とする邸宅の跡が発掘され、これについては千田先生が、当初から聖徳太子の上宮《かみつみや》ではないかとおっしゃっていました。それに対して、阿倍氏の館ではないかという和田萃《あつむ》先生のご意見もありましたが、年代的には、太子関係の遺構と見ても大きな問題はございません。

復原整備された上之宮遺跡（桜井市上之宮）

上宮という名のいわれについてですが、用明《ようめい》天皇の宮との関連で上宮という言い方がされていますので、その用明の宮を磐余池辺双槻宮《いわれのいけのへのなみつきのみや》と見てよいのか、あるいは用明の在位期間は二年ぐらいですから、天皇になる前の皇子宮なのかという点が、問題になってくると思います。

関口　富本銭《ふほんせん》が出土していましたか？

小澤　富本銭ではなく和同開珎《わどうかいほう》が出土していますので、造られた年代はともかくとして、後ろのほうは八世紀までかかるということです。ただ、梁行二間の東西棟建物（SB〇一）を主殿だと考えていた時期もあり、それに接続する廊を復原していますが、多くの遺構が重複しており、柱穴もたくさんありますので、廊を想定するのは疑問だと思います。そうした遺構の解釈に関しては、議論の余地があるでしょう。

関口　元桜井市教育委員会の清水真一さんが、出土した木簡を遺構から見て七世紀前半まで遡る最古の木簡だと言っておられますが、あまり認められていないようですね。

千田　ただ、一点ぐらいで、たくさんはありません。そのほか、べっ甲なども出土していますが、この遺構から年代を特定するのは難しかったと思います。

関口　そうすると、用明天皇の宮殿がどこにあるかという問題が出てきます。

小澤　それにも関わります。ちなみに、上之宮遺跡の主殿の棟方向が東西方向ではなく南北方向に近いというのは、七世紀初頭以前の特徴ではないかと思っています。たとえば、雄略大王の泊瀬朝倉宮《はつせのあさくらのみや》ではないかといわれる三輪山麓の脇本《わきもと》遺跡（桜井市）などもそうですが、古い特徴を示しているという考え方はできると思います。それが七世紀のある段階から、主殿は南を正面とするものに変わっていきます。

関口　千田先生、上之宮遺跡の周辺は古代の地名でいうと、どういうものになるのでしょうか。

千田　用明の宮については磐余《いわれ》という名前が付いています。上之宮の地名というのは特に出てきませんが、ただ用明の宮の南にあるという表現で、「上宮《かみつみや》」とあります。ただこの問題は、以前に同じ桜井市の池之内で発掘されたものが頭から磐余池だと信じてしまうと、磐余池がその場所でよいのかどうかという判断がなされていなくて、近世の『大和志料』のような歴史書にもとづく先入観をもって磐余池だと信じて発掘したわけです。そこが磐余池だとすると、磐余宮はもっとそちらへもっていかなければならないでしょう。磐余池と断定するものは出てこなかったのです。

もっと言うと奈良県の作った地図に神社名の間違いがあって、それに引きずられている部分もあると思います。和田先生は阿倍氏の居館だとおっしゃっていますが、その可能性もあると思いますが、四面庇《しめんびさし》のかなりしっかりした建物で、それを単なる豪族の居館だとしてよいのでしょうか。

聖徳太子の出生地

関口　では太子が生まれたのは、飛鳥の橘寺《たちばなでら》のあたりと考えてよいのでしょうか。

小澤　それは先ほどの、どの時期の用明の宮の上方なのかとい

脇本遺跡で見つかった大型掘立柱建物跡（桜井市脇本・奈良県立橿原考古学研究所提供）　6世紀後半に建てられ、6世紀末から7世紀初めに建て替えられた。北西から望む。2010年6月に発表された。

う問題に関わります。磐余池辺双槻宮に近い場所であれば、橘寺周辺にはならないですよね。ただし、用明の諡号《しごう》は橘豊日尊《たちばなのとよひのみこと》ですから、この名前が橘寺あたりの地名「橘」にもとづくとする説は成立する余地があります。その場合、用明の宮の上手、つまり南に聖徳太子の宮があったと考えることになるでしょう。聖徳太子が橘寺で出生したという説はそこからきていると思います。

関口　場所的には橘寺あたりから飛鳥京跡までなら近いですよね。斑鳩からだとちょっと遠い。

小澤　斑鳩に移るのは七世紀に入ってからですよね。さきほど磐余池の話を千田先生がされましたが、この比定をめぐってはずっと論争が続いているところです。数年前、和田先生の磐余池比定地（奈良県教育委員会『磐余・池ノ内古墳群』一九七三年）の中を桜井市教育委員会が発掘したところ、六世紀後半ぐらいの土器がまとまって出土しています。ちょうど磐余に王宮が集中する段階の遺物は、一応あるということです。

千田　それはそうなのですが。元の名称とか、式内社の位置とか、磐余という地域がどのあたりをカバーするのか、そういう問題からいくと、やはり疑問に思います。

小澤　確かに、延喜式の若桜《わかざくら》神社と目される神社は、桜井市谷の若桜神社と桜井市池之内の稚桜《わかざくら》神社の二ヵ所あります。これに関しては、千田先生がおっしゃるように、谷の若桜神社の方が、城上郡《しきのかみ》にあるとする『延喜式』の記載からすると、よい場所にあると思います。和田先生が比定された池之内の稚桜神社の位置は、どうみても十市《とおち》郡という場所ですので、地理的には、神社に関しては千田先生のおっしゃる通りでしょう。

ただ古来、神社というのはよく動きますから、はたしてそれが古代の位置をそのまま伝えているかということは問題になろうかと思います。ですから、郡境の変化ではなく、神社の移動ということもありえます。

また、磐余池を谷の若桜神社の周辺と想定しますと、これは寺川を堰き止めたと考えざるをえないと私は思ったのですが、現地を歩き回っても、水量の多い寺川を堰き止めるのは相当大変だと。もしそのような大工事をしたのであれば、それなりの堤の痕跡なりが残るのではないか、という印象をもちました。それに対して、和田先生の比定地の方は堤の痕跡がよく残っていますし、遺構・遺物もありますので、確かに古代の池のあり方としては納得のいく場所ではあります。

ただし、これに関しても、近年、渡里恒信《わたりつねのぶ》先生が、和田先生の磐余池比定地はむしろ『古事記』の応神段に出てくる百済池ではないかとおっしゃっています（渡里恒信「百済大井宮と百済大井家の所在地」『日本歴史』第七〇二号、二〇〇六年）。私は、百済大寺《くだらのおおでら》は和田先生の比定地に近い吉備池廃寺《きびいけはいじ》で間違いないと思っておりますので（奈良文化財研究所『吉備池廃寺発掘調査報告』二〇〇三年）、それも魅力的な説ではあるなと、個人的には決めかねている状態です。

千田　古代には常に川を堰《せ》き止めてダム的な形式の池を作ったとは限りませんので、固定観念はもたないほうがよいでしょう。ところが、土木史の本には、谷を堰き止めたダム状の池が古代の池の典型のように書かれているのです。景行《けいこう》紀の坂手《さかて》池は皿池のイメージだと思います。皿池の起源はさらに古くなるだろうと思います。

若桜神社（桜井市谷）　拝殿の奥に若桜神社本殿と安倍高屋《あべたかや》神社が祀られている。

●聖徳太子の居館

関口　里中先生は、聖徳太子の宮廷の住まいについてのイメージなどはおありですか。

里中　想像するより質素だったのではないかと勝手に思っています。お寺や都の大極殿などの建築以外は、建物は案外建てやすかったり、壊しやすかったりしたのではないでしょうか。土台はちゃんと造ったとしても、壮麗なというようなイメージはあまりないのですが。

関口　板葺きが飛鳥板蓋宮《いたぶきのみや》という言葉が出てくる頃から始まるとして、それまでは、こけら葺き、藁《わら》葺き・草葺きなどだったと思うのですが。例えば、伊勢神宮のような古式を遺した建物のようなイメージでしょうか。

里中　寺院ができて、建築物の立派さの基準が変わったような気がします。神殿に関しても仏教伝来以降の方が、形ができてきたのではないでしょうか。もともとの私たちの暮らしの宗教観から見ると、建物そのものよりも、むしろその土地に住んでいる神を大切にするという意識がありましたので、建築物にはあまり頓着しなかったのではないかと思います。最初は食糧とか兵器の倉庫とか実用的なもので、権威づけるための建物の歴史は意外と短いような気がします。宮殿＝生活の場と考えると質素だったような気がします。宮＝政治の場と考えると、一代限りで変わる場合もありますので、建てやすく解体しやすいものだったのではないでしょうか。聖徳太子が、どんなような場所で、どんなことを思っていらっしゃったのかというイメージ図を考えるときに、とても質素な絵しか浮かばないのです。

千田　ですが、上之宮遺跡で見つかった四面庇といえば立派なものでしょう。

小澤　立派だと思います。ただ、大和ではその時代の豪族居館などがあまりわかっていませんから。桜井市近辺では、七世紀に入ると、いくつか大きな建物が出てきます。阿部丘陵の上の四面庇の建物もありますし、その北東の城島《しきしま》遺跡にも大きな建物跡があります。ただ、残念ながら、磯城《しき》や磐余の宮にあたるものがなかなかないので、「卑弥呼の宮殿か」と騒がれた纒向《まきむく》遺跡も結構ですが、桜井市には王宮を調査してほしいと思っています。

関口　桜井市の脇本《わきもと》遺跡についても、あの辺りに王宮があったことは間違いないので、もっと調査すべきだということですね。

小澤　桜井市域というのは、史料上、王宮が非常に集中している場所ですが、実際に王宮の可能性が指摘されているのは、脇本遺跡ぐらいですね。雄略の泊瀬朝倉宮だと言われています。ただ、泊瀬という地域の中で、朝倉宮がここだとまでは断定できません。むしろ纒向のほうが地域が限られていますので、王宮を特定できる可能性はあるかと思います。

●法隆寺の建築年代

関口　里中先生から先ほど寺院の話がありましたが、少し法隆寺の話をお聞きしたいと思います。二〇〇四年に焼けた壁画が見つか

上宮《かみや》遺跡（斑鳩町法隆寺南）　聖徳太子が晩年を過ごした飽波葦垣《あくなみのあしがきの》宮《みや》の跡と伝えられている。

り、若草伽藍《わかくさがらん》は焼けていて、かつそこは壁画で飾られ、やはり再建だったということがわかりました。それと前後して、再建だったということがわかったにもかかわらず、現在の法隆寺の五重塔の心柱の伐採が五九四年で、年代が合わなくなってきました。最近、法隆寺建築の年代が混迷してきてしまったという事実についてどのようにお考えでしょうか。

千田　まず、年輪年代が資料的にどの程度使えるかという問題があります。

関口　木材のゆがみなどをなくすために長い間寝かしておいた、あるいはどこかの廃材をもってきていると言ってしまえばそれまでなのですが。また、伐採年がわかったからといって、すぐにそれが非再建に結びつくわけではないですし、再建は動かないと思いますが。

小澤　私は、千田先生が本文でお書きになっている通りだと思います。早稲田大学の大橋一章《おおはしかつあき》先生も同じ立場ですが（大橋一章「法隆寺五重塔心柱伐採年の意義」『早稲田大学大学院文学研究科紀要』第四七輯第三分冊、二〇〇一年）、伐採年は五九四年として、その年に伐採したものを水につけた後、乾燥してから使ったと考えればよいと思います。そういった期間は一、二年ということはないでしょう。予備材として長期間保存されていたとみて問題ないと思います。

関口　そういう貯木場のようなものがあったのではないか。あるいは、お寺が持っていたのではないかという説もあったのですが、そのような痕跡はなかったようです。

里中　現代でも、木材は寝かせてから使うものです。この当時なら、個人レベルで決められる建物ではありませんから、木材の管理も慎重に行ったのではないでしょうか。山から採ってきて、すぐ使うわけにはいきませんし、もし足りなくなったら大変なことですから、かなりストックは余分に採っておいたのではないでしょうか。伐採以前に建てられたのではないこと以外はわからないですよね。

関口　即、非再建につながる事実ではないと考えてよいですね。

小澤　千田先生は、本文で元奈良文化財研究所長の鈴木嘉吉《すずきかきち》先生の説も紹介されていますが、やはり、若草伽藍が建っている以上、それとは別に仏堂を営む必然性はなかったのではないでしょうか。

千田　まず、斑鳩宮に置いていたという説ですね。

小澤　斑鳩宮から小型の瓦が出ていますので、小さな仏堂はあったのでしょうが、それほど大した建物があったとは思えません。むしろ年輪年代では、金堂の天井板とか、六七〇年に近い年代のものがたくさん出ましたね。

関口　そうですね。部材の年代はちょうどあてはまります。

小澤　心柱の年代がわかる以前に、奈良文化財研究所でその年代のことを聞いたとき、やはり再建だったという印象をもちました。修理をするために、部材を用意している段階で焼けてしまったのだと。

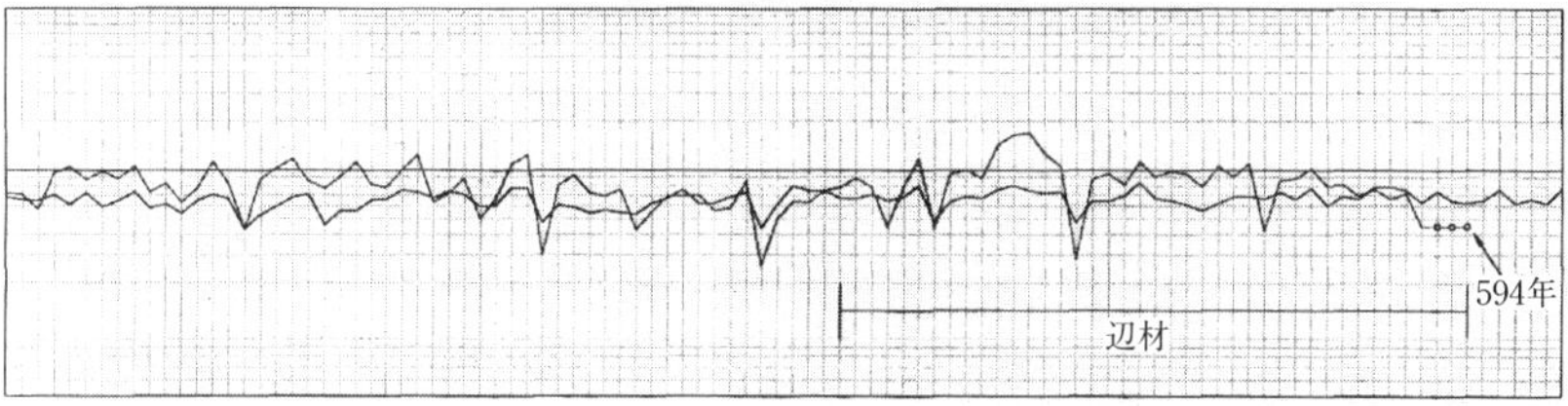

ヒノキの暦年標準パターングラフと法隆寺五重塔心柱の年輪パターングラフ（光谷拓実《みつたにたくみ》『年輪年代法と文化財』日本の美術421、至文堂、2001年より）　樹木は気候が温暖であればあるほど成長が早く、年輪の幅が広くなり、気候が不順であれば年輪の幅が狭くなるという特徴をとらえて、年輪の経年変化のグラフをつくる。わが国では、奈良文化財研究所の光谷拓実氏がスギやヒノキを中心にグラフをつくっている。法隆寺五重塔のヒノキの心柱を、ヒノキの暦年標準パターングラフと合わせると、辺材の端の部分が594年に相当するという。

●法隆寺の施主

関口　では、誰が何のために、再建したのでしょうか。

千田　一般的には現在の法隆寺も聖徳太子だと思われていますが、実は施主については、よくわかりません。その施主と中宮寺の天寿国繍帳との関係を結びつけるという考え方もあります。天寿国繍帳は推古朝まで遡らず、新しい法隆寺との関連づけも可能ではないかと。

関口　年代が合えば、天智か天武ということになるのでしょうか。

千田　それならなぜ『日本書紀』に書かないのでしょうか。一説によると、法隆寺の僧たちがあちこちに布教してお金を集めて、天皇家には世話にならずに造ったから『日本書紀』に載らなかったという話があります。そんなことはあり得ないでしょうが。やはり、国家のサポートがなければあれだけのお寺は造れないだろうと思います。施主がわからないというのは、あまり皆考えないことでしょう。だから、天武・持統朝が一つの目の付けどころかと思います。

小澤　やはり国家的な援助はある程度あったと思います。ただ、強力な施主がいなかったために再建に時間がかかったのではないでしょうか。焼失から四十年ぐらいかかっていますから。国家的大寺院であればもっと早くできているでしょう。法隆寺は現在では超有名寺院ですが、その当時としては第一級寺院ではありませんので、そういった点も考慮が必要かと思います。国の大寺であった飛鳥の大官大寺《だいかんだいじ》や川原寺《かわらでら》、薬師寺《やくしじ》、飛鳥寺といったお寺に比べると、格の落ちる存在であったことは否めません。

千田　その説はなるほどと思います。唐の鑑真和上《がんじんわじょう》が鹿児島に着いて大宰府《だざいふ》（福岡県）に行き、船で難波《なにわ》（大阪市）に着いて、平群《へぐり》（奈良県）から平城京に入っています。ということは、法隆寺の前の街道を通っているわけです。ところが、法隆寺に関することは触れられていません。素通りするほど目立たない寺であったのでしょうか。まだうまく整理できないのですが、聖徳太子信仰が奈良時代に盛んになってくるにつれて重要視されてきたのかもしれません。

●信仰の対象としての聖徳太子の実像

関口　聖徳太子信仰は、天武朝には成立しているのでしょうか。当然『日本書紀』段階では成立しているわけですね。

千田　聖徳というのは諡《おくりな》で、後からつけた名前です。それがいつ頃つけられたか。『伊予《いよ》国風土記逸文』に「聖徳」という名前が出てくると上田正昭先生が指摘されています。奈良時代には確実に名前ができていたと思います。

関口　里中先生は、聖徳太子にどのようなイメージをもたれていますか。

里中　聖徳太子は、日本人のヒーローの条件を兼ね備えていた方だと思います。

本来だったら天皇になれる素質と力があったのに、ならなかったと

法隆寺が建つ西里《にしさと》の町並（斑鳩町法隆寺西）　今も法隆寺の西側は、古街道と共に古い町並みも残る。

いうあたりが、日本人の判官贔屓《ほうがんびいき》の心をくすぐります。これが、ヒーローの条件その一。温泉に長く滞在していたというところから、かなり悩み多き方でノイローゼになっていたのではないでしょうか。本当はこんなに暗かったのではないかというところが、知的なヒーローになれる条件その二。しかも直系の子孫の山背《やましろの》大兄《おおえ》皇子一家が悲劇に遭っているということもポイントが高いのです。

皆の憧れの対象としての要素も加わり、この方を盛り立てたとしても、政治的に描くない立場であろう。そういうお手本イメージとしてこういう人が考えた国造りはとてもいいことだから、みな見習いましょう。とするには、後の時代の人にとって、とても都合の良い方だったのではないかと思います。

関口　憲法十七条を聖徳太子が作ったとは思えませんが、第一条「和をもって貴しとなす」というのは平和でいきましょうという現代にも通じるようなものですし、第十条の人の違うことを怒るな、自分は必ずしも聖人ではないし、相手は愚かではないというような内容もそう。サミュエル・ハンチントンは、『文明の衝突』で多文明間の対立構造を指摘しましたが、これは、日本が世界に対して何か言えるような、立派な哲学という か理念のようなものだと思うのですが。

里中　いろいろな人の知恵などが集約されて、聖徳太子という理想的なイメージができあがったのだと思うのです。そのイメージを作るための必要条件としては、そういう人物を良しとする風潮があったのでしょう。

あの人の子孫が偉くなってしまうということを心配しなくていい人で、直接、時の政府が表向き言いにくいことも、そういう方の口を借りれば、仮託しやすいように思います。皆の思いが凝縮して、現実にいた人を芯にして上にいろいろなものを着せてヒーロー像、つまりよりどころとなる人物像ができあがったと思うのです。だから信仰の対象になりうるのです。現実の聖徳太子がどうだったとか、本当に太子だったのかということは、まわりの人の関係でよくはわかりませんが、それなりの人だったのだと思います。ただ、最初に申し上げたように悩み多き人。

関口　具体的に、悩みは何だったと思いますか。

里中　人間関係か、理想と現実の落差とか。政治力をもつと、実行力と発案力の間で悩むものですよね。両方をもっている方がよいのでしょうが、発案力はあっても実行力のない方には人の助けと理解が必要でしょうけれど。もろもろいろいろなことがあって、疲れてしまったのだと思うのです。

関口　推古がいて、蘇我氏が絶頂期に達している時代の聖徳太子の置かれた状況というのはどのようなものであったのか、千田先生にご解説いただけますか。

千田　まず『日本書紀』では皇太子という表現をしています。天皇との関連がなければ、皇太子ではなく、太子でよい。太子も「ひつぎのみこ」と読めますから、大王であるのか天皇であるのかは別問題として、当然、継承すべき位置にあったと思います。ところが、太子が天皇にならなかったし、推古女帝よりも先に死去する。そこが一つの謎なのですが、おそらく蘇我氏との関係がうまくいかなかっ

大和川の亀《かめ》の瀬《せ》（大阪府柏原《かしわら》市峠《とうげ》）　河内と大和の国境にあたる亀の瀬は、難波《なにわ》から斑鳩へ至る大和川水運で、最も流れの激しい難所である。亀の瀬をこえれば、斑鳩はすぐの所にあった。

たのではないでしょうか。そういうこともあって斑鳩へ行ったのではないか。

従来から斑鳩移転説にはいろいろあって、大和川の河川に対して軍事交通の拠点を設けるという説がありますが、そうではないと思いたいのです。蘇我氏との対立というのが、政治路線の違いにあったのではないかと思います。

これはかなり大胆な説なのですが、『隋書』倭国伝（推古朝のことを記したもの）に、日本の僧侶を隋に派遣するのですが、隋に遣わされた使者がいうには、海西《かいせい》の菩薩天子《ぼさつてんし》が重ねて仏法を興すと聞いていると報告している。そういう政治体制を見習いたいというのが、聖徳太子の気持ちであったのではないか。ところが、現実に置いている政治路線というのは、仏教は鎮護《ちんご》国家のために必要であったけれども、神を信仰する思想背景というのは大王から天皇まで継承されています。日本の国家のあり方についての議論はあったと思います。その時に神という超越的な存在を一番上に置くという考え方を聖徳太子は採らずに、仏を一番上に置くという考え方を採った。

蘇我氏も仏教の伝来に力は貸しましたが、それは国を治めるためであって、仏を最上にもって来るという考え方はなかったでしょう。聖徳太子の国家像というのは仏教至上主義、仏教による理想国家を唱えていると思えるのです。そうした政治路線の対立ということが日本のなかで起こったわけです。仏教は取り込んだけれども、天皇は神である。その時に聖徳太子の国家像に思いつく人物が一人います。それが聖武天皇です。

聖武天皇は、「大仏造立の詔《みことのり》」のときに「菩薩として」という言葉を使っています。自分は菩薩として盧舎《るしゃ》那仏《なぶつ》を造ると。菩薩となった段階で聖武は、自分は神であるけれども、その上に仏があるという。仏中心の国家像というものが聖武のなかでできあがっていく。奈良時代に、聖徳太子信仰が上昇していくのと合致しています。聖武天皇以前の国家像であれば、そんな大きな大仏を無理して鎮護国家のために造る必要はない。あれほど大きな仏像を造ったというのは、仏の力の偉大さというものを見せしめようとしたのです。大仏開眼の前に孝謙《こうけん》天皇と一緒に行ったときに、まだ天皇であったにもかかわらず大仏に北面して（ふつう天皇は南面する）、三宝の奴であったらいいと言っています。つまり、仏の僕《しもべ》であったらいいと言っているわけです。

これはたいへんな思想的転換です。ここで、奈良時代の政治情勢は揺れ動きます。天皇は今まで神であったわけですから。仏も神によって支配されていたのが、神が仏に仕える身であると言ってしまったのです。そこから、天皇は難しい皇位継承問題をしなくても力のあるものが天皇の位につければよいという、つまり中国の皇帝制をもってきてもよいのではないかと考えたようであり、かなり揺らいできます。その後始末をつけるのが、九州の宇佐《うさ》八幡宮（大分県）の託宣《たくせん》です。日本の天皇は継承されてきたもので、中国のような皇帝制とは違う、その時念頭にあったのが法王というものです。法王が出てくるというのは、国家統治のシステムを変えてしまうという動きが聖武以降ずっとあったからではないでしょうか。聖武も孝謙も出家していま す。しかし、天皇が出家してしまったら神でなくなるわけです。天皇が代々出家するというあり得ない事態が起こった。

実は、その思想的な背景は聖徳太子にあったのだろうと、私は考えつつあるのです。聖徳太子は、天皇という地位を目ざさなかった。しかし、法王と呼ばれていたと思われます。政治路線で蘇我氏と違ったのは、そこなのではないかと思います。

関口　仏教原理主義者であると。

千田　そうですね。そうなると神とものの存在が非常にぐらついてきます。簡単に神仏習合などといいますが、神仏なんていつまでたっても習合していません。使い分けているだけで習合しているわけではないのです。葬式は仏教で、正月は神道で、適当に使い分けているだけです。習合というのは、もっと経典のなかでミックスしていかなければ言えません。

ここからは当てずっぽうですが、聖武、聖徳、はいずれも「聖」ですね。音読みなら聖武の娘も称徳になる、あの名前の付け方も謎めいています。まして、聖武も『続日本紀』に皇帝と書かれている箇所があります。孝謙、称徳は生前中から皇帝という称号をもらっているわけです。中国風のハイカラな名前を付けて喜んでいるわけではなく、国家体制を完全に変えようとした時代の潮流があったのではないでしょうか。

それについて、得意気な顔をしているのが光明皇后です。自分だって力があるから女帝になりたいけれど、女性天皇には絶対なれない。娘を皇太子にしているわけですから。だけど、最高権力者になれなくても中国風の皇帝にならなれるだろう。そのモデルは唐の則天武后《そくてんぶこう》です。そういう大きな動きが奈良時代にあるのですが、その時に聖徳太子の考え方がかなり影響があったのではないかと思います。今の段階では想像の域を出ませんが。

●天皇家と蘇我氏

関口　聖徳太子の理想の前に立ちはだかったのが蘇我氏なのですね。

千田　蘇我氏は、官僚であることが一番無難であるわけです。

関口　推古は蘇我氏を絶賛する歌を遺しています。推古と蘇我氏は非常に関係がよくて、一心同体のような関係があり、聖徳太子は距離を置いている。

千田　聖徳太子は、蘇我氏出身の堅塩媛《きたしひめ》と小姉君《おあねのきみ》の血が流れています。小姉君というのは、蘇我氏本宗家とはよくない関係です。

関口　蘇我氏についてですが、二〇〇五年十一月に明日香村の甘樫丘東《あまかしのおかとう》麓《ろく》遺跡で、焼けた壁土や谷を造成した建物跡が出土しまして、蘇我蝦夷《えみし》、入鹿《いるか》の邸宅ではないかと言われていましたが、それについてはいかがでしょうか。

小澤　甘樫丘東麓遺跡は蘇我氏の邸宅の一部ですね。焼けた年代などから、それは否定できないと思います。ただ、面積的にそれほど広い場所ではありません。東

甘樫丘東麓遺跡（明日香村川原）　甘樫丘は、飛鳥川の西岸にある標高145mほどの丘陵。周囲には多数の谷が刻まれ、『日本書紀』は皇極３年（644）11月、この丘に蘇我蝦夷、入鹿親子が家を建てたと記す。遺跡（2009年、奈良文化財研究所提供）は、丘の東南麓にある谷のひとつに位置する。

側にもっと大きな谷がありますし、甘樫丘北面の遺跡も含めて、丘陵全体が蘇我氏のエリアだったと考えてよいでしょう。

推古は蘇我氏の一員で、馬子ともかなり親密な関係にありましたが、馬子が葛城県《かずらきのあがた》を賜ろうとしたときに阻止していますので、すべて言いなりになっていたわけではなかったようです。太子が斑鳩に移ったのは、千田先生がおっしゃるように、政治的次元からの離脱という意味に重心があったのではないかと思います。

私は、太子が即位しなかったのは推古が長生きしすぎたせいだと思っています。生前譲位が始まるのは皇極からですから。推古があのように長生きしなければ、廐戸《うまやと》が即位したと見るべきでしょう。

関口 甘樫丘東麓遺跡については、一九九四年に焼け土だけは見つかっていて、その後、遺構が発掘されたのですが、あの場所からは飛鳥寺が見えづらいという指摘があります。

小澤 蘇我氏の邸宅から、必ず飛鳥寺が見えなければならないかという点ですが、確かに大化改新(乙巳《いっし》の変)の時に中大兄皇子が法興寺《ほうこうじ》(飛鳥寺)に入って城《き》とするとありますから、見えた方がよいのでしょうけど……。邸宅とされたのは、焼け土とその年代に符合する土器がまとまって出土したこと、人工的な平坦地を造っているということなどの理由が挙げられます。

千田 例えば、平城京の時代、藤原氏の寺である興福寺から、平城京が見えたのではないかという説をうかがったのですが。蘇我氏とよく似た立地条件で、藤原氏も平城宮を見おろしていたのではないかと。

小澤 もちろん、よく見えます。興福寺は京内どこからでもよく見える場所に造っていると思います。なお、中世以降、寺院の要塞化というのは進むのですが、古代にもそういった要素があるというのは安井良三《やすいりょうぞう》先生

（故人）も指摘されています（安井良三「古代寺院と氏」『日本書紀研究　第五冊』塙書房、一九七一年）。寺院には、軍勢を集合させてそのエリアを占有し、通行を制限できるという利点があると思います。飛鳥寺を占有することによって、南や西への往来を制限できたでしょう。

関口　蘇我馬子の墓といわれている石舞台《いしぶたい》古墳の周りで、宿舎跡のようなものが見つかっていますが。

小澤　宿舎といえるかどうかはわかりませんが、大きな柱穴が出ています。六二六年に馬子が死んだ後、『日本書紀』には蘇我一族が墓所に集まり、宿っていたという記事があります。

関口　他にも嶋宮《しまのみや》の庭園の遺構など、近年、蘇我氏に関わるものが見つかっており、蘇我氏とはどういうものなのか。聖徳太子の妨げという話もでておりましたが、もう少しプラス面での評価というのはないのでしょうか。

里中　後からトップに立ったものにとって、都合の悪いものは悪くいわれるということはよくあることです。聖徳太子の悩みというのは、国造りを頑張って、ここで国家として外国と対等に付き合おうとしている時に、わが国を根幹から変えてしまうことが起きるかもしれない。つまり蘇我氏が力をもってして、この国の最高権威＝皇帝のようなものとなってしまうかもしれない。そういう想像というのは、かなり聖徳太子を悩ませたと思います。

ところが、蘇我氏が油断したのか、大化改新というクーデタ

石舞台古墳（明日香村島庄《しまのしょう》）　1辺50mの方墳。遺体が安置された玄室《げんしつ》は長さ7.7m、幅3.5m、高さ4.7m。最大の石材は重さ約77トンの花崗岩である。

が起きてしまったわけです。この時、中大兄皇子とともに立ったのが、中臣《なかとみのかまたり》鎌足で、即ち藤原氏です。彼は見ていた、蘇我氏にはなるまいと。藤原氏はもっと深く静かに潜行しようと思ったのではないでしょうか。ですが、蘇我氏も天皇に娘を嫁がせたりしているのですが、結局は天皇家の一人として行動するようになります。

聖武天皇も藤原氏系ですが、藤原氏は、ごり押しで皇族でもない母親まで大夫人《おおみおや》という称号をつけようとしたわけです。光明皇后も藤原氏の娘です。こうなると権力が展開しても、何の不思議もありません。もし蘇我氏が最高権威になっていたら、新しく近代的な国家に生まれ変わらせたのは、蘇我蝦夷であると後世に伝えられたかもしれません。藤原氏の時代に聖武天皇が、聖徳太子のオマージュであったとすれば、聖武天皇も悩み多い人物でした。聖徳太子に対して蘇我氏、聖武天皇に対しては藤原氏だったわけです。しかし、藤原氏は聖武天皇にとって、母や嫁の系譜です。だが、果たしてこうした人間同士の縁でよいのだろうかと思って、仏にすがる気持ちがより強くなったかもしれませんし、聖徳太子の理想を考えると、仏教しかないと思ったのかもしれないですね。

私は、皇帝という称号は、藤原仲麻呂《なかまろ》が利用したがったと思っています。

中臣鎌足の誕生伝承地（明日香村小原《おはら》）　明日香村飛鳥の飛鳥坐《あすかにいます》神社の東方に鎌足の誕生伝承地が伝えられている（右）。その西側には、鎌足の母と伝える大伴《おおとも》夫人《のぶにん》の墓と伝えるものも残っている（左）。

仲麻呂は藤原氏始まって以来の秀才だったらしいのですが、どんなに頑張ったところで、結局は臣下でしかないと思ったことでしょう。天皇の存在とは一体なんなのだと。私は孝謙《こうけん》天皇と仲麻呂は関係があったと思うのですが、どうして自分が臣下なのかと。中国には皇帝という称号があり、これは天皇家ではなくてもなれると気づく。では、日本を近代国家に変えるという意味でも、皇帝という称号を定着させておけば、自分もなれるかもしれないと。そこで、全部唐風に改めて意識を変えておいたら、いまの孝謙天皇であれば自分の言いなりにできると考えたんでしょう。結局、孝謙天皇は淳仁《じゅんにん》天皇に譲位したわけです。

しかし、孝謙天皇は出家し、称徳《しょうとく》天皇として、もう一度即位してしまいました。仲麻呂にとっての最大の危機は、この孝謙天皇だったのだと思います。彼女が道鏡《どうきょう》を法王にして最高権威にしようとしたことは、自分は女として誰かの妻になりたいと考えても、誰とも結婚できない。そこでこの国を根本から変えようとしたわけです。その中でも、みながこぞって押しとどめようとしたのが、宇佐《うさ》八幡宮の神託だったわけです。

この、推古天皇から称徳天皇までの間に、日本の天皇家というものを頂点としてきたシステムが崩れるピンチが何度かありました。藤原氏も仲麻呂のときに絶頂期で、皇帝という名称を付けるなどいろいろ画策しましたが、個人的なことで足をすくわれて、結局、称徳天皇が許さなかったわけです。

関口　歴史は繰り返すということですね。蘇我氏の場合と同じように。

里中　蘇我氏というお手本があったから、藤原氏はその後も長らえたのだと思います。

千田　道鏡を法王にしますが、モデルは聖徳太子です。聖徳太子の考え方というのは奈良時代、聖武朝以後、流布していたと思われますが、それは『続日本紀』からはなかなか読み取れません。

ただ、私はすぐに仲麻呂がなると抵抗があるので、仲麻呂はまず光明を皇帝にして、その後を継いでもいいと考えていたのではないかと思います。光明皇后もその気があったでしょうから。

里中　光明皇后を仲麻呂が操っていたのかなと思うのです。仲麻呂は、いずれ自分が皇帝になるためには、光明皇后にもっと中国風になっていただきたい、信頼していただきたいと考えていたでしょうし。親戚同士でかなり近い関係にあったのではないかと思います。

千田　少し飛鳥時代の話に戻ります。あまり指摘されていませんが、飛鳥時代というのは奈良時代のモデルになったのです。日本の歴史は、目に見えないところでかなり大きな変化があったと考えられます。

関口　推古と蘇我氏は密接だったわけですが、皇極（斉明）と蘇我氏というのはどういう関係だったといえるのでしょうか。

千田　皇極についていえば、『日本書紀』を素直に追いかけていけば、大化改新（乙巳《いっし》の変）というクーデタを予測していなかったのではないでしょうか。

小澤　舒明が亡くなった後、大和で百済《くだら》の大殯《おおもがり》とよばれる殯をするわけですが、それが終わると滑谷岡《なめはさまのおか》に舒明を葬ります。そして、その日のうちに、皇極は百済宮《くだらのみや》を放棄して飛鳥に戻ってしまいます。舒明の治世後半は、脱蘇我のイメージで、飛鳥岡本宮《あすかのおかもとのみや》が焼けた後も飛鳥に戻ろうとしませんでした。それに対して皇極は、

舒明天皇の押坂陵《おしさか》（桜井市忍阪《おっさか》）　舒明は、皇極元年(642)12月に滑谷岡《なめはさまのおか》（明日香村冬野《ふゆの》というが、未詳）に葬られた後、翌年9月、押坂陵に改葬された。

即日夫の建てた宮を棄てて飛鳥に戻り、板蓋宮《いたぶきのみや》を造営するわけですから、皇極と蘇我氏は近かったと思います。夫の舒明とは立場がかなり違います。

関口　百済大寺は造りましたが、宮殿は蘇我氏の本拠地へ移したということですね。

小澤　はい。確かに千田先生がおっしゃるように、乙巳の変のクーデタ計画に関しては皇極は知らなかったのでしょう。

私は、蘇我氏は開明的な氏族だと思いますし、推古朝における蘇我氏の力は再評価する必要があると考えます。しかし、だからといって、天皇に取って代わろうというものではなかったと感じますが。

関口　それは、『日本書紀』からは感じ取れない？

小澤　『日本書紀』では蘇我氏を悪く書いていますね。蝦夷の大陵《おおみささぎ》と入鹿の小陵《こみささぎ》の話など、倒してしまった者は悪く書かなければいけないという面があったかもしれません。ですが、少なくとも推古朝までは蘇我氏の専横がそれほど目立つわけではないですよね。

千田　国家戦略として仏教を採り入れるというのは、東アジア情勢をよく見ていたと思います。蘇我氏はそこが優れた氏族だと感じます。

●蘇我氏のルーツ

関口　千田先生にお聞きしますが、蘇我氏のルーツというのはどこにあるのでしょうか。

千田　それは難しいですね。いま穏やかな説としては日本にルーツを求める説なんですよ。ところがよく考えてみると、もしかすると百済《くだら》ではないかと。私も今揺れ動いています。ただ史料的に見ても明確に百済までは行きつかない状態です。

関口　今のところ本拠地は橿原市曽我《そが》町の、宗我坐宗我都比古《そがにいますそがつひこ》神社や、近くの橿原市小網《しょうこ》町の入鹿《いるか》神社のある一帯、畝傍山《うねびやま》周辺ですね。河内（大阪府）の近《ちか》つ飛鳥《あすか》（南河内郡河南《かなん》町・太子《たいし》町）もそうだといわれていますが、あれは、物部《もののべ》氏から奪ったからでしょうか。

小澤　物部氏を滅ぼしたことによって、物部氏の旧領を掌握しますからね。もともとは橿原市の曽我の一帯、甘樫丘《あまかしのおか》の一帯、畝傍山の東の一帯、それから五条野・軽《かる》の一帯でしょうか。明日香村の島庄《しまのしょう》や御所《ごせ》市・葛城《かつらぎ》市などの葛城の一帯もあると思います。

　蘇我氏は葛城氏と同じく、伝承としては武内宿禰《たけしうちのすくね》に始まるということになっています。葛城襲津彦《かずらきのそつひこ》がその子供ですね。葛城襲津彦に関しては史料的に実在の裏づけが取れていますので、そこまではさかのぼれます。武内宿禰については非実在説が主流ですが、これに関しては再考の余地があると思います。オオビコもそれまでは非実在といわれていたのが、埼玉《さきたま》古墳群の稲荷山《いなりやま》鉄剣銘にその名前がはっきり出てきましたので、古い史料、記紀に伝わる伝承というも

(右) 宗我坐宗我都比古神社《そがにいますそがつひこ》（橿原市曽我町）　宗我都比古命と宗我都比売《ひめ》命を祭神とする。延喜式内社。

(左) 入鹿神社（橿原市小網《しょうこ》町）　スサノオノミコトと蘇我入鹿を祭神とする。境内には、国の重要文化財である大日《だいにち》堂（室町時代）が建ち、その本尊の大日如来坐像（鎌倉時代前半）が祀られている。

のを再評価せざるをえないでしょう。

関口　本拠地から渡来系だったか在地系だったかというのは、なかなかわからないですね。さらにそこから論を進められるでしょうか。

千田　難しいですね。ただ、百済とのつながりは強かった。飛鳥寺の造営の時も百済の工人たちが来ています。仏教との関係で解釈した方がよいのかもしれません。

関口　大阪府四条畷《しじょうなわて》市の蔀屋《しとみや》北遺跡で、五世紀、六世紀ぐらいに馬を生産し、鉄製品を作り、須恵器《すえき》も作っていた可能性があります。河内の方で作っているのですが、一山越えると葛城で、蘇我氏の本拠地だったところに当たってきます。葛城市の竹内遺跡と竹内街道の東側にもそういう集落があります。そうすると、百済から渡ってきた人たちが大和に入ってきて、蘇我氏の集団に加わったと言うことはあり得るかもしれませんね。

● 百済宮はどこか

関口　ところで、舒明朝、百済大寺は桜井市吉備《きび》の吉備池廃寺でほぼ間違いないと思いますが、百済宮はどこになるのでしょうか。

小澤　西の民は宮を造り、東の民は寺を作る、と『日本書紀』に出てきます。それが位置関係を示すとすると、百済大寺が東にあり、そ

発掘された吉備池廃寺があった吉備池（桜井市吉備）
百済大寺と考えられる。この寺の西に舒明の百済宮があったのだろうか。

の西に百済宮があるはずです。宮殿の場所は立地的にもある程度決まってきます。低湿地には造りませんので。今の吉備の集落は比較的高いところにあり、有力な候補地になるでしょう。発掘調査すれば、掘立柱の遺構は出る可能性が高いと思います。

関口　蘇我氏の助けを借りずに造ったというのがミソでしょうね。

小澤　蘇我氏への対抗意識だと思います。百済大寺は九重塔ですから、蘇我氏が建てた飛鳥寺の五重塔に対抗するという側面は間違いなくあったでしょう。ただ、当時の東アジア世界で、皇帝や王が建てた巨大な塔の系譜の中でいうと、新羅の皇《こう》竜寺《りゅうじ》は意識されたものと思われます。また、百済の弥勒寺《みろくじ》なども影響を与えたと考えられます。

関口　蘇我氏関係で、そのほか何か補足していただくことはありますでしょうか。

小澤　私は、稲目《いなめ》の時から蘇我氏は相当力を持っていたと思っていますから、稲目墓は五条野丸山《ごじょうのまるやま》古墳（見瀬《みせ》丸山古墳）であるという立場を取っております。蘇我氏の墓の問題は、これからも議論し

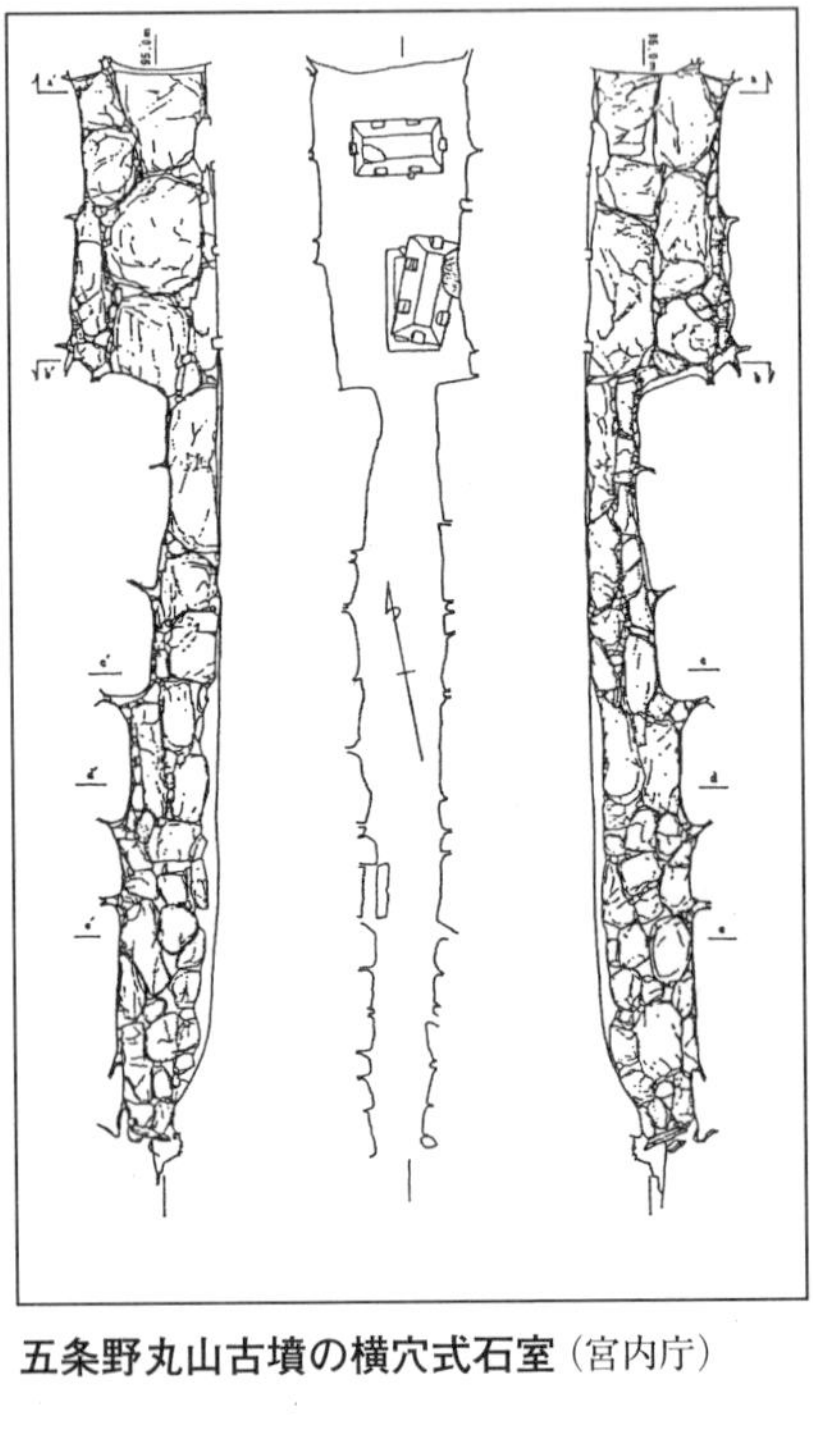

五条野丸山古墳の横穴式石室（宮内庁）

五条野丸山古墳（橿原市五条野町・大軽町）
6世紀後半ごろの前方後円墳。全長310～318mと全国第6位の規模をもつ。後円部は現在、宮内庁により陵墓参考地となっている。右側の森の部分が後円部で、巨大な横穴式石室がつくられている。軽のチマタに近接する。

ていかなければならないでしょう。

千田　石棺も二つありますね。

小澤　五条野丸山古墳の横穴式石室の奥棺は型式的に新しく、手前の脇に寄せられた棺が古いのです。ですから、五条野丸山古墳＝欽明陵説だと、最初に欽明の棺があって、堅塩媛《きたしひめ》を推古二十年（六一二）に欽明陵へ改葬した時に、天皇であった欽明の棺を脇にどけて、堅塩媛の棺を正面奥に据えたということになりますが、私はそれはありえないと思います。堅塩媛が死んだときに、最初は父親である稲目の墓に合葬されたのではないかと考えます。

千田　父子合葬ですか。

小澤　そうです。その時点では、父親であっても臣下ですから、天皇の妃になった堅塩媛の方が上位であるということで、父親の棺を脇に寄せて、堅塩媛の棺を入れた。その後、六一二年、蘇我氏の権力が絶頂に向かうなかで、皇太夫人として平田梅山《ひらたうめやま》古墳（明日香村平田）、すなわち現欽明陵に堅塩媛を改葬することができたわけです。その時に、軽《かる》のチマタで誄《しのびごと》をしたとみればよいでしょう。つまり、改葬先ではなく、改葬前の墓近くの軽のチマタで誄をしたとみるべきだと思います。

欽明陵については『日本書紀』に檜隈坂合《ひのくまのさかい》陵・檜隈大陵・檜隈

軽《かる》のチマタ（橿原市石川町）　近鉄橿原神宮前駅の東側。現在の国道169号線（写真手前）が古代の下ツ道《しもつみち》の跡で、東の飛鳥へ向かう阿倍山田道（写真左）と交わる「丈六《じょうろく》」あたりが軽のチマタと伝承されている。

陵と出てきますが、やはり同一の古墳を指していると考えています。推古天皇の時代に、檜隈に天皇を葬った古墳は他にありません。推古二十八年（六二〇）に砂礫を敷いたとか、域外《めぐり》に土を積んで柱を立てたとか、檜隈陵に関する記録は、すべて平田梅山古墳に合致します。五条野丸山古墳に、それらしい石はまったくありませんから、推古二十八年の記録には合いません。檜隈坂合陵・檜隈大陵・檜隈陵の三陵を同一古墳とみてよいのであれば、それはすべて平田梅山古墳のことと考えざるをえないと思います（小澤毅「三道の設定と五条野丸山古墳」『文化財論叢 Ⅲ』奈良文化財研究所、二〇〇二年）。

欽明天皇陵に治定される平田梅山古墳（明日香村平田）

● 蘇我蝦夷・入鹿の墓はどこか

関口　では、蝦夷・入鹿の墓はどの辺りに想定されるのでしょうか。

小澤　橿原市教育委員会の竹田政敬《たけだまさのり》さんが論文を書いておられますが（竹田政敬「五条野古墳群の形成とその被葬者についての憶説」『考古学論攷』第二四冊、二〇〇一年）、五条野丘陵の宮ケ原《みやがはら》一号墳・二号墳という古墳があります。一辺が三〇メートルと二五メートルという大きさですが、破壊された方墳が二つ並んで出てきました（現在は宅地造成により消滅）。それが『日本書紀』に見える蘇我蝦夷・入鹿の今来《いまき》の双墓《ならびはか》ではないかと思います。今来郡はのちに高市《たけち》郡になりますので、場所としては問題ありませんし、近くの植山《うえやま》古墳や五条野丸山古墳と一連の蘇我氏の墓域とみてよいと考えています。
一方、天皇家の墓域は、そこから谷を一つ隔てた、今の明日香村の天武・持統陵から平田梅山古墳につづく一帯で、墓域の違いを想定したほうがよいと思います。

関口　橿原神宮の南西にあたる新沢《にいざわ》千塚古墳群（橿原市川西町など）も蘇我氏と関係があるという見方もありますが、いかがでしょうか。

小澤　成立年代が早いですし、なにぶん数が多いので、すべてを蘇我氏に関連づけるのはどうでしょうか。

関口　大阪府南河内郡河南町にある近《ちか》つ飛鳥《あすか》と呼ば

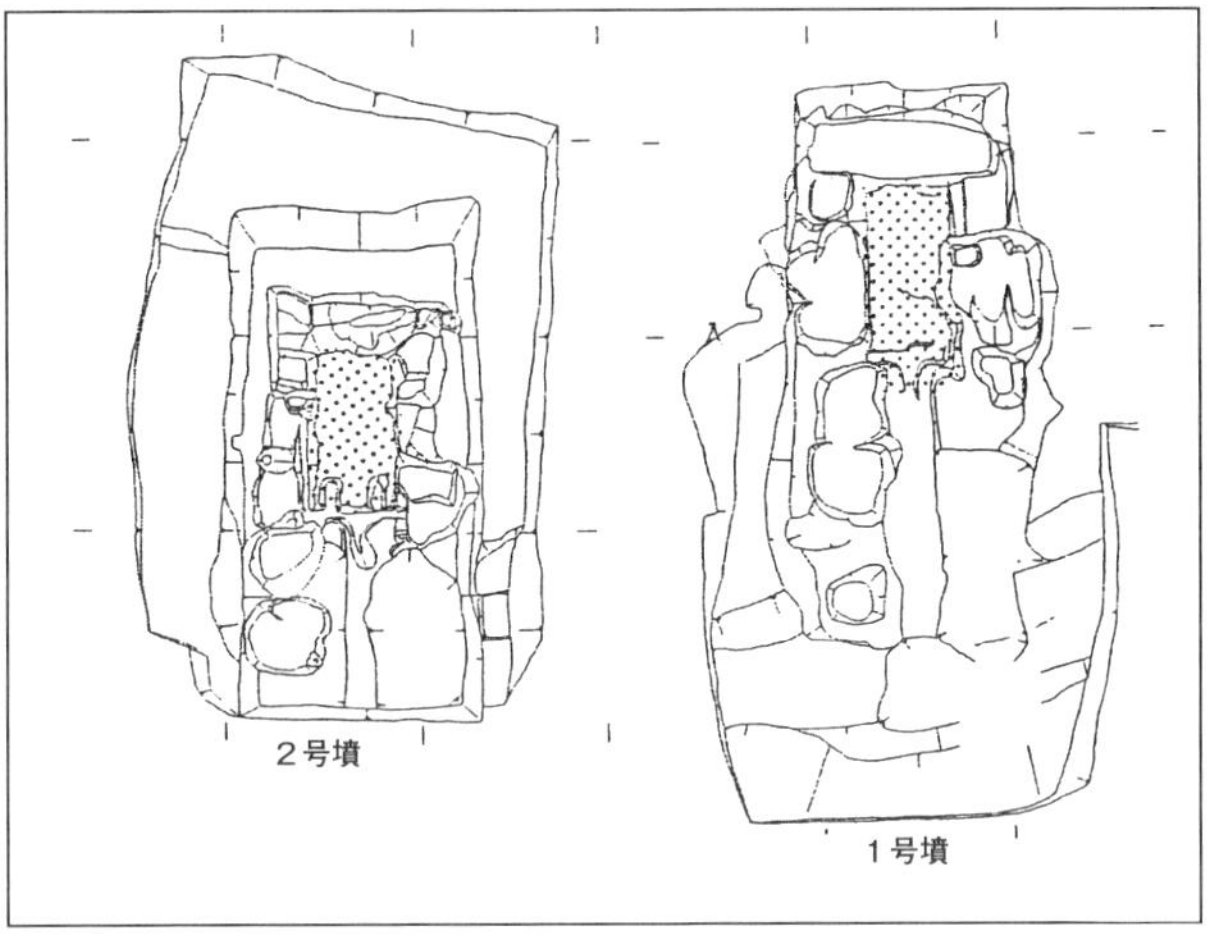

宮ヶ原１号墳・２号墳の横穴式石室（竹田政敬論文、2001 年より）

植山古墳の発掘（橿原市教育委員会提供）　植山古墳は2000～2001年の発掘調査により、丘陵の南斜面に築かれた長方形墳で、南側に開口する２基の横穴式石室が設けられていたことがわかった。７世紀代の古墳である。

五条野丸山古墳墳丘からみた植山古墳（橿原市五条野町）　丸山古墳の東の丘陵に植山古墳（左側に地肌がみえ、ブルーシートがかぶる。史跡整備の工事中）がみえる。右端の南側に宅地開発で破壊された宮ヶ原１号墳、２号墳があった。

れる地のアカハゲ古墳などの平石《ひらいし》古墳群を、蘇我氏のものと想定している研究者もいるようですが。

小澤　蘇我氏の墓に関しては、先ほども話題になった石舞台古墳の被葬者は馬子以外に考えられないと思います。馬子の邸宅があったすぐ脇に、他の古墳を壊して作っているわけですから、やはり、蘇我氏以外にはありえないでしょう。

同様に、稲目については、軽《かる》の曲殿《まがりどの》（稲目の邸宅）に一番近い五条野丸山古墳を稲目の墓と考えてよいのではないでしょうか。年代的にみても、欽明の没年が五七一年で、稲目の死去が五七〇年ですから、問題はないわけですし、先ほどの前棺と奥棺の年代の逆転現象も説明がつきます。

千田　しかし、稲目の墓のほうが欽明の墓よりも大きいのですか。

小澤　全長は、五条野丸山古墳が三一〇～三一八メートルとされています。平田梅山古墳は約一四〇メートル。でも、六世紀の天皇（大王）陵はそれほど大きくないですよ。継体陵は大阪府高槻《たかつき》市の今城塚《いましろづか》古墳で間違いないといわれていますが、約一九〇メートルです。安閑《あんかん》陵、宣化《せんか》陵も、現在治定されているものは一二一メートルと一三八メートルぐらいです。五条野丸山古墳だけが異常に大きいのです。天皇家が墳丘の巨大さをもって権力を誇示する必要は、少なくとも六世紀にはないと考えられます。むしろ、そうせざるをえなかったのは誰かと考えると、天皇家以外になるのではないかということです。私は、天皇陵は同時代最大の古墳でなければならない、と考えること自体がそもそも間違いだと思っています（小澤毅「天皇陵は同時代最大の古墳だったのか」『季刊邪馬台国』第一〇〇号、二〇〇八年）。

関口　あの辺りが、畿内では最後の前方後円墳になるわけですね。ただ、群馬県などの地方ではしばらく造り続けられています。

小澤　前方後円墳の終焉自体には、それほど年代的なバリエーションはないといわれていますから、そんなに長い間造りつづけていないわけではないと思います。

関口　古墳が、寺院建築に変わっていくわけですね。

●飛鳥京における大極殿の役割

関口　次に、本文に従って「画期としての飛鳥王朝」というテーマでお話をしていきたいと思います。まず、飛鳥京跡についてお願いします。

千田　『日本書紀』皇極四年（六四五）六月の記事に、「大極殿」という漢字表記は出てきます。読みは「おおあんどの」となっています。

大極殿《だいごくでん》というのは、天皇が儀式をするところであり、そこには八角形の高御座《たかみくら》があります。天皇は、中国の北極星をシンボルとした天皇大帝である。大極が北極星という説もあり、中国では大極殿は仙宮であるという考え方もあります。そういう大極殿で、道教《どうきょう》に由来する名前をもった天皇が儀式を行うということ。つまり、大極殿―天皇―高御座という三点セットを考えると、皇極という名と大極殿が一致します。八角形の

復原された高御座（奈良市・平城宮大極殿内）　2010年4月～11月まで開催された平城遷都1300年に際し、復原された第一次大極殿内に、天皇が座す高御座も復原された。奈良時代のものはよくわからないが、大正天皇の即位の時のものが参考にされた。

陵墓とも繋がってきます。『日本書紀』の大極殿という記述は、読みはどうあれ、ああした文字を使っていることは、天皇というものの存在を非公式であったとしても認めてもよいかと思うのです。

関口　それは、大極殿が必ずしも大きな建物である必要はなく、儀式をする機能があればよいということですか。

千田　小澤先生に教えていただきたいのですが、前期難波宮には大極殿的なものがあったのでしょうか。

小澤　朝堂《ちょうどう》に対する正殿という意味でいえば、のちの大極殿に相当するのは間違いないと思います。ただ、内裏《だいり》との連続性がありますし、天皇の独占的空間というのが藤原宮以降の大極殿の特色となってきますが、それとは違いますので、内裏前殿と呼んでいます。朝堂に対する正殿という意味では、大極殿的機能をもつと言って差しつかえないでしょう。また、「大極殿」という言葉自体が先行して存在していた可能性も否定できないと思います。読み方はのちの問題で、当時ほんとうに「おおあんどの」と呼んでいたかどうかはわかりませんから。

千田　それは考古学的には、飛鳥浄御原宮のエビノコ大殿（東南郭正殿）と考えてよいでしょうか。

飛鳥浄御原宮の復原模型（奈良県立橿原考古学研究所附属博物館提供）
上の左が内郭、その周囲が外郭、手前がエビノコ大殿。

小澤　私はその立場に立っています（小澤毅『日本古代宮都構造の研究』青木書店、二〇〇三年。初出は一九八八年）。皇極の大極殿は潤色の可能性が高いと思いますが、発掘調査したわけではないので、明確にはわかりません。

千田　皇極という名前には惹きつけられます。

小澤　皇極の飛鳥板蓋宮に関して、『日本書紀』では「十二通門」と出てきますが、これは現実問題として考えにくいと思います。現在、天武の飛鳥浄御原宮と考えている遺構でさえ可能性は低く、それより遡る皇極朝の板蓋宮に十二の門というのは難しいと思われますので、大極殿についても疑わしい気はしています。

関口　では、エビノコ大殿は天武朝の大極殿と考えてよろしいでしょうか。

小澤　私はそう見ています。

千田　持統の即位はそこでやったわけですね。

小澤　そうだと思います。

関口　場所が変な位置にありますね。土地が狭かったからなのでしょうか。

小澤　前に飛鳥川が流れていまして、内郭の前面には大きな建物を中心とする郭を造れませんので、脇へずらさざるをえなかった、という理解でよいかと思います。

関口　川原寺と橘寺の間の道路はそのままエビノコ大殿に通じていたのですか。

小澤　西の方でその延長にあたる道路跡が見つかっています。ただ、庶民は飛鳥川にかかる橋を渡って宮殿の中に入ってはいけなかったでしょう。天武が亡くなった時も、橋の西側で哀の礼を奉ったと記されています。

●飛鳥京の居住者

関口　飛鳥の都には、一般の人が住んでいるところが全くないですよね。宮殿があって寺院があって、それで一杯になってしまう。当時の皇族も含めた大豪族は、周辺に住んでいるわけですけれども、そこの使用人や都の機能を支えるような人たちはどこに住んでいたのかと疑問に思っているのですが。

小澤　確かに、飛鳥の中枢部はご指摘のような状況だったでしょう。宮殿や寺院とその関係施設でほとんど埋めつくされていたと思います。それを支えるような人々は、その外側のエリアに住んでいたのでしょうね。一般官吏にしても、当時は必要な時に召集されて宮に出てきます。普段は別の場所に住んでいるわけですから、それほど大きな都市域は必要なかったとみてよいのではないでしょうか。飛鳥は、そういった意味での都市住民を欠きますので、私は真の意味での都市ではないと思っています（小澤毅「古代都市」『社会集団と政治組織』列島の古代史 三、岩波書店、二〇〇五年）。

関口　僧侶と天皇とその身の回りの人しか住んでなかったということですね。

小澤　官僚は基本的に宮には住みませんから。警固にあたる人などはいますが、官人の集住はありません。

復原された飛鳥浄御原宮跡（明日香村岡）　手前の石敷きの北側には井戸跡も復原されている。

関口　夜間人口が少ないですね。

里中　東京の霞ヶ関みたい。

関口　そういうイメージかもしれませんね。お坊さんは結構いたのでしょうね。

小澤　僧房や尼房がありますからね。

千田　現代の飛鳥を歴史的景観と呼んでいるわけですが、古代の景観とは違うと思います。だから、今の日本人が過ぎ去った田舎の風景に憧れて飛鳥を訪ねるということで、あれが古代の飛鳥だと勘違いするといけないと思いますね。

関口　今は田園のようなイメージですが、むしろ、霞ヶ関とかニューヨークのマンハッタンとかだと。

千田　飛鳥の中枢部と霞ヶ関は面積はあまり変わらないですよ。今の霞ヶ関は高層建築があって、たくさんの人が集まっていますが、面積的にはそう変わらないのです。

関口　それは面白い話ですね。

小澤　当時、寺院の塔のような高層建築があれだけ集中していたのは、わが国では飛鳥しかないでしょう。

関口　十年前にくらべて、いろいろな調査がすすんできたわけですが、里中先生の飛鳥のイメージは変わってきましたか。

里中　あまり変わらないですね。おっしゃるとおり、古代の風景ではありませんし、それは皆さんわかっておられると思います。守っていくことは大変ですし。あまり高い建物がないというのは、幸か不幸か奈良県全体に言えることですが、近代化から少し遅れた感じはありますが、それを今後観光にいかに生かしていくかということが、大切だと思います。ただ、ずっと前から何度来ても変わらないですよね。それはよいことなのかもしれません。

甘樫丘も低いところですが、あれで全部見渡せるわけですから。平城京に至っても、若草山辺りから全部見えたりするってことは、高層建築があったり、入り組んでいたらとても掌握できないことです。山といってもも丘みたいなものばかりですけれども、古代の人も、あの山をみていたんだなとか、あの辺からこの辺に通勤していたのだろうとか、実感できるので、そういうタイムマシン的なところがありますね。

●日本の壁画古墳の特徴

関口　そういう飛鳥京から藤原京を経て、平城遷都に向かっていく。飛鳥京というのは平城遷都への序章なのだというのが、本書の第四章になるわけですが、その中で、壁画古墳の話を少しお聞きしたいと思います。『日本書紀』推古十二年九月条に黄書画師《きふみのえし》と山背画師《やましろのえし》が出てきて、これが壁画古墳の原点のようになるのでしょうか。画師が粉本（手本）とともにやって来て、それが壁画制作をしたと。ただ、粉本があったにせよ、キトラ古墳の朱雀などは型にはまっている部分と自由に筆を走らせている部分があり、職人的な絵描きから、大和絵《やまとえ》の始まりなのではないかといわれています。そもそも壁画ということについてはいかがでしょうか。

里中　キトラ古墳の馬の絵がありますが、いつも感心するのです。なんて上手なのだろうと。かなりの腕前なのだろうと思うのです。もとがあってそれを写したという硬さから、もう少し自由になったものを描いているので、かなりプロの画師としては、腕のよい人が意識して心をこめて描いたという印象を受けます。

よく中国と較べて日本の古墳など小さいと言われますが、絵も小さいのです。中国の古墳に行くと、大体等身大以上のもので、大きな絵が描いてあってお墓も広いのです。ですが、きちんとした絵を描こうという意識では日本の壁画は優れていますけど。民族性が出ているのかと思いますけど。中国の画師は、広いスペースが与えられてのびのび描いているのですが、はみ出しだらけで乱暴だし、下半身は適当に描いてあったり、どう見ても手を抜いたとしか思えないようなものもあるわけです。それに較べて日本は、高松塚など、小さいのですが、とてもきちっと描いてあります。

千田　最後に日本に残された道はこれしかないと思います。これは里中先生のご専門分野なのですが、日本のアニメが作品として受け入れられるのは、ストーリーもあるのでしょうが、丁寧な絵というものがあると思います。これは、韓国や中国が追いかけてきても、日本の絵の質は追い抜くことができないかもしれない。

里中　あと、日本人のこだわり方ですね。画一的な動きをさせたくないとか、絵でも人海戦術でお金をかけると、緻密な絵はいっぱいできます。

ですが、日本人の画面構成を見るとき、やはり真面目だと思います。お金とか名誉じゃなく、限られた枠の中で精一杯工夫しようと

覆屋に保護されたキトラ古墳（明日香村阿部山）　壁画は現在、はぎ取られて保存修復されている。現地は、歴史公園化のための整備が進められている。

いうオリジナリティの追求があるのです。それは、もともと日本人に備わっているのではないかと思います。文字が入ってきて、それを日本流に使いこなす。そのうえ、日本人は昔の音も棄てないので、どの時代にも入ってきた音もとっておきますから、重みがいっぱいできます。物もそうですし。とにかく、一度自分が味わったもの、採り入れたものは棄てない。仏さまが入ってきても神様を棄てるわけではありませんし。それは何でもよいわけではなく、懐が深いというか、受け入れ態勢、レセプターがいっぱいあるのだと思います。

だから、私は、高松塚古墳壁画や、『万葉集』にみられる文字遣いの臨機応変さ、そういうものを見て、世間が思うほど物まねとかオリジナリティがないなんてとんでもないと思います。素晴らしいです。アニメもそういわれていますが、古代からそうなのです。

関口　そうした日本オリジナルの文化が飛鳥の都に始まっていたわけですね。

●推古朝・斉明朝をどうとらえるか

関口　斉明朝と推古朝の二つをお話しいただくことによって、飛鳥の転換期が今の日本にどのようのつながっているかということを話していただいたわけですが、まとめとして、飛鳥とは何か、推古朝・斉明朝がどのような時代だったのか、小澤先生からお願いします。

小澤　大きくは、百数十年ぶりに再開した中国との国交を契機として、律令国家への道を歩みはじめた、それが推古に始まる飛鳥時代だろうと思います。結局、推古の段階では律令体制の確立までにはいたらなかったのですが、乙巳《いっし》の変以降、地方支配体制が急速にととのえられていくわけです。

そして斉明の死後、白村江《はくそんこう》の敗戦という一大事件が起きて、倭国は国家存亡の危機に立たされます。その危機感のなかで国家体制の整備がなされていきます。それは天智の段階から進められ、天武に受け継がれるのですが、国家体制の整備ということがまさに急務の時代だったと思います。そういった律令国家建設の道のりの中で、藤原京という最初の条坊制都城が建設されていくわけで、それにつながる出発点、前段階として推古朝や斉明朝が位置づけられるのではないでしょうか。

里中　推古・斉明と女性天皇が続く時代でもありますが、国の激動期、国という形をはっきりと外にも見せないといけない時代なのです。国という形が何によって作られるかというと、まずは律令を整えるということ、税の仕組みを整えたり、都造り、歴史書作り、などが挙げられると思います。この激動期に、男性の天皇もいらっしゃるし、大切な働きをなさっていますが、志半ばで倒れるということが多いと思います。

女はやはり生命力があるというのか、推古天皇もそうですし、皇極・斉明・持統たちはみな粘って頑張っています。やっと安心できるあたりで、孝謙・称徳。元明・元正もそうですが、志半ばで若くして亡くなるという女性はいないのです。こういう女の粘りをうまく利用したのだと思います。

女は思い込んだら真面目に頑張ります。女性だからと批判的な人たちもいたとは思いますが、そんなことをいっていられない時代ですから、女性の生命力の強さというのを、予測に反して長生きしたという推古天皇ではありませんが……（笑）。昔の女性は弱かったとか、地位が低かったとか、イメージがあるかと思いますが、現代の女性も頑張って未来を見ていかなければと。男性はいろいろ大変だとすぐ倒れてしまったり、早死にしてしまったりするので、優しくしてあげたほうがいいなと思います。余計なことですが……。

関口　女性への強いメッセージと、男性への温かいお言葉をいただきました。では、千田先生に締めくくっていただきたいと思います。

千田　いま、里中先生がおっしゃったことは大変面白いことで、推古・斉明といった女帝がなぜ強かったのかということですね。男性天皇は挫折してしまう。これは動物学的な問題から考えると、大人になる前、女性というのは少女であり、男性は少年である。女性の少女時代は意外に早く終わって成人になっていきます。その時、少女の心は捨て去られてしまう。成人として独り立ちする。ところが、少年というのはどうしようもない存在でして、歳はとっても少年なのです。本当は役に立たないのですが、肉体的に力が強いということで権力の座を握っていくわけです。だから、リーダーシップを本当に取れるのは女性かなと思います。これはそれぞれのご家族を考えてもそうかもしれません（笑）。女性の強さというのは心が大人になっていく、その進化過程にある。男は進化しない（笑）。

例えば日本の政治のように、少年のまま権力の座について、政治が成熟したものになりにくい。アメリカでもヒラリー・クリントンを国務大臣に任命しているのは意味があることだと思います。女性というものの力強さを借りないと政治はやっていけない。日本はまだ、近代になっても、そういう政治体制を取ったことがないのが、この国の政治の弱さかもしれません。そういうことを飛鳥の推古・斉明にかけて、非常に強く感じます。

里中　男性だから、研究もできるわけなのです。少年の夢があるから。女は現実的だから、自分のやっていることが一生日の目を見ないと思ったら、やっていられないって感じになる。

千田　それを認識して秘めたエネルギーをもつのがリーダーなのですよ。女性が早くリードしてくれる時代になれば……（笑）。

関口　お話はまだ尽きないと思いますが、時間になりましたので、これで終わらせていただきます。ありがとうございました。

あとがき

私は今、東北地方から関東地方を襲った大地震の言葉では語れない恐ろしさに、混乱する思いを抑えながら、あとがきを書いています。日本列島の歴史は、東日本と西日本という対立的にみえる空間の中で綴られてきました。古代として区分される時代は、政治・文化の中心は、西日本にあったことは、いうまでもありません。しかし、その後の日本の歴史は、東日本と西日本との競合的な関係が、この国を活性化したと言えると思います。その東日本の多くを占める東北地方から関東地方が、自然の猛威にねじ伏せられたという現実を目の当たりにして、私は、何もできないという無力さに、ただ呆然と辛い悲しみをもどかしく感じることしかできないのです。こうして、あとがきを書いていることにさえ、何かしら罪悪感が胸の中を満たすのをおぼえるのです。

本書のタイトル『飛鳥の覇者』は、名誉あるいは権力の座を狙う人間の業(カルマ)を追っかけるようなイメージをあたえると思います。実際、飛鳥の時代をどのように描こうとしても、残された史料は、名誉欲にとりつかれた人物か、権力という野望を餌食のようにねらう、まさしく政治的な行為によって甘美な陶酔に浸る人間を中心に記録されているものです。ですが、そうした群像の中に混じって、透徹した精神の持ち主に出会うことがあります。あえて、本書において、そのような人物をあげるならば、私は聖徳太子だと思います。太子の生まれつきの素質もあったと想像できますが、成長の道筋で仏教に導かれ、信仰上の人物としてまでも崇められて、今日まで多くの人びとによって語り継がれてきました。

日本を襲った大地震によって、犠牲になられた方々の無念このうえないお気持ちを、我々が引き継ぐとすれば、名誉や権力そして、皮相的、欺瞞的権威を見せびらかす人間たちに振り回されていた社会から、より一段上の次元をめざすことであると思います。歴史にまつわる研究にたずさわる者も、やたら、権力の興亡史を探るのではなく、まして、さめきった実証の枠組に得意顔してはまることをみずから恥じらい、人間の真の存在をみつめねばならない時が、到来したことを、切に思います。　合掌

二〇一一年三月

千田　稔

参考文献

著書・論文

麻木脩平「野中寺弥勒菩薩半跏像の制作時期と台座銘文」『仏教芸術』二五六号、二〇〇一年
麻木脩平「再び野中寺弥勒像台座銘文を論ず―東野治之氏の反論に応える―」『仏教芸術』二六四号、二〇〇二年
家永三郎『上宮聖徳法王帝説の研究』三省堂、一九五一年
石田茂作『法隆寺雑記帳』学生社、一九六九年
井上光貞「三経義疏成立史の研究」『日本古代思想史研究』岩波書店、一九八二年
今井湊「奈良朝前後の暦日」『科学史研究四〇号』、二〇〇一年
上田正昭「歴史からみた太子像の虚実」『聖徳太子の実像と現像』大和書房、二〇〇二年
王勇「東アジアにおける『三経義疏』の流位」『中国の日本研究』第二号、二〇〇〇年
大野達之助『聖徳太子の研究』吉川弘文館、一九七〇年
大橋一章『天寿国繍帳の研究』吉川弘文館、一九九五年
大山誠一『〈聖徳太子〉の誕生』吉川弘文館、一九九九年
小澤毅『日本古代宮都構造の研究』青木書店、二〇〇二年
喜田貞吉「六十年の回顧」『喜田貞吉集』一四、平凡社、一九八二年
加藤謙吉「上之宮遺跡」黛弘道・武光誠編『聖徳太子事典』新人物往来社、一九九一年
金沢英之「天寿国繍帳銘の成立年代について―儀鳳暦による計算結果から―」『国語と国文学』二〇〇一年十一月号
久米邦武『聖徳太子実録』丙午出版社、一九一九年
佐伯有清「円珍と山王院蔵書目録」『最澄とその門流』吉川弘文館、一九九三年
坂本太郎『聖徳太子』吉川弘文館、一九七九年
J・ニーダム『中国の科学と文明』［第五巻　天の科学］思索社、一九七六年

鈴木嘉吉「創建法隆寺と再建法隆寺」上田正昭・千田稔編『聖徳太子の歴史を読む』文英堂、二〇〇八年
千田稔『飛鳥―水の王朝―』中央公論新社、二〇〇一年
太原市文物考古研究所編『北斉徐顕秀墓』文物出版社、二〇〇二年
竹内理三「〝大王天皇〟考」『日本歴史』五十一号、一九五二年
津田左右吉『日本上代史の研究』岩波書店、一九四七年
東野治之「天寿国繡帳の制作年代―銘文と図様からみた―」『考古学の学際的研究―濱田青陵賞受賞者記念論文集Ⅰ―』
岸和田市・岸和田市教育委員会、二〇〇一年
東野治之「ほんとうの聖徳太子」『ものがたり日本列島に生きた人たち』三、岩波書店、二〇〇〇年
東野治之「野中寺弥勒像銘文再説―麻木脩平氏の批判に接して―」『仏教芸術』二五八号、二〇〇一年
中尾芳治「難波長柄豊碕宮」中尾ほか編『古代日本と朝鮮の都城』ミネルヴァ書房、二〇〇七年
奈良国立文化財研究所飛鳥資料館『日本古代の墓誌』一九七七年
林幹彌「上代の天皇の呼び名」『史観』四五、一九五五年
福永光司『タオイズムの風―アジアの精神世界―』人文書院、一九九七年
福永光司『道教と日本文化』人文書院、一九八二年
福永光司・千田稔・高橋徹『日本の道教遺跡』朝日新聞社、一九八七年
福山敏男「法隆寺の金石文に関する二、三の問題」『夢殿』第十三冊鵤故郷会、一九三五年
堀敏一『中国と古代東アジア世界―中華的世界と諸民族―』岩波書店、一九九三年
宮田俊彦「天寿国繡帳」上、『歴史教育』六―五、一九五八年
宮本長二郎「聖徳太子の宮と寺院」『聖徳太子の世界』飛鳥資料館図録第二〇冊、一九八八年
藪田嘉一郎「上代金石文雑考（上）」『考古学雑誌』三十三巻七号、一九四三年
山田英夫「古代天皇の諡について」『日本古代史攷』岩波書店、一九八七年
義江明子「天寿国繡帳系譜の一考察―出自論と王権論の接点―」『日本史研究』三二五号、一九八九年
吉田孝「『史記』秦始皇本紀と『天皇』号」『日本歴史』六四三号、二〇〇一年

吉野美穂子「野中寺弥勒像銘文考—中宮天皇について—」『博物館年報』、一九九八年
吉村武彦『聖徳太子』岩波書店、二〇〇二年
和田萃『古墳の時代』「体系日本の歴史」二、小学館、一九八八年
渡辺茂「古代君主の称号に関する二、三の試論」『史流』八、一九六七年

日本思想大系『律令』岩波書店、一九七六年
『漢語大詞典』上海辞書出版社、一九八六年
『芸文類聚』巻十一引『春秋緯』
新潮日本古典集成『古事記』、一九七九年
『東アジアの古代苑池』飛鳥資料館、二〇〇五年
目加田誠訳『詩経・楚辞』平凡社、一九六九年

主な図版・写真一覧

p.13　秦の始皇帝
p.14　「日本天皇」の初見
p.15　六国史
p.17　法隆寺金堂の薬師如来像光背銘
p.20　江田船山古墳大刀銘文
p.21　隅田八幡宮人物画像鏡銘
p.22　野中寺弥勒菩薩像(野中寺蔵)と台座銘
p.23　天寿国繡帳（残片）
p.25　憲法十七条（『日本書紀』より）
p.26　隋の煬帝
p.28　聖徳太子道後温泉碑
p.30　聖徳太子に関する系図
p.35　蘇我氏と天皇家系図
p.36　「天寿国繡帳」の銘文
p.37　「天寿国繡帳」の図様
p.38　欽明天皇の「磯城嶋金刺宮跡伝承地」
p.39　推古天皇の小墾田宮推定地の一つの古宮土壇
p.41　「天寿国繡帳」に描かれた人物・鳳凰・月
p.43　十干十二支
p.45　中国の王朝
p.46　隋王朝(7世紀)時代の中国·朝鮮·日本
p.48　『古事記』の序文
p.49　天皇家関係系図
p.51　野中寺
p.52-53　天皇一覧(神武～聖武まで)
p.57　船王後墓誌(拓本)と銘文
船氏墳墓地
p.59　唐朝の皇帝
p.61　飛鳥浄御原令が発布された飛鳥浄御原宮跡
p.62　「天皇聚露」木簡
p.63　舒明天皇陵
宮内庁治定の斉明天皇陵
p.64　［右上］牽牛子塚古墳
［右中］天智天皇陵
［右下］天武・持統天皇陵
［左上］文武天皇陵
［左中］中尾山古墳
［左下］束明神古墳
p.65　牽牛子塚古墳の位置
牽牛子塚古墳の石室構造
p.66　斉明天皇の関連系図
牽牛子塚古墳のイメージ図
p.67　牽牛子塚古墳の横口式石槨
牽牛子塚古墳の石列
牽牛子塚古墳のバラス敷
p.69　［上］越塚御門古墳の現地説明会におしかけた人々
［中］発掘された越塚御門古墳
［下］発掘された越塚御門古墳の横口式石槨
p.70　越塚御門古墳の構造
大田皇女関連年表
p.71　上之宮付近図
上之宮遺跡苑池遺構
p.72　［上］上之宮遺跡第4期遺構
［下］復原された上之宮遺跡
p.74　橘寺門前に建つ聖徳太子誕生地碑
p.75　坂田寺を継ぐとする金剛寺
p.77　上宮寺
p.78　上之宮の春日神社
p.79　磐余池の候補地の一つ池之内
p.80　桜井市池之内の稚桜神社
『和名抄』
p.81　十市御県坐神社
p.82　大和の古道
p.83　桜井市谷の若桜神社
p.84　石寸山口神社
高屋安倍神社
p.85　桜の井の伝承
土舞台の伝承地
p.86　磐余山からみた耳成山
磐余山の地名
p.87　訳語田の地
海柘榴市の集落
p.89　上之宮遺跡発掘風景
p.90　上之宮遺跡出土の木簡の断片
p.91　案内板の建つ上之宮遺跡
p.92　推古天皇の豊浦宮跡
p.93　飛鳥地域図
p.94　遣隋使一覧
p.95　5～7世紀ごろの摂津と河内の古道
p.96　雷丘東方遺跡
「小治田宮」と墨書された平安時代初期の土器類
p.97　推古天皇の小墾田宮模式図
隋唐長安城の復原図
p.98　飛鳥時代の伽藍配置

p.99　法隆寺付近図
法隆寺
p.103　五重塔心礎の中の舎利容器出土状況
法隆寺境内図
p.106　平城京の範囲
p.108　法隆寺東院伽藍下層遺構
p.109　若草伽藍と西院伽藍の配置
p.110　斑鳩寺(若草伽藍礎石)
p.111　若草伽藍跡で見つかった焼け跡のある壁画片
焼成を受けて土が付着した瓦片
p.112　軒丸瓦・手彫忍冬文軒平瓦
p.114　法隆寺五重塔
五重塔心柱の側面と断面
p.116「唐本御影」と呼ばれる聖徳太子二王子像
p.117　国号「日本」の使用（『旧唐書』東夷伝倭国の条）
p.118　法隆寺金堂の釈迦三尊像
p.119　法隆寺金堂の釈迦三尊像光背銘文
p.120　中宮寺跡
p.121　法華経義疏
p.123　斑鳩と飛鳥地域
p.124　太子道
p.126　法起寺三重塔
p.127　法起寺(斑鳩町岡本)の塔の露盤銘文
p.130　冠位の変遷
p.133　聖徳太子の勝鬘経講讃像
p.137　聖徳太子墓
推古天皇陵
p.138　聖徳太子墓周辺図
p.139　上宮寺(奈良県明日香村上居)から石舞台古墳(手前)や飛鳥京方面をのぞむ
p.140　飛鳥寺
p.141　乙巳の変で中大兄皇子に討たれる蘇我入鹿(『多武峰縁起絵巻』)
p.142　蘇我入鹿首塚
飛鳥寺西方遺跡の遺物とパネル
p.143　舒明天皇の飛鳥岡本宮の名を伝える岡本寺
飛鳥寺西方遺跡の石敷き発見を報じる新聞
p.144　舒明天皇陵(段ノ塚古墳)の墳丘復原図
牧野古墳
p.145　香具山
p.146　談山での中大兄皇子と中臣鎌足の密談の場所伝承地
p.148　古代の畿内
p.149　日本と中国の都城比較図
p.152　難波宮跡位置図
p.153　前期難波宮
p.154「戊申年」と書かれた木簡
p.155　藤原宮
飛鳥浄御原宮と思われる飛鳥京上層遺構
p.156　天武天皇の飛鳥浄御原宮跡
持統・文武・元明天皇３代の藤原宮
p.157　６世紀末から７世紀末までの宮の移り変わり
p.158　各宮の内裏と朝堂院の変遷
p.159　聖徳太子の上宮の地と考えられる桜井市上之宮から多武峰をのぞむ
飛鳥から吉野への道
p.160　酒船石遺跡の切石状の石
「狂心の渠」と考えられる水路跡遺構
p.161　石上山地方(天理教祖お墓地)から飛鳥方面をのぞむ
「亀形石造物」が発見された谷
p.162　飛鳥周辺図
p.163（右）亀形石造物
（左）中国沂南画像石
p.164　酒船石
p.165　亀石
p.166　出水の酒船石（レプリカ）
p.167　弥加宜神社と同社の「杜の清水」
p.168　三上山
p.169　泉井上神社と霊水
p.170　石神遺跡・飛鳥京苑池周辺図
p.171　飛鳥京苑池遺構のイメージ
復原された石神遺跡出土の須弥山石
復原された石神遺跡出土の石人像
p.172　猿石
p.173　発掘された飛鳥京苑池
p.174　飛鳥京苑池と 2010 ～ 2011 年の調査区
p.175　発掘された北池（上）と石組溝（下）
p.176（上）発掘された北池に降りるための石段
（下）北池の復原図
p.183　壬申の乱のルート
p.184　慶州王宮図
藤原京の平面プラン
p.185　南上空から見た藤原宮と耳成山
藤原不比等
p.187　藤原不比等と文武天皇・首皇子（聖武天皇）関係図
p.188　藤原不比等の供養塔（左）と藤原鎌足墓（右）
p.189　宮内庁が治定する草壁皇子墓

p.190 現状の高松塚古墳
現状のキトラ古墳
p.191 キトラ古墳の石室展開図
p.192 キトラ古墳の石室内
p.193 薬師寺の薬師如来像と台座の四神
天象列次分野之図
p.194 天井の星宿図の模式図
p.195 高松塚古墳出土の海獣葡萄鏡
p.196 飛鳥寺東南禅院石垣の発掘
p.197 高松塚古墳壁画
p.198 宋山里古墳群6号墳の壁画
p.199 白村江の戦い
p.200 益田岩船
p.201 益田岩船付近図
p.202 高松塚古墳壁画（左）と徐顕秀墓壁画（右）の人物像
p.203 遣唐使船の航路
p.204-205 わが国と朝鮮諸国との交渉
p.208「丁丑年」（天武6年、677年）新嘗祭に使われた米の美濃国荷札木簡
大野寺土塔
p.209「洞天」（中央左）・「天皇尊霊」（上）文字の須恵質容器
p.214 山田寺仏頭
山田寺跡
p.216 牽牛子塚古墳が斉明天皇陵と確定したと報じる新聞
p.218 発掘された牽牛子塚古墳—2010年9月（左）と越塚御門古墳—2010年12月（右）
p.219 発見された越塚御門古墳の報道
p.221 宮内庁が斉明天皇陵と治定する車木ケンノウ古墳
p.223 岩屋山古墳の石室
p.225 江戸時代に描かれた益田岩船
鬼の俎・雪隠古墳
p.226 石上山
p.228 飛鳥池遺跡の工房跡
p.229 甘樫丘から東に飛鳥坐神社をのぞむ
p.230 酒船石遺跡で見つかった天理砂岩の石垣
p.231 猿石と欽明天皇陵
p.233 宮滝付近を流れる吉野川
p.234 斉明の孫の大田皇女（左）と鸕野讃良皇女（持統天皇）
p.236 石神遺跡に繋がる遺構発掘の報道
p.237 石神遺跡と水落遺跡に繋がる石敷きの発見
p.238 発見された飛鳥寺西方遺跡の遺物
p.242 飛鳥京苑池の北池で発見された天理砂岩切石
p.244（左）宮内庁によって治定された崇峻天皇陵
（右）真の崇峻陵とも考えられる赤坂天王山古墳の石室
p.247 平城遷都1300年祭で復原された平城宮大極殿
p.250 太安万侶墓（奈良市此瀬町）と出土した墓誌
p.251 堅塩媛と軽のチマタ
p.253 復原整備された上之宮遺跡
p.255 脇本遺跡で見つかった大型掘立柱建物跡
p.257 若桜神社
p.259 上宮遺跡
p.261 ヒノキの暦年標準パターングラフと法隆寺五重塔心柱の年輪パターングラフ
p.263 法隆寺が建つ西里の町並
p.265 大和川の亀の瀬
p.269 甘樫丘東麓遺跡
p.271 石舞台古墳
p.272 中臣鎌足の誕生伝承地
p.274 舒明天皇の押坂陵
p.276（右）宗我坐宗我都比古神社
（左）入鹿神社
p.277 発掘された吉備池廃寺があった吉備池
p.278 五条野丸山古墳
五条野丸山古墳の横穴式石室
p.279 軽のチマタ
p.280 欽明天皇陵に治定される平田梅山古墳
p.281 宮ヶ原1号墳・2号墳の横穴式石室
五条野丸山古墳墳丘からみた植山古墳
植山古墳の発掘
p.283 復原された高御坐
p.284 飛鳥浄御原宮の復原模型
p.286 復原された飛鳥浄御原宮跡
p.289 覆屋に保護されたキトラ古墳

◉『飛鳥の覇者―推古朝と斉明朝の時代』協力者一覧（敬称略・五十音順）

本書の刊行にあたり、次の諸機関ならびに各氏に、貴重な資料のご提供をいただき、また、ご教示をたまわりました。記して感謝申し上げます。

朝日新聞社
アサヒコム
飛鳥園
飛鳥資料館
明日香村教育委員会
泉井上神社（和泉市）
斑鳩寺（太子町）
斑鳩町教育委員会
斑鳩文化協議会
NHKプロモーション
大阪府文化財センター
大阪文化財研究所
橿原市教育委員会
宮内庁書陵部
見聞社
向原寺（明日香村）
興福寺（奈良市）
広陵町教育委員会
堺市教育委員会
桜井市教育委員会
隅田八幡宮（橋本市）
高取町教育委員会
橘寺（明日香村）
談山神社（桜井市）
中宮寺（斑鳩町）

天理市教育委員会
東京国立博物館
和水町教育委員会
名古屋市博物館
奈良県立橿原考古学研究所附属博物館
奈良県立万葉文化館
奈良国立博物館
奈良文化財研究所
文化庁
文物出版社
法起寺（斑鳩町）
法隆寺（斑鳩町）
松山市道後温泉事務所
弥加宜神社（舞鶴市）
薬師寺（奈良市）
野洲市役所
野中寺（羽曳野市）
読売新聞社

相原嘉之
井上義光
梅原章一
卜部行弘
大谷照子
大西貴夫
垣内礼子
北野俊明
近藤康司
西光慎治
坂野圭子
菅谷文則
竹田政敬
津田博
土橋理子
西田早希
西村仁見
丹羽恵二
橋本輝彦
平田政彦
藤田一男
前園実知雄
松田真一
光谷拓実
吉岡佐和子

◉著者紹介

千田　稔（せんだ　みのる）

一九四二年、奈良県生まれ。京都大学大学院文学研究科博士課程修了。京都大学博士（文学）。現在、国際日本文化研究センター・総合研究大学院大学名誉教授。奈良県立図書情報館館長。帝塚山大学特別客員教授。主な著書に『古代日本の歴史地理学的研究』、『古代日本の王権空間』、『聖徳太子の歴史を読む』（共編著）、『平城京の風景』、『王権の海』、『平城京遷都』、『高千穂幻想』、『風景の図像学』（監修）、『地球儀の社会史』など。

◉鼎談者紹介

小澤　毅（おざわ　つよし）

一九五八年、静岡県生まれ。広島大学大学院文学研究科博士課程後期中途退学。広島大学博士（文学）。現在、奈良文化財研究所遺跡・調査技術研究室長。京都大学客員教授。主な著書に『日本古代宮都構造の研究』、『吉備池廃寺発掘調査報告』（編著）、『漢長安城桂宮』（編著）、『飛鳥から藤原京へ』（共著）、『古代国家の形成』（共著）、『社会集団と政治組織』（共著）など。

里中満智子（さとなか　まちこ）

一九四八年、大阪市生まれ。マンガ家。十六歳のとき『ピアの肖像』で第一回講談社新人漫画賞を受賞。創作活動のほか、社団法人日本漫画家協会常務理事、大阪芸術大学キャラクター造形学科教授など。代表作に『あした輝く』『アリエスの乙女たち』『海のオーロラ』『あすなろ坂』など多数。歴史を扱った作品に『万葉集』の世界をもとにした『天上の虹』『長屋王残照記』『女帝の手記』がある。

飛鳥の覇者
――推古朝と斉明朝の時代

二〇一一年四月二〇日　第一刷発行
二〇一二年発行　第二刷版

著　者　千田　稔
発行者　益井英博
印刷所　中村印刷株式会社
発行所　株式会社　文英堂
東京都新宿区岩戸町一七　〒162-0832
電話　〇三(三二六九)四二三一(代)
振替　〇〇一七〇-三-八二四三八
京都市南区上鳥羽大物町二八　〒601-8121
電話　〇七五(六七一)三一六一(代)
振替　〇一〇一〇-一-六八二四